악마와 함께 춤을

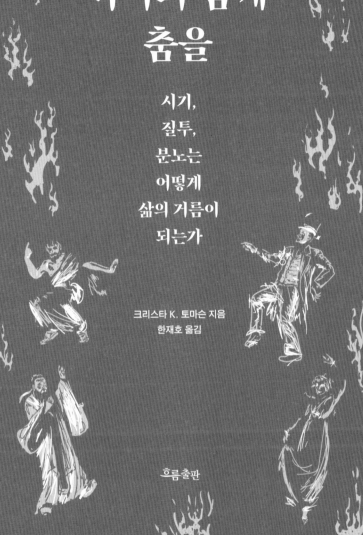

악마와 함께
춤을

시기,
질투,
분노는
어떻게
삶의 거름이
되는가

크리스타 K. 토마슨 지음
한재호 옮김

흐름출판

추천의 말

시기, 경멸, 분노의 공통점은 우리가 그것들을 정원의 잡초처럼
여긴다는 것이다. 뽑아내고 없애야 할 존재로 생각한다. 하지만
저자는 이것이 오해라고 주장한다. 그는 니체, 공자와 같은 철학
자의 저작을 길잡이 삼아 부정적 감정을 통제하지 말고 오히려 귀
기울이고 질문하기를 권한다. 그렇게 하면 나쁜 감정이 풍요로운
삶을 가로막기는커녕 오히려 도움을 준다는 사실을 알게 될 것이
라고 말이다. 이 책을 읽은 후 우리는 불시에 덮쳐 오는 야생적 감
정들을 마음 깊이 받아들이게 될 것이다.
　　　　　　　　— 마이샤 체리, 캘리포니아대학교 철학과 교수

부정적 감정은 악명을 떨치고 있다. 우리는 더 풍요로운 삶을 위
해 분노, 경멸, 시기를 버려야 한다는 온갖 조언에 둘러싸였다. 하
지만 저자는 부정적인 감정에 대한 이런 통념에 이의를 제기한다.
그는 감정이 삶에서 얼마나 소중한 역할을 하는지 논리적으로 입
증하여 우리를 설득해 버린다. 더불어 불쾌한 감정이 좋은 삶을
이루기 위한 필수 요소라는 점을 놀랍도록 폭넓은 철학적 사고와
문학, 심리학 통찰을 바탕으로 설명한다.
　　　　　　　　— 알프레드 아처, 틸버그대학교 철학과 교수

분노, 시기, 앙심 그리고 경멸. 철학사나 오늘날의 자기계발서에서 이런 부정적 감정을 옹호하는 사람을 찾아보긴 힘들 것이다. 하지만 인문주의적이고 창의적인 이 책은 그런 감정을 억누르거나 길들이려 하지 말아야 하는 이유를 예리하게 지적한다. 외면하고 싶은 야생적 감정과 직면하기 위한 깨달음의 여정에 함께하길 바란다.

— 마이클 촐비, 에든버러대학교 철학과 교수

토마슨은 쉽고 설득력 있으며 품격과 재치가 넘치는 말투로 『악마와 함께 춤을』을 써 내려간다. 독자는 이 책을 덮은 후 다시는 전과 같은 방식으로 부정적 감정을 느끼지 않을 것이다. 모든 이가 읽어야 할, 놀라운 책이다.

— 『초이스』

차례

추천의 말

1부. 꽃이 만발한 정원으로의 초대

1장. 감정을 통제하려는 사람들

2부. 악마와 함께 춤을

일러두기

— 국내에 소개된 단행본은 번역된 제목을 따랐다. 그렇지 않은 경우 옮겨 적은 뒤 원어를 병
기했다.

— 책 제목은 『』로, 노래나 영화, 단편, 시의 경우「」로 묶어 표기했다.

1부.
꽃이 만발한 정원으로의
초대

"잡초와 꽃이 뒤섞여 자라는 야생,
또는 금단의 열매로 유혹하는 정원"

—

알렉산더 포프Alexander Pope, 「인간론An Essay on Man」

●

"철학은 현실에서 벗어난 마음의 집을 짓는 것이 아니다.
오히려 사물을 그대로 두는 법을 배우는 것에 가깝다.
즉 지금 당장 광야로 돌아가는 것이다."

—

헨리 버그비Henry Bugbee, 『내면의 아침The Inward Morning』

초대장

당신과 내가 지닌 악의 정원

당신에게 정원이 있다고 상상해 보라. 그곳은 푸르르며 아름다운 꽃으로 무성하다. 하지만 늘 관리를 해줘야 한다. 당신은 매일 정원으로 향하며 성실하게 할 일을 한다. 그럼에도 그곳에는 날마다 녀석이 있다. 바로 '잡초' 말이다. 가끔은 이 녀석들을 뽑아내는 데 성공할 때도 있지만, 그 자리엔 항상 새로운 잡초가 나타난다. 녀석들은 영원히 사라지지 않을 것 같다. 덥고 끈적끈적한 여름철에는 며칠 관리에 소홀해진다. 그러다 다시 정원으로 나가 보면 잡초는 더 무성해져 있다. 잡초가 하는 일이 바로 그것이다. 녀석들은 정원을 점령하고 망친다.

이 정원이 당신의 삶이며 분노와 시기, 앙심, 경멸과 같은 나

뻔 감정이 잡초다. 우리는 잡초가 다른 식물에 해를 가하기 전에 뽑아내야 한다. 설사 완전히 제거할 수는 없더라도 최선을 다해 녀석에 맞서 싸워야 한다. 잡초의 개체 수를 적당히 줄이는 식으로 관리를 하거나 시중에서 살 수 있는 가장 강력한 제초제를 뿌릴 수도 있다. 그것이 어떤 전략이든, 당신과 잡초의 관계는 항상 똑같다. 잡초는 제거하거나 통제해야 할 대상이다. 최고의 정원은 잡초가 없는 정원이고, 최고의 삶은 나쁜 감정이 없는 삶이다. 이것이 바로 나쁜 감정에 대한 우리의 사고방식이다.

하지만 우리는 이런 사고방식을 바꿔야 한다. 나쁜 감정은 잡초가 아니라 '지렁이'다. 이 녀석은 지면 바로 아래에 살아서 땅을 조금만 파보면 끈적거리고 징그러운 모습으로 흙 속을 휘젓고 다닌다. 그래서인지 사람들은 지렁이를 역겨워한다. 우리는 꽃만 감상하고 정원에 지렁이가 산다는 사실은 잊고 싶어 한다. 하지만 꽃과 마찬가지로 지렁이도 정원의 일부이며 지렁이가 존재한다는 건 정원이 번성하고 있다는 뜻이다. 녀석들이 없어지길 바라는 건 조화롭고 풍요로운 정원이 없어지길 바라는 것이다. 따라서 정원을 있는 그대로 사랑스럽게 유지하고 싶다면, 이 꿈틀이 주민을 받아들일 방법을 알아내야 한다. 그리고 이 책은 당신이 지렁이를 사랑하는 데 도움을 줄 것이다.

나는 앞으로 당신을 설득해서 나쁜 감정이 좋은 것이라고 믿게 할 작정이다. 그러려면 일단 나쁜 감정에 대한 변명apology을 해야 한다. 그런데 이 변명은 우리가 흔히 사용하는 "죄송합니다만…"이라는 말로 시작하지 않는다. 다시 말해 구실을 둘러대는 핑계 같은 것이 아니라 조금 생소하겠지만 그리스어 아폴로기아 apologia가 어원으로, 뭔가를 옹호하는 연설, 즉 변론을 의미한다.

철학자라면 플라톤 덕에 이 두 번째 정의를 잘 알 것이다. 아테네 출신의 고대 그리스인 플라톤은 기원전 429년부터 347년까지 정치적 격변기에 살았다. 아테네에서 벌어진 전쟁과 추악한 권력 투쟁의 여파는 안타깝게도 사랑하는 스승이자 친구인 소크라테스를 곤경에 빠뜨렸다. 플라톤의 대화편 『변론』에서 소크라테스는 신을 믿지 않고 젊은이를 타락시킨 혐의로 아테네 법정에 출두한다. 배심원들은 소크라테스가 "죄송합니다."라고 말할 줄 알았지만, 그들은 오히려 "내가 왜 옳은지 설명하겠습니다."라는 발언을 들었다. 소크라테스의 변론은 호의적으로 받아들여지지 않았고 결국 사형을 선고받았다. 이러한 전례가 있으니 철학자들은 자신들이 왜 옳은지 설명하기보다는 사과를 하리라고 예상한 사람도 있을 것이다. 하지만 사형도 우리 철학자들을 막을 수는 없는 것 같다.

부정적인 감정은 철학계 안팎에서 좋은 삶을 방해하는 장애물로 여겨진다. 나쁜 감정은 우리가 잘 사는 걸 훼방하기 때문에 뭔가 조치를 취해야 한다고 생각된다. 그 일환으로서 어떤 사람은 나쁜 감정을 느끼지 않기 위해 최선을 다해야 한다고 주장하고,

또 다른 사람은 감정을 그저 '올바른 방식'으로 느끼거나 혹 나쁜 감정이 들더라도 그것을 좋은 쪽으로 '돌리면' 된다고 주장한다. 하지만 우리가 나쁜 감정을 정말로 소중히 여길 작정이라면, 이런 논증의 첫 번째 전제를 거부해야 한다. 즉 나쁜 감정은 좋은 삶을 가로막는 방해물이 아니다. 나쁜 감정이 나쁜 평판을 받는 것은 정말로 부당한 일이다. 우리의 오해는 바람직한 감정이 따로 있다는 것에서 비롯됐지만 지렁이가 정원의 일부인 것처럼 나쁜 감정도 좋은 삶의 일부다.

그러면 일단 우리가 흔히 말하는 나쁜 감정이 정확히 무슨 뜻인지부터 알아보자. '느낌feeling'은 광범위한 용어다. 이 단어는 부모가 자식에게 느끼는 '사랑'부터 팔이 저릴 때 느끼는 바늘로 찌르는 듯한 '감각'에 이르는 수많은 것에 적용된다. 이런 것에 대해서도 말할 거리가 있지만, 이 책에서는 우리가 일반적으로 '감정emotion'이라고 부르는 느낌에 초점을 맞추겠다.

'어떻게 살아야 하는가'에 대한 문제

철학자들은 사유를 시작한 이래로 쭉 감정에 대해 생각해 왔고, 따라서 감정에 대한 이론을 많이 개발했다.[1] 이론은 감정에 대한 우리의 생각을 명료화하고 체계화하는 데 도움이 된다. 하지만 이론은 감정이 무엇인지 말해 주는 반면 감정과 함께 잘 살아갈 방법을 알려 주지는 않는다. 그래서 우리는 다음의 질문을 살펴볼 것이다. "좋은 삶과 나쁜 감정이 어떻게 조화를 이룰 수 있는가?" 이 질문은 감정이 제기하는 '실천적 문제'라고 할 수 있다. 부정적인 의미의 문제가 아니라 (수학 문제처럼) 우리가 풀어야 하는 문제라는 것이며, '어떻게 살아야 하는가'에 관한다.

실천적 문제가 어떤 것인지 알아보기 위해 먼저 감정적 경험에 관해 이야기해 보자. 19세기 철학자 안나 줄리아 쿠퍼는 노스캐롤라이나에서 노예로 태어났다. 그녀는 노예제가 폐지되자 교육을 받을 수 있었고 수학으로 학사와 석사, 그리고 최종적으로 박사 학위를 받았다. 그녀의 작품 중 가장 유명한 것은 에세이 모음집 『남부의 목소리A Voice from the South』인데, 이 책에서 그녀는 교육의 중요성과 미국에서 흑인 여성이 직면하는 어려움 같은 다양한 주제를 논한다.

이 에세이 중 한 편에서, 쿠퍼는 기차를 타고 혼자 여행하는 흑인 여성이라면 흔히 겪는 경험을 묘사한다. 그녀의 설명에 따르면 백인 여성이 기차에서 승강상으로 내려가면 차장이 팔을 잡거나 짐을 들어서 도와준다. 하지만 흑인 여성이 기차에서 내리면 차장은 일부러 팔짱을 끼고 돌아서서 도와줄 의사가 없음을 분명히 한다.[2] 다음으로 이런 대우를 받을 때 어떤 감정을 느꼈는지 묘사한다. 쿠퍼는 그걸 '무시당한 여성'의 감정이라고 말한다.

나의 비통함은, 유노가 자신의 아름다움을 거부당해서 느낀 모욕감이 세속적이고 저속한 것이라 하면, 질투보다 성스럽고, 분노보다 깊고, 격노보다 부드러운 것이다. 이 비통함으로 인해 내가 최초로 느낀 충동은 분노에 찬 항의와 당당한 자기 옹호였으나, 자기주장을 하면 그와 똑같이 섬세한 본능인 분노가 훨씬 더 격해질 것이라는 의식 탓에 나는 최초의 충동을 억누르고 수치심을 느낀다.[3]

쿠퍼는 『남부의 목소리』에서 19세기의 아름다운 문체로 고전적인 암시와 시적 언어를 활용해 자신의 감정적 경험을 설득력 있게 서술한다. 이야기는 파리스의 심판이라는 고대 그리스 신화에 대한 암시로 시작한다. 신들의 여왕 유노, 비너스와 미네르바가 벌인 미인대회 말이다. (선견지명은 별로 없지만) 공정함으로 유명한 인간 파리스가 이 대회의 심사를 맡았다. 파리스가 상(황금 사과)을 비너스에게 주자 유노는 모욕감을 느끼는데 자신의 신성한 아름다움을 한낱 인간에게 평가받기에 더욱 그렇다. 그런데 쿠퍼는 자신의 감정을 유노의 분노보다도 더한 것으로 묘사한다.

하지만 쿠퍼는 자신의 감정을 묘사할 때 '성스러운'과 '부드러운'처럼 섬세하고 감탄을 나타내는 표현을 사용하는데 이는 그녀가 분노를 순전히 부정적으로만 생각하지는 않음을 보여 준다. 쿠퍼는 분명히 모욕당했다. 인종 때문에 자신이 차장에게 부당하게 대우받았다는 사실을 너무나 잘 안다. 그렇기에 그녀는 자신의 분노가 정당하다고 생각한다. 하지만 쿠퍼의 감정은 상충된다. 자신의 분노가 정당하다고 생각되는 한편 수치스럽기도 하다. 이 분노가 열차 차장이 생각하는 바로 그것, 즉 자신은 결국 제대로 된 여성이 아니라는 것을 확증해 버릴까 봐 두렵기 때문이다. 쿠퍼는 마땅히 화를 내야 하지만, 분노의 강도가 너무 커서 어찌할 바를 모른다. 우리가 감정을 19세기 철학자처럼 표현할 수는 없겠지만, 우리도 이와 같은 복잡한 감정을 경험해 본 적이 있을 것이다.

감정은 일종의 육감과 같아서 우리는 감정을 통해 세상에 대한 정보를 얻는다.[4] 예컨대 우리는 오감을 통해 자신이 숲속을 산책하고 있음을 안다. 우리는 나무를 보고 새소리를 듣고 숲길의 흙냄새를 맡는다. 감정을 통해서는 산책할 때의 느낌을 알게 된다. 산책하는 느낌이 조용하고 평화로운지, 외로운지 또는 오싹한지 말이다. 또 감정을 통해 주변에서 벌어지는 일, 다른 사람과의 관계 그리고 정체성에 대한 자신의 인식도 알 수 있다. 쿠퍼의 묘사는 감정의 본질과 역할을 좀 더 명확히 파악하는 데 도움을 준다. 그녀는 분노를 통해 열차 차장이 쿠퍼에게 등을 돌린 행동이 모욕이라는 걸 알아차린다. 또 본인이 자신을 어떻게 여기는지도 깨닫는다. 즉 쿠퍼는 자신을 백인 여성이 열차 차장에게 받는 존중을 똑같이 받을 자격이 있는 여성으로 여긴다.

우리가 미처 뭔가를 깨닫기도 전에 감정이 먼저 그걸 깨달을 때도 있다.[5] 직장에서 매일 좌절감과 분노를 느낀다면 그건 아마도 뭔가 잘못됐다는 신호일 것이다. 어떤 사람 앞에서 안절부절못하고 들뜬다면, 그 사람에게 연애 감정을 느끼는 것일 수 있다. 친구와 어울리는 데 내가 초라하게 느껴진다면, 그 사람은 결국 내 친구가 아닐 것이다. 또 감정은 자신도 몰랐던 사실을 발견하도록 도와주기도 한다. 예를 들어 롤러코스터를 즐기며 탈 줄 알았는데 막상 타보니 겁이 나서 벌벌 떨기만 할 수도 있다. 하지만 다른 감각과 마찬가지로 감정을 통해 얻는 정보와 실제 일어난 일은 어긋날 때가 있다. 동료의 말에 과민 반응하는 건 아닌지 고민해 봤다면, 자신의 감정이 상황을 올바로 지각하고 있는 건지 자문했다는 뜻이다. 쿠퍼 또한 열차 차장에게 화가 났지만 동시에 자신이 어디까지 화를 내도 될지를 놓고 갈등한다.

또한 우리는 중요하거나 신경이 쓰이는 것에 감정을 쏟곤 한다. 나는 다른 책에서 감정이 우리가 헌신하는 것과 소중히 여기는 것을 구성하는 요소라고 주장했다.[6] 나의 이야기를 하자면, 철학은 내가 헌신하는 것 중 하나다. 나는 철학에 평생을 바쳤고 철학은 몹시 중요한 삶의 요소다. 나는 철학에 신경을 쓰기 때문에 철학에서 온갖 감정을, 쉽게 느낀다. 철학책을 읽으면 기쁘고 사람들이 철학을 비난하면 분노하며 내가 지정한 교재를 학생들이 좋아하지 않으면 실망한다. 신경을 쓰지 않는다면, 기쁨도 분노도 실망도 느끼지 않을 것이다.

쿠퍼에겐 제대로 된 여성으로 인정받는 게 매우 중요했다.

쿠퍼는 출중한 여성이었다. 적어도 4개 국어를 구사할 줄 알았고 복수의 대학 학위를 취득했으며 헌신적인 교육자이자 아프리카계 미국인 그리고 여성을 위한 사회운동가였다. 그녀는 이런 성취로 자신이 존중받는 사람이 됐다고 느꼈을 뿐만 아니라 백인 여성과 다른 대우를 받는 건 노골적인 차별이라고 느꼈다. 자신이 마땅히 받아야 할 존중과 예의를 열차 차장이 보이지 않았을 때 쿠퍼는 그것에 신경을 쓰지 않을 수 없었다. 그녀는 신경을 썼기 때문에 분노하고 수치스러워하고 상처받았다. 만약 이런 감정을 전혀 느끼지 않았다면, 즉 모욕을 그냥 흘려보냈다면, 우리는 쿠퍼가 존중을 중요하게 여기지 않는다고 생각할 것이다. 이처럼 어떤 감정을 느끼는 건 그것에 신경을 쓰는 한 방식이다.

삶에서 감정은 분명 중요한 일부이다. 하지만 그렇다고 해서 우리와 감정의 관계가 항상 수월한 것은 아니다. 감정은 명확할 때도, 그렇지 않을 때도 있기 때문이다. 만약 샤워 커튼을 걷었는데 욕조에 뱀이 있다면, 나라면 당연히 겁을 먹을 것이다. 그러나 감성이 이렇게 명확하지 않은 경우도 많다. 화가 난 건지, 그저 답답한 건지 자신의 감정도 파악하기 어려울 때가 있다. 또한 감정을 분명하게 표현하는 데 어려움을 겪기도 한다. 뭔가를 느끼는 건 알겠는데, 그게 뭔지는 모르겠는 것이다. 감정을 설명하기 어려울 수도 있다. 슬픈 것 같은데 왜 슬픈지는 모르는 경우 말이다. 감정은 우리를 놀라게 하기도 한다. 이를테면 배우자의 새 직장 동료를 질투하는 자신을 발견하고 당황할 수도 있다. 누군가의 거친 말 한마디에 예상보다 더 큰 상처를 받고 눈물이 왈칵 쏟아지기도 한다.

감정이 우리를 놀라게 하거나 혼란스럽게 하는 까닭은 우리가 감정의 일부는 통제할 수 있고 일부는 통제할 수 없기 때문이다. 우리는 느끼고 싶은 감정이나, 느낄 거라고 예상하는 감정을 항상 느끼진 않는다. 자신이 느끼지 않는 감정을 억지로 느낄 수 없으며, 이미 느끼는 감정을 TV 끄듯이 '꺼버릴' 수도 없다. 아무리 원한다 해도 말이다. 하지만 그와 동시에 우리는 감정에 어느 정도 영향을 미칠 수 있다. 화를 내고 싶지 않을 때는 자신을 진정시키려고 노력하고 슬픔이 몰려올 때는 스스로를 격려하기도 한다. 만약 감정이 반사나 소화 작용처럼 자동적으로 일어난다면 우리가 할 수 있는 일이 별로 없을 것이다. 반대로 감정이 완전히 통제 가능하다면 옷장에서 셔츠를 고르듯 감정을 선택할 수 있을 것이다. 하지만 문제는 감정이 그 사이의 어딘가에 있고, 또 감정이 그 스펙트럼의 어디쯤 있는지 분명하지 않다는 것이다.

게다가 우리는 자신의 감정을 평가하거나 판단한다. 쿠퍼도 마찬가지다. 그녀는 화가 나지만 동시에 자신의 분노를 수치스러워했다. (가수 조안 제트의 말처럼) 당신은 누군가를 사랑한다는 이유로 자신을 미워할 수도 있다. 가족이 당신에게 부당한 죄책감을 심어 주는데 그걸 물리치지 못해 자괴감을 느끼게 될 수도 있다.

때로는 감정 때문에 자신을 너무 가혹하게 판단하기도 한다. 특히 감정이 가치 있고 중요한 것을 말하려고 할 때 그렇다. 반대로 자신을 너무 관대하게 판단하기도 하는데, 이를테면 무책임한 행동을 할 때 감정을 핑계 삼기도 한다. 이처럼 우리는 감정을 너무 많이 느낄 수도, 너무 적게 느낄 수도 있으며, 두 경우 모두 자신을 비판한다.

감정은 우리의 일부다. 하지만 감정 그 자체도 삶을 지니므로, 우리는 감정과 함께 살아갈 방법을 찾아야 한다. 이것이 바로 감정을 실천적 문제로 만드는 것이며, 이것이 바로 이 책에서 우리가 함께 다룰 내용이다. 논의를 본격적으로 시작하기에 앞서 감정에 대한 일반적인 미신 몇 가지를 타파하고 싶다. 내가 '머리 대 가슴'이라고 부르는 것부터 시작하겠다.

미신 하나: 이성과 감성은 상극이다

머리 대 가슴이라는 개념은 역사가 깊지만 사람들이 이 개념에서 흔히 떠올리는 건 낭만주의다. 낭만주의는 1800년대 말 유럽에서 절정에 달했던 지적·문화적 운동이다.[7] 낭만주의자는 감성적인 멜로드라마를 좋아했다. 짝사랑에 대한 갈망과 폭풍처럼 몰아치는 내면의 혼란, 우울함의 달콤한 고통 등이 모두 낭만주의의 인기 주제다. 이런 멜로드라마에 대한 그들의 사랑은 철학적 아이디어의 산물이었다.

낭만주의자는 자연스러운 감정과 동정심에 귀를 기울이고 그것들이 부패하지 않도록 주의한다면, 감정과 동정심은 좋은 삶을 위한 길잡이가 된다고 생각했다. 부패는 형태가 다양했다. 시인 윌리엄 워즈워스는 도시 생활, 사치, 그리고 무미건조한 상류사회의 환심을 사는 데 지나치게 많은 시간을 소비하는 걸 부패의 원동력으로 지목했다.[8] 또 다른 부패의 형태는 이성의 힘에 대한 숭배였다. 낭만주의자는 특히 대학의 답답한 교육을 비판했다. 형식적 지식을 지나치게 강조하면 워즈워스의 말처럼 '사랑의 정신으로' 세상을 바라보는 우리의 능력이 가려지고 왜곡된다.[9] 지나친 이성은 감정을 죽인다.

현대적인 머리 대 가슴 개념에는 낭만주의의 잔재가 남아 있다.[10] 이 개념에 따르면 이성과 감정은 서로 다르거나 구분되며 일반적으로 상충한다. 사람들은 이렇게 말하곤 한다. "머리는 그렇게 말하지만 가슴은 다른 말을 해." "논리적으로 생각해 봐. 넌 감정에 휘둘리고 있어." 머리와 가슴은 우리를 서로 다른 방향으로 끌어당긴다.

하지만 이성과 감정의 차이는 그렇게 극명하지 않다. 이성은 감정을 배제하지 않는다. 이성을 감정이 결여된 것으로 생각하는 건, 모든 이성을 '객관적' 이성으로 가정하는 것이다.[11] 객관적 이성은 의견과 감정을 배제하고 오로지 '사실'을 올바로 파악한다고 보며 감정은 차갑고 견고한 사실을 바꾸지 못한다고 가정한다.

　이 가정의 문제점은 이성의 역할을 오로지 사실을 파악하는 것으로 규정한다는 점이다. 새로운 곳으로 이사하거나 직업을 바꾸거나 가정을 꾸리는 것처럼 인생에서 큰 결정을 내리는 경우를 생각해 보라. 이런 결정에는 이성이 크게 작용한다. 결정을 내리려면 당연히 사실이 필요하다.(새 연봉은 얼마일까? 그 정도면 편하게 살 수 있을까?) 하지만 사실만으로는 답을 얻을 수 없다. 우리에게 소중한 것 또는 중요한 것에 호소해야 할 때도 많기 때문이다. 만약 대도시의 활기 속에서 발전하는 사람이라면 그 사람은 세상의 모든 돈을 다 준다고 해도 시골에서 일자리를 얻진 않을 것이다. 이건 감정이 이성을 이기는 것도 아니고, 이성이 감정을 이기는 것도 아니다. 인생에 대한 진지한 고민은 이성의 상자와 감정의 상자 중 어느 쪽에도 딱 들어맞지 않는다.

　이성은 감정을 포함하고 감정도 이성을 포함한다. 그런데 '머리 대 가슴'은 때로 감정이 반사작용에 가깝다고 가정하기도 한다. 어두운 방에 들어가면 동공이 확장되는 것처럼 말이다.[12] 하지만 철학자들은 감정이 나름의 논리를 가지고 작동한다는 점을 지적하며 이를 감정의 '지향성aboutness'이라고 표현하기도 한다. 만약 내가 숲에서 도끼 살인마를 마주친다면, 두려움을 느낄 것인데 철학자들은 내가 느끼는 두려움이 상황에 맞는 옳고 적절한 반응이라고 주장할 것이다. 어쨌거나 나는 위험에 처했으니까 말이다.

실제로 위험에 직면했을 때의 합리적인 반응은 두려움이라는 것이다.

분명히 감정은 반사적으로 반응하지 않는다. 누군가 도끼 살인마가 사실은 이웃 흉가에 놓일 진짜처럼 보이는 합판 조각일 뿐이라고 말해 준다면, 내 두려움은 사라질 것이다(물론 진정하는 데는 시간이 좀 걸리겠지만). 만약 감정이 반사작용과 같다면, 합리적 감정과 비합리적 감정 사이에는 아무런 차이가 없을 것이다. 하지만 우리는 항상 이 둘을 구분한다. 밖에 도끼 살인마가 있다는 증거가 없는데 혹시라도 도끼 살인마를 마주칠지도 모른다는 이유로 집밖으로 나가길 거부하는 건 합리적이지 않다. 하지만 어떤 두려움이 비합리적이라고 해서 두려움 자체가 비합리적인 것이 되진 않는다.

감정의 합리성 문제는 나중에 다시 나올 것이다. 왜냐하면 사람들은 보통 부정적인 감정은 언제나 비합리적이라고 생각하기 때문이다. 일단 우리는 머리 대 가슴 구도에서 벗어나야 한다. 머리가 어디서 끝나고 가슴이 어디서 시작되는지가 항상 분명한 게 아니라는 점을 명심하자. 머리와 가슴은 한 사람 안에서 함께 살아간다.

미신 둘: 감정은 뇌의 화학 반응일 뿐

사람들이 감정에 대해 지니는 또 다른 오해는 감정이 뇌의 지배를 받는다는 것이다. 우리는 흔히 감정을 알고 싶다면 심리학이나 생물학, 신경과학과 같은 분야에 의지해야 한다고 생각한다. 즉 감정은 과학적으로 연구해야 한다는 것이다. 어쩌면 이 같은 접근법이 최첨단처럼 들릴지도 모르겠지만, 감정에 대한 이런 사고방식은 적어도 기원전 4세기에 살았던 플라톤의 제자인 아리스토텔레스까지 거슬러 올라간다.

아리스토텔레스는 그의 명저 중 하나인 『영혼에 관하여』에서 감정을 '변증론자' 또는 '자연학자'로서 생각할 수 있다고 설명한다. 예를 들어 변증론자는 분노를 '고통을 되돌려주려는 욕구'로 정의할 테지만, 자연학자는 분노를 '심장 주변의 피와 열의 끓음'으로 정의할 것이다.[13] 첫 번째 정의는 사람들이 일반적으로 화를 내는 이유에 호소하는 반면, 두 번째 정의는 분노의 생물학적 또는 생리학적 원인에 초점을 맞춘다.

자연학자는 굴 껍데기나 대기 중의 질소 같은 다른 자연물을 연구하듯이 감정을 연구한다. 탁월한 신경과학자 안토니오 다마지오에 따르면, (인간을 포함하는) 모든 살아 있는 유기체는 '자동화된 항상성 조절'의 지배를 받는데, 이것은 신진대사에서 면역체계에 이르기까지 우리가 생명을 유지하는 데 도움이 되는 모든 생물학적 시스템의 집합체다.[14] 감정은 이런 시스템 집합체의 산물이며 마찬가지로 항상성 유지에 기여한다. 예를 들어 두려움은 우리가 위험한 상황에서 벗어나는 걸 돕도록 진화한 신경생물학적 반응이다. 감정은 개별 유기체의 생존을 돕고 종 전체의 생존에 기여하는 친사회적 행동을 촉진한다.

여기까지만 보면 이 그림에는 아무런 문제가 없다.[15] 하지만 안타깝게도 사람들은 자연학자적 설명을 할 때 보통 다음과 같은 말을 한다. "감정은 그저 뇌에서 일어나는 화학 반응일 뿐이야." "감정은 사실 생존 메커니즘이야." '그저'와 '사실'이라는 짧은 단어가 문장의 무게를 뛰어넘고 있다. 하지만 이런 식의 말은 감정에 대해 알아야 할 모든 걸 자연과학자가 밝혀낼 수 있음을 암시한다. 이런 논리라면 감정의 배후에 있는 생물학적 또는 신경학적 과정을 이해하면 감정에 대한 진짜 이야기를 알 수 있다.

그런데 여기서 진짜 이야기가 뭘 의미할까? 19세기 미국 철학자 윌리엄 제임스가 색다른 예를 제시한다. "베토벤 현악 사중주는 사실… 고양이 창자에 말총을 긁는 것이다."[16] "고양이 창자에 말총을 긁는 것"은 바이올린의 활과 현을 만들 때 쓰는 재료에 대한 언급인데, 활은 말의 털로 현은 동물의 창자로 만든다(실제로는 고양이가 아니라, 가축의 창자를 사용한다). 그렇다면 베토벤 현악 사중주는 '사실' 고양이 창자에 말총을 긁는 것일까? 뭔가를 '사실대로' 기술하는 유일한 방법이 물질적 원인을 파악하거나 근본적인 작동 원리를 설명하는 것이라면, 그렇다.

하지만 베토벤 현악 사중주를 기술할 다양한 방법을 생각해 보라. 우리는 베토벤이 이 사중주를 편곡한 역사를 조사하거나 작품의 전반적인 음악 구조뿐만 아니라 각 악장 간의 관계를 논할 수도 있다. 이 현악 사중주에는 경쾌한 요소와 극적인 배음이 섞였다고 말할 수도 있다. 이것들이 모두 현악 사중주를 이해하는 방법이다. 고양이 창자 이야기는 진짜이고, 이것들은 왜 진짜가 아닌가?

고양이 창자 이야기는 철학자들이 '환원적'이라고 일컫는 것이다. 환원적 설명은 (그 명칭대로) 복잡한 현상을 더 단순한 현상 또는 더 단순한 부분으로 환원하려 한다. 사람들은 흔히 단순한 설명이 언제나 최선의 설명이라고 가정한다. 이런 가정은 도움이 될 때도 있지만 그렇지 않을 때도 있다. 그건 당신이 정확히 무엇을 이해하고자 하는지에 따라 다르다. 만약 어떤 사람이 베토벤 현악 사중주와 드보르자크 현악 사중주의 차이점을 이해하려 한다면, 현악 사중주가 사실은 고양이 창자에 말총을 긁는 소리라고 말하는 건 절대 답이 되지 못한다.

감정도 마찬가지다. 감정이 생물학적, 신경학적 또는 진화론적 과정의 결과라는 사실을 안다고 해서 "어떻게 하면 감정과 함께 잘 살 수 있을까?"라는 질문에 대한 답이 나오진 않는다. 쿠퍼가 여성성을 무시당한 경험을 떠올려 보라. 분노와 수치심, 고통이 교차하고 충돌하는 쿠퍼에게 모든 감정은 항상성 조절의 일환이라고 말한다면, 이 말이 그녀에게 어떤 의미가 있을까? 감정을 조절하는 데 무슨 도움이 될까? 그녀가 내 감정은 신경생물학적 과정일 뿐이라고 되뇌어야 하는 걸까? 그다음엔 어떻게 해야 할까?

자연학자가 하는 이야기는 물론 실천적 조언의 역할을 할 수도 있지만, 반드시 실천적 조언이 되는 건 아니다. 가령 우리가 감정을 자연 질서의 일부로 생각한다면, 자연학자의 이야기가 감정과 함께 살아가는 데 도움이 될 것이다. 하지만 어떻게? 감정에 대한 모든 자연적인 사실을 모은다고 해서 언젠가 닥쳐올 감정에 관한 실천적 문제의 답이 자동으로 나오는 건 아니다.

여전히 철학이 필요하다.

철학자들이 통념을 모으는 이유

우리는 이 책에서 아리스토텔레스가 제시하는 또 다른 관점, 즉 변증론자의 관점에서 감정을 살펴볼 것이다. 철학에서 '변증법'이라는 용어는 다양한 의미로 쓰인다. 여기서 변증법이란 질문과 다른 사람과의 대화를 통해 주제를 탐구하는 걸 의미한다. 그 과정의 일부는 아리스토텔레스가 통념endoxa이라고 부르는 것, 즉 당신이 관심 있는 주제에 대해 먼저 생각해 본 사람들의 의견을 모으는 것이다.[17]

우리가 통념을 모으는 이유는 자연학자는 생물학적 감정에 대해 생각하는 반면 변증론자는 사람들이 일인칭 시점으로 경험하는 감정에 관해 생각하기 때문이다. 아리스토텔레스가 말하는 분노의 예로 돌아가 보자. 변증론자는 분노란 '고통을 되돌려주려는 욕구'라고 말한다. 이에 동의할 필요는 없지만, 이 정의가 작동하는 방식은 이해할 수 있다. 변증론자는 우리가 일반적으로 분노를 느낄 때 무엇을 하는지 또는 무엇에 분노를 느끼는지에 따라 분노를 정의한다. 분노를 느껴 본 사람을 모아 놓고 이 감정의 본질적 특징을 꼽아 보라고 하면 위와 같은 정의가 나올 것이다.

변증론자는 통념을 모아서 분노의 개념을 파악한 후 그 개념을 대화와 질문을 통해 시험한다. 분노는 정말 고통을 되돌려주려는 욕구일까? 분노가 욕구라고 말하는 건 무슨 뜻일까? 이 정의에서 '고통'은 뭘까? 화난 사람은 항상 고통을 되돌려줄까? 아니면 가끔 되돌려줄까? 분노를 정의할 다른 방법을 떠올려서 이 정의와 비교할 수 있을까? 당신도 이런 일을 직접 해본 적이 있을 것이나. 이를테면 직장에서 일어난 어떤 사건에 신경이 쓰이는데, 자신이 과민 반응하는 건 아닌지 확신이 서지 않아 친구에게 얘기한 적이 있을 것이다. 또 별일 아니라고 생각한 일에 가족이 화를 내면 왜 화가 났는지 설명을 들어 볼 것이다. 자신의 감정을 되돌아보고 자신이 느끼는 감정을 분명히 하려 할 때, 당신은 감정 변증법에 참여하는 것이다.

우리는 이 책에서 감정에 대한 변증법을 함께 공부할 것이다. 나는 철학자로서 갈고닦은 기술을 활용해 나쁜 감정에 얽힌 매듭을 풀어나갈 것이다. 철학과 소설, 회고록, 일상생활과 같은 다양한 자료를 참고할 것이다. 자료를 모으고 분류하는 이 과정이 바로 통념 수집이다. 그리고 이를 위해서는 죽은 자와 교감해야 한다.

나는 죽은 사람을 읽는다

남편의 마흔 번째 생일을 맞아 뉴올리언스로 여행을 떠났다. 헌책방을 둘러보다가 내가 가장 좋아하는 시인인 에드워드 에스틀린 커밍스의 시집을 발견했다. 책을 살지 말지 고민하며 페이지를 넘기는데 갑자기 종이가 하나가 바닥에 떨어졌다. 검은 바탕색의 종이에는 흰 글씨로 "나는 죽은 사람을 읽는다."라고 적혀 있었다. 그 책을 살 수밖에 없었다.

철학사를 연구하는 인문학자로서 죽은 사람과 교감하는 게 바로 나의 일이다. 죽은 사람의 글을 읽는 건 통념을 수집하는 행위다. 왜 굳이 죽은 사람의 의견을 수집해야 할까? 감정에 관한 최신 연구에 충실하면 되지 않을까? 이에 대해 20세기 영국 철학자 버트런드 러셀을 언급하고 싶다. 러셀은 우리가 쉽게 빠져드는 특정한 위험성을 '편협한 시간관'이라고 칭했다. 러셀에 따르면 편협한 시간관을 가진 사람은 옹졸하고 과신하는 태도를 보이며 "과거를 부당하게 경멸하고, 현재는 공연히 존중한다."[18]

편협한 시간관에서 벗어나려면 과거에 대한 경멸을 버려야 한다. 과거의 사람들도 우리와 크게 다르지 않다. 모든 세대의 인간은 저마다 자신의 존재에 대한 중대한 질문에 직면한다. 인류가 질문을 던질 수 있게 된 순간부터 모든 인간이 '어떻게 살아야 하는가?' '무엇을 믿어야 하는가?' '내 삶의 의미는 무엇인가?'를 두고 고민했다. 현재에 태어난 우리가 이런 난제를 맨땅에 헤딩하듯이 푸는 건 시간 낭비다. 그 대신 죽은 사람의 생각을 읽으면 자신이 내릴 답에 대한 실마리를 얻을 수 있다.

현재를 살아가는 우리는, 대체로 죽은 이들보다 세상에 대해 더 많이 안다고 착각한다. 요컨대 그들의 세계는 무지했고 우리는 그 이후로 많이 발전했다는 것이다. 하지만 오늘날 페니실린이 있다면 그들에겐 거머리가 있었다. 그리고 미래 세대가 우리의 페니실린을 거머리로 여기리라는 점을 깨닫지 못한다. 그들을 가혹한 잣대로 판단하는 건 우리에게도 위험한 일이다. 우리가 그들에게 불친절한 것처럼 미래 세대도 우리에게 불친절할 것이기 때문이다. 그러나 일단 과거에 대한 편견을 극복하고 나면 현대의 우리가 더 유식하고 발전했다는 가정이 종종 틀렸다는 사실을 깨닫게 된다. 예를 들면 죽은 사람들도 자신들이 해야 할 바를 분명히 알고 있었다. 거머리를 사용했다는 게 좀 이상하게 들리겠지만, 그건 잘못된 생각이 아니었다. 2004년 미국식품의약국은 수술 후 혈류 회복을 돕기 위한 거머리 사용을 승인했다.[19]

또한 우리는 현재를 조금 덜 존중할 필요가 있다. 우리에게 분명해 보이는 게 실제로는 그렇게 분명하지 않다는 사실을 깨달 으려면, 타인, 다른 시간과 장소를 경험해 봐야 한다. 죽은 사람들 이 여기서도 도움을 주는데, 그들은 현재의 우리와 아주 흡사한 눈으로 세상을 봤지만 세상을 아주 다르게 봤다. 다른 나라로 여 행을 떠나 보면 고국의 생활 방식이 삶의 한 방식이긴 하지만, 반 드시 그 방식대로 살아야 하는 건 아니라는 사실을 깨닫게 된다. 역사책을 읽으면 우리가 지닌 성별부터 재산에 이르는 모든 생각 이 수많은 생각 중 하나에 불과하다는 사실을 알게 된다.

때로는 죽은 사람이 나보다 나를 더 잘 알기도 한다. 당신은 책을 읽다가 가슴을 번개처럼 강타하는 구절을 마주친 적이 있을 것이다. 그런 구절은 딱 꼬집어 말할 수는 없지만 당신이 분명히 가졌던 느낌이나 생각을 명료하게 표현해 준다. 마치 과거의 사람 이 당신의 영혼을 들여다보는 것처럼 말이다. 작가 제임스 볼드윈 은 이렇게 말했다. "당신은 자신의 고통과 비통함은 이 세상에 전 례가 없는 것이라고 생각하며 책을 읽는다. (하지만) 나를 가장 괴 롭혔던 것들이 바로 살아 있는 혹은 살아 있었던 모든 사람과 나 를 연결해 준다는 점을 가르쳐 준 것은 도스토예프스키와 디킨스 였다."[20] 나와 과거 사이의 거리가 사라지고 나와 같은 한 인간의 영혼이 친구가 된다. 그리고 그 덕에 미처 보지 못했던 문제를 파악하게 될 수도 있다. 과거를 떠받들자는 것이 아니다. 오래된 것이라고 해서 다 좋은 게 아니고, 새로운 게 과거보다 무조건 나은 것도 아니라는 점을 명심하자는 의미다.

철학이 악의에 빠진 당신을 구할 수 있을까?

이쯤이면 궁금증이 생길 것이다. 왜 철학인가? 부정적인 감정을 느끼는 당신을 철학자가 도울 수 있을까? 그건 전문 치료사가 해야 할 일 아닌가? 오늘날 우리가 사용하는 임상적 의미로는 아니지만, 과거와 현재를 막론하고 철학을 일종의 치료법으로 생각하는 철학자가 많다. 그런 철학자 중 한 명이 바로 프랑스 철학자 미셸 드 몽테뉴인데, 나는 그의 철학적 통찰력을 이 책에 반영할 것이다.

몽테뉴는 1533년에 태어나 르네상스 시대를 살았다.[21] 그는 아버지가 죽자 가문의 재산을 물려받았다. 그의 말에 따르면 자신은 모든 공직에서 은퇴하고 학문을 좇을 계획이었다. 그래서 자신이 소유한 성에 서재를 만들었다. 천장의 나무 기둥에는 자신이 좋아하는 작가의 다양한 명언을 새겨 넣었다. 몽테뉴는 고대 그리스와 로마 철학자를 너무나 좋아해서 그들의 명언을 암기해 인용할 정도였다. 하지만 학문적 삶은 그의 기대와 달리 탈출구가 되지 못했다. 성을 소유하는 건 생각보다 번거로운 일이었으며 정치적 의무가 연구를 자꾸 방해했다. 우울과 불안에 시달리던 몽테뉴는 머리를 비우기 위해 생각을 글로 써 내려가기 시작했다. 이 생각의 모음은 결국 1580년에 처음 출간된 그의 최대 명작『에세』가 됐다. 이 책은 식인종부터 교육, 엄지손가락에 이르는 다양한 주제에 관한 방대한 분량의 에세이 모음집이다.

『에세』는 체계적인 내용을 기대하는 사람에게는 다소 실망스러운 책이 될 수도 있다. 몽테뉴는 주제 간의 연관성을 고려하지 않고 주제를 전환하기 때문이다. 또한 몽테뉴는 어떤 결론에도 도달하지 않는 것으로 악명이 높다. 다수의 에세이가 그냥 끝나 버리고 독자는 요점이 뭔지 궁금해진다. 그중 일부는 의도적인데, 몽테뉴는 독자들이 자신의 견해에 지나치게 안주하지 않기를 원했기 때문이다. 심지어 메달을 만들어서 "나는 판단을 삼간다."라는 뜻의 그리스어 에페코epecho를 새겨 넣기까지 했다. 이처럼 몽테뉴는 많은 걸 확신하지 못했지만, 한 가지 확신했던 것이 있다. 철학의 진정한 목적은 우리가 잘 살 수 있도록 돕는 것이라는 점이다. 몽테뉴는 철학이란 투쟁이고 진지함으로 가득 찼다고 생각하는 사람들을 혐오해서 이렇게 말하기도 했다. "도대체 누가 그녀의 얼굴에 저런 창백하고 무서운 가면을 씌웠는가!"²² 그는 철학을 '공정하고 당당하며 사랑스럽고 유쾌하면서도 대담한 것'으로 생각했다. 철학은 '가파르고 울퉁불퉁하고 접근하기 어려운 산

꼭대기에 박혀 있는 것'이 아니라 '비옥하고 꽃이 만발한 아름다운 고원에 살고 있다.'²³

몽테뉴는 자신이 사랑했던 고대 철학자들처럼, 철학의 적절한 주제는 온갖 다양성과 복잡성을 지닌 인간의 삶이라고 생각했다. 그는 델포이 신전에 새겨진 고대 격언 "너 자신을 알라."를 자신을 이해하는 것이 잘 살아가기 위한 열쇠라는 의미로 해석했고, 우리가 이런 '자기 이해'를 얻는 데 철학이 도움을 줘야 한다고 생각했다. 사람들은 흔히 자기 이해를 자기 계발로 착각한다. 자기 계발 업계는 일반적으로 쉬운 해답, 즉 마치 지혜처럼 들리는 잘 포장된 만병통치약 세트를 제공하려 한다. 하지만 몽테뉴는 그런 걸 팔지 않는다. 사람은 공식에 들어맞지 않는다. 우리는 자신의 복잡성을 편안하게 받아들이는 방법을 배워야 하며 몽테뉴는 그 방법을 보여 주는 데 달인이다. 몽테뉴에게 자기 이해란 자신을 잘 다듬어 장식하는 게 아니라 자기 내면의 광야를 탐험하는 것이다.

『에세』를 읽으면 정신적 광야를 가로지르는 몽테뉴의 여행에 동반자가 된 듯한 느낌이 든다. 그는 자신과 자신의 경험, 자신의 세계를 이해하려 노력하며 당신을 초대한다. 그는 독자에게 보내는 서문에 이렇게 썼다. "나는 여러분이나 나의 명성을 위해 글을 쓸 생각이 없다." 그는 자신을 훌륭하거나 돋보이는 모습으로 드러내는 대신 결점으로 가득한 평범하고 자연스러운 평소의 모습을 꾸밈없이 보여 주고 싶다고 말한다. 몽테뉴는 만약 자신이 사회적 관습의 요구에서 벗어날 수 있었다면, 자신을 '통째로 적나라하게' 보여 줬을 것이라고 단언한다.[24]

몽테뉴는 부끄러워하거나 수줍어하지 않는다. 아첨하는 모습, 어색한 모습, 그리고 재미있는 모습과 같은 모든 부분을 그대로 내보인다. 자신을 깎아내리거나 부풀리지 않고 자신을 솔직히 마주한다. 몽테뉴는 이상하고 못난 부분이 자신의 장점을 망친다고 생각하지 않으며 그런 부분을 받아들이는 방법을 독자에게 제시한다. 부정적인 감정을 정면으로 마주하려면 이와 같은 너그러운 솔직함이 필요하다. 감정을 짓밟거나 부풀리려 하지 말고 있는 그대로 봐야 한다. 나는 당신이 정원의 지렁이를 너그럽고 솔직하게 마주하며, 지렁이가 계속 머물기를 원하는 마음을 갖길 바란다.

『악마와 함께 춤을』은 나쁜 감정과 함께 살아가는 방법에 대해 고민해 보고 싶은 모든 사람을 위한 책이다. 철학적 전문 지식은 필요하지 않다. 물론 철학자들이 이 책을 재밌게 읽길 바라지만, 학술적인 논의가 아니라는 점은 알아야 한다. 난해한 논쟁에 대해선 거의 언급하지 않을 것이다. 그 대신 논쟁의 여지가 있는 부분을 표시하기 위해 미주를 일부 사용할 것이다. 그런 미주는 '철학자 주'로 시작한다. 철학자가 아니더라도 읽어 보면 좋지만, 원한다면 건너뛰어도 된다.

다만 정원의 지렁이를 더 자세히 살펴보고 싶다면 정중히 초
대할 테니 꽃이 만발한 정원에서 나 그리고 몽테뉴와 함께하자.

1장. 감정을 통제하려는 사람들

조지 오웰은 이렇게 썼다. "성인은 무죄가 입증되기 전까지는 항상 유죄로 추정돼야 한다."[25] 마하트마 간디의 생애를 다룬 에세이의 첫 문장으로는 상당히 대담한데, 특히 이 에세이가 간디가 암살당한 지 불과 1년 뒤에 출판됐다는 점에서 더욱 그렇다. 우리가 지금 다룰 대상이 간디라는 점을 고려하면 불쾌하게 들릴지도 모르겠다. 그는 사람들에게 영감을 주는 인물로 널리 알려져 있으니까. 간디는 오웰의 고국인 영국으로부터 인도를 독립시키기 위해 투쟁한 지도자였다. 그는 대의를 위해 위험을 무릅썼으며 전 세계의 평화 운동에 영감을 줬다. 오웰이 뭔데 감히 이런 성인을 의심하는 걸까?

에세이를 읽다 보면 간디는 오웰의 주제일 뿐 표적이 아니다. 진짜 표적은 성인인데, 오웰은 성인이라는 집단 전체를 반대한다. 간디와 같은 성인뿐만 아니라 다른 성인들까지 말이다. 에세이에서 오웰은 간디의 극도로 절제된 생활 방식에 초점을 맞춘다. 간디가 제한하는 사항은 다음과 같다. 향신료나 조미료를 사용하지 않는 엄격한 채식주의 식단, 술이나 차, 담배 금지, 사치품 금지, 가정에서의 안락함 억제, 성관계 그리고 가능하다면 성욕 자체에 대한 자제, 친밀한 우정이나 배타적 연애 관계 금지 등. 간디는 가족뿐 아니라 자신을 따르는 이들 모두 같은 규율을 준수하게 했다. 이렇듯 깨달음과 평화를 얻기 위한 그의 헌신은 종종 가족과의 갈등을 불렀다. 그중 가장 심각한 건 장남인 하릴랄과의 갈등이었다.

하릴랄은 간디의 비폭력 운동에 동참했고 그로 인해 3년 동안 6번 투옥됐다. 그는 마지막으로 출소했을 때 간디의 금욕적인 생활 방식을 포기하기로 결심했다. 하릴랄은 일련의 편지와 긴 대화를 통해 가족을 경시하고 자녀의 미래를 생각하지 않는 아버지에 대한 분노를 표출했다. 아들은 평범한 삶을 원했다. 교육을 받고자 했고 직업과 가족을 원했다. 장남인 그는 아버지로부터 특별한 배려를 받을 자격이 있다고 생각했다.[26] 자신이 간디의 평화 사업과 정신적 깨달음 운동에서 2인자 역할을 했다고 느꼈기 때문이다. 하지만 간디는 하릴랄이 소중히 여기는 모든 걸 불필요하거나 방해가 되는 것으로 여겼다. 그는 자신의 절제된 헌신을 따르지 않는 삶을 "무미건조하고 동물적인 삶"[27]이라고 표현했다.

그런데 절제되고 희생하는 삶 대신, 평범한 인간의 삶을 원했던 하릴랄을 탓할 수 있을까? 대부분의 사람은 아버지와 다른 선택을 했다는 이유로 하릴랄을 비난하지는 않을 것이다. 누구나 성인이 될 수 있는 건 아니다. 정신적 깨달음은 놀라운 성취이며 엄청난 희생을 해야 하는 것이다. 간디 같은 사람은 분명히 우리 같은 사람보다 더 유능하거나 더 강하다. 간디가 세상에 행한 모든 선한 일과 그가 영감을 준 모든 사람을 생각해 보라. 우리 중 대다수는 간디가 이룬 업적의 발끝에도 못 미치며 이는 부끄러운 일이다. 하지만 비록 우리가 하릴랄에 가깝더라도 여전히 우리는 간디를 존경하고 롤모델로 삼을 수 있다. 간디처럼 깨달음을 얻진 못하더라도 모두가 간디를 조금이라도 더 닮으려고 노력한다면, 세상은 좀 더 나은 곳이 되지 않을까?

여기서 오웰이 동의하지 않는 부분이 나온다. 그는 간디에 대한 우리의 존경심이 '인간은 실패한 성인'이라는 잘못된 가정에 근거한다고 생각한다.[28] 이 가정의 논리는 다음과 같이 진행된다. 성인은 인간 삶의 최고 형태다. 모두가 성인이 되면 좋겠지만, 성인이 되기는 어려우며 인간은 결점이 많고 게으르므로 성인이 되는 사람은 거의 없다. 그럼에도 성인에 가까우면 가까울수록 더 나은 삶을 사는 것이니 성인에 도달하기 위해 최선을 다해야 한다. 하지만 오웰은 묻는다. 왜 인간 삶의 최고 형태가 성인이라고 가정해야 하는가? 성인은 사실 그렇게 감탄할 만한 게 아닐 수도 있지 않은가? 오웰은 이렇게 말한다.

> 인간성의 본질은 완벽을 추구하지 않고, 때로는 충성을 위해 기꺼이 죄를 지으며, 사람들과 어울리는 것이 불가능할 정도까지 고행을 강요하지 않고, 개인의 사랑을 다른 개인에게 종속시키는 행위의 필연적인 대가로, 결국 삶에 의해 패배하고 깨질 준비를 하는 것이다.[29]

오웰의 요점은 성인이 되려면 인간성을 덜어 내려고 노력해야 하지만, 인간성을 덜어 내면 소중한 것을 포기하게 된다는 것이다. 그는 단순히 우리가 다양성을 존중하고 모든 사람이 자기 삶을 스스로 결정할 수 있도록 해야 한다고 말하는 게 아니다. 그는 하릴랄이 옳고 간디가 틀렸다고 주장한다. 하릴랄의 우선순위가 옳고 간디의 우선순위는 잘못됐다는 것이다. 아들은 아버지의 높은 기준에 부응하지 못한 적이 없다. 그는 그저 좋은 인간이 되길 원할 뿐이다. 조지 오웰에 따르면 좋은 인간이 되는 게 성인이 되는 것보다 낫다. 인간은 실패한 성인이 아니다. 성인이 실패한 인간이다.

오웰은 우리에게 '좋은 삶이란 무엇인가?'라는 질문을 던진다.[30] 좋은 삶이란 도덕적인 삶, 즉 세상을 더 나은 곳으로 만드는 데 헌신하거나, 되도록 많은 사람을 돕거나, 지구를 구하거나, 모범적인 인격을 갖추거나, 가장 높은 형태의 정신적 깨달음을 성취하는 삶을 뜻한다. 때로는 살 만한 가치가 있는 것을 뜻한다. 어떤 사람들은 마더 테레사나 간디처럼 가난한 사람을 돕거나 깨달음을 얻는 데서 의미를 찾는다. 이들이 바로 조지 오웰이 말하는 성인이다.

하지만 하릴랄과 같은 사람들은 가난한 사람을 돕거나 지구를 구하는 일이 아닌 다른 일에서 의미를 찾는다. 그렇다고 해서 이들이 도덕적으로 나쁜 일을 한다는 뜻은 아니다. 이들이 누군가를 해치거나 세상을 더 나쁜 곳으로 만들지 않는다. 가족에게 헌신하거나, 음악을 만들거나, 철학을 공부하는 것과 같은 인간의 일상적인 일에서 의미를 찾을 뿐이다. 오웰은 우리가 도덕적으로 선한 삶을 최선의 시나리오로 여기는 경향이 있다고 본다. 음악이나 철학에서 의미를 찾는 사람은 뭔가를 잘못하는 건 아니라고 해도, 자신이 살 수 있는 최선의 삶을 사는 건 아니라는 것이다. 이 논리에 따르면 마더 테레사나 간디의 삶이 더 낫고, 이들의 삶은 상대적으로 부족한 삶이 된다.

이것이 바로 오웰이 저항하는 결론이다. 그는 성인의 삶에 결함이 있다고 주장한다. 오웰이 보기에 성인이 되려면 평범한 인간의 삶에 관심을 아예 끊거나 대폭 줄여야 한다. 하지만 그렇게 되면 성인이 아닌 사람에게 의미를 부여하는 일은 하찮게 보일 것이다. 이건 단순히 성인은 TV를 보는 대신 노숙자 쉼터에서 자원봉사를 하는 것처럼 더 중요한 일을 위해 덜 중요한 일을 포기한다는 뜻이 아니다. 의미를 찾는 건 단순히 취미나 오락처럼 당신이 즐기는 일을 하는 게 아니다.[31]

사람들은 자신에게 의미를 부여해 주는 것을 중심으로 삶을 구성한다. 우리가 아침에 침대에서 일어나는 이유, 우리가 누구인지 정의해 주는 것 또는 그것이 없는 삶을 상상할 수 없게 해주는 것이다. 조지 오웰에 따르면 성인 간디는 사람들이 의미를 찾는 것, 이를테면 가족, 음악 또는 철학을 신경 쓸 가치가 없는 것으로 본다. 하릴랄이 갈망하는 가정생활이 간디의 눈에는 무미건조하고 하찮고 시시한 것이다. 그와 우리는 단지 다른 선택을 하는 것이 아니라 삶에 대한 지향점이 다르다고 봐야 한다. 오웰이 보기에 성인의 삶이 최선이라고 믿는 사람은 인간성의 가치를 제대로 인식하지 못한 것이다.

당신이 볼 때 나는 성인이 되고자 하는 열망 따위는 없다고 생각할지도 모르겠다. 하지만 부정적인 감정은 좋은 삶을 방해하는 장애물이라는 생각, 즉 부정적인 감정은 뿌리를 뽑아야 하는 잡초라는 생각이 오웰이 반대하는 것과 같은 종류의 논리를 따른다. 이 논리에 따르면, 가장 좋은 종류의 감정적 삶은 나쁜 감정이 없는 삶이다. 분노, 질투, 악의를 덜 느끼면 우리는 모두 더 나은 사람이 될 것이다. 하지만 감정 성인이 되기는 어렵고 이를 달성하는 사람은 거의 없지만, 우리는 여전히 그걸 열망해야 한다. 나쁜 감정을 완전히 없앨 수는 없지만 조금이라도 감정 성인이 되는게 아예 안 되는 것보다는 낫다는 것이다. 하지만 이건 틀렸다. 우리는 감정 성인이 되길 원하면 안 된다. 아주 조금도 안 된다. 감정 성인이 되려고 노력하는 건 인간성을 덜어 내려고 노력하는 것이다.

감정 성인은 여러 유형이 있다. 첫 번째 유형은 '감정 통제형 성인'이다. 이런 성인들은 나쁜 감정은 정원의 잡초와 같아서 뿌리를 뽑아야 할 뿐만 아니라 다시 자라지 못하도록 땅에 소금을 뿌려야 한다고 생각한다. 우리는 부정적인 감정을 초월해서 그걸 되도록 적게 느끼거나 (최선의 시나리오라면) 전혀 느끼지 않아야 한다. 급진적인 해결책처럼 들릴지 모르지만 철학의 역사에는 감정 통제형 성인이 많다.

우리가 감정을 다루는 방식

2000년이 넘는 역사의 스토아주의는 21세기에 들어 다시 주목받고 있다. 이 고대의 철학을 바탕으로 철학자와 비철학자가 함께 주도하는 대중적 운동이 이른바 '신스토아주의'다. 신스토아주의는 특히 비즈니스 세계에서 큰 영향력을 발휘한다. 전 아메리

칸 어패럴 마케팅 이사 라이언 홀리데이는 스토아주의를 삶에 적용하여 성공하는 방법에 관한 책을 썼으며, 그의 책은 실리콘밸리의 소프트웨어 엔지니어와 CEO 사이에서 인기를 끌고 있다.[32] 런던에서 열리는 스토이콘이라는 신스토아주의 학회에는 전 세계의 철학자와 사업가, 일반인이 모여든다.

신스토아주의의 메시지는 스토아주의 원칙을 실천하면 직업적 삶과 생활 전반에서 더 창의적이고 생산적인 사람이 된다는 것이다. 예를 들어 투자자이자 『나는 4시간만 일한다』의 저자인 팀 페리스가 자세히 설명하는 '두려움 정의'라는 개념의 뒤에는 스토아주의 원칙이 깔려 있다. 두려움 정의는 자신이 두려워하는 일을 적고, 그 일이 실제로 일어나면 어떻게 대처할 것인지 자문하는 일을 포함한다. 이렇게 하면 반복해서 두려움에 대해 생각하기 때문에 그 두려움에 익숙해져서 두려움을 덜 느끼게 하는 스토아주의 훈련법에 기반한다.[33] 이처럼 신스토아주의는 좌절에 직면했을 때 내면의 평정심과 회복력을 기르는 데 초점은 맞춘다.

조금 더 설명하자면 신스토아주의는 스토아주의 개념을 이해하기 쉬운 작은 단위나 '라이프핵'으로 제시하는데, 라이프핵은 힘든 일을 쉽게 하도록 해주는 '요령' 또는 '꿀팁'이다.[34] 또한 막강한 영향력을 지닌 CEO나 기업가에게 그들의 지나치게 진취적인 속도를 조절할 방법을 제공한다.

감정 성인의 또 다른 현대적 형태는 '마음챙김'이다. 마음챙김은 인도 전통과 선불교, 도교 철학에 뿌리를 둔다. 이들에 대해서는 할 말이 많기에 나중에 다시 다룰 것이다. 하지만 오늘날의 마음챙김은 이런 전통과 관련된 사상을 단순화하거나 상업화한 형태를 일컫는다. 철학자이자 불교 전문가인 에반 톰슨은 이를 "마음챙김 열풍"이라고 부른다.[35] 마음챙김은 종종 스트레스 해소 기법으로 홍보되기도 하는데, 예를 들어 명상 수련은 바쁜 일상에서 마음의 평화를 찾는 데 도움이 된다고 알려져 있다. 신스토아주의와 마찬가지로 마음챙김도 비즈니스 세계에서 각광받는다. 기업은 웰빙 프로그램을 도입해 직원이 스트레스나 번아웃을 관리하는 데 도움을 주고자 한다.[36] 명상이나 요가를 일상적인 사무실 문화에 포함시키는 것도 한 방법인데 이 두 가지 모두 인도와 불교의 전통에서 가져온 것이다.

마음챙김에서는 기술이 중요한 역할을 담당한다. 부정적인 감정을 다스리는 데 도움이 되는 앱이 셀 수 없이 많으며 이를 통해 결국 자신의 나쁜 감정에서 벗어나도록 단련하게 된다. 전도서 1장 9질은 태양 아래 새로운 것은 없다고 말한다. 이것은 대부분의 철학 사상에 대해서도 참이며, 감정 통제형 성인에 대해서도 확실히 참이다. 신스토아주의와 마음챙김 열풍은 이런 대중적 운동의 핵심 사상을 처음 제시한 오래전에 죽은 철학자들 덕에 존재할 수 있는 것이다.

스토아학파에게 감정이란

스토아주의는 대략 기원전 3세기 또는 4세기에 발생했고 스토아학파는 가장 유명한 감정 통제형 성인이라고 할 수 있다. 최초의 스토아학파는 그들이 모였던 장소, 즉 아테네 아고라(시장) 옆의 주랑인 스토아 포이킬레에서 그 이름을 따왔다.[37] 한 무리의 철학자들이 타임스퀘어에서 정기적으로 모임을 한 셈이다. 이처럼 스토아학파는 역동적인 곳에 있는 걸 좋아했다.[38] 대다수의 스토아학파 학자가 세상의 문제로부터 숨으려 해서는 안 된다고 생각했기 때문이다. 그들에 따르면 우리는 세상의 문제에 얽매이지 않으면서 그 문제를 마주하는 법을 배워야 한다. 스토아학파는 부정적인 감정이야말로 스스로를 옭아매고 있다는 신호라고 생각한다.

감정 통제형 성인의 특징적인 사상 중 하나는 감정에 대한 생각과 온 우주의 본질에 대한 생각이 밀접하게 연결돼 있다는 것이다. 감정에 대한 스토아학파의 견해를 이해하려면 그들이 세상을 보는 방식을 조금은 알아야 한다.[39] 많은 고대 철학자가 생명체에는 영혼이 있고 그 영혼이 생명체를 살아 있게 한다는 기본 가정을 공유했다. 오늘날 우리는 영혼을 비물질적인 것(보거나 만질 수 없는 것)으로 여기는 경향이 있지만 일부 고대 철학자는 영혼을 '생기를 불어넣는 원리'라고 불렀다. 스토아학파는 영혼이 프뉴마(그리스어로 '숨'을 뜻한다.)라는 특별한 종류의 물질로 만들어져 혈

액처럼 온몸에 흐른다[40]고 여겼다.

　그리고 스토아학파에 따르면 인간은 온 우주가 작동하는 방식의 축소판이다. 이들은 영혼이 육체에 생기를 불어넣어 인간을 살아 있게 하는 것처럼, 신(고대 그리스 신 제우스)이 세상에 생기를 불어넣는다고 믿었다. 신은 온 우주와 그 안의 모든 걸 관통해 흐르는 특별한 종류의 프뉴마(스토아학파는 이를 '창조의 불'이라고 불렀다.)로 만들어졌다.[41] 도토리와 연어, 사람은 모두 내면에 동일한 창조의 불을 가지고 있지만, 우주의 질서와 그 안에서 자신의 위치를 이해할 수 있는 것은 오직 사람이라고 보았다.[42] 스토아학파에 따르면 우리가 잘 살아가려면 이 논리적 질서를 정확히 따라야 한다. 그러려면 반드시 질서에 대한 참된 믿음을 가져야 하고, 이를 완벽하게 정립하는 데 성공한 사람을 현자라고 한다.

　우주에 대한 믿음을 완벽하게 정립하면 감정생활이 달라진다. 스토아학파에 따르면 우리가 감정을 느끼는 까닭은 세상에서 마주치는 어떤 걸 좋거나 나쁘다고 판단했기 때문이다.[43] 우리나라가 해전에서 졌을 때 실망하는 까닭은 해전에서 이기는 게 좋다고 생각하기 때문이다. 적어도 일부 스토아학파에 의하면, 문제는 해전이 사실은 좋은 게 아니라는 것이다.[44] 실제로 좋은 것은 우주에서 자신의 위치를 알고 완벽하게 정립된 참된 믿음을 갖는 것이다.[45] 해전과 같은 것들은 스토아학파가 외적 또는 자연적 대상이라고 부르는 것으로, 그저 세계 구조의 일부일 뿐이다.[46] 해전은 그 자체로 좋거나 나쁜 것이 아니며, 단지 창조의 불이 지시하는 대로 펼쳐지는 것일 뿐이다. 인간은 자신이 그것에 중요성을 부여하기 때문에 그것이 좋거나 나쁘다고 생각하는 것이다. 외부 대상에 중요성을 부여하면, 통제할 수 없는 외부의 무언가가 내 정신 상태를 결정하도록 허용하게 된다.

서기 1~2세기의 스토아주의 철학자인 에픽테토스가 해전으로 슬퍼하는 누군가를 봤다면 다음과 같이 말했을 것이다.

> 다른 사람이 그를 방해하고 억압할 힘을 가지고 있다면, 그가 누구든 자유롭지 않다고 자신 있게 말하라. 그리고 가계도를 고려하거나 팔려 간 적이 있는지 묻지 말고… "불쌍한 제가 어떤 고난을 겪었는지"라고 말하는 것을 들으면, 그를 노예라고 부르라. 요컨대 통곡하고, 불평하며, 비참해하는 것을 보면, 그를 관복을 입은 노예라고 부르라.[47]

에픽테토스는 절대 말을 돌려서 하는 사람이 아니었다(그는 태어나 20여 년을 노예로 살았으므로, 우는소리를 견뎌 낼 인내심이 거의 없었을 것이다). 스토아학파와 마찬가지로 에픽테토스는 우리 외부의 무언가가 감정을 결정하도록 하는 건 외부의 사건이 우리의 삶을 통제하도록 허용하는 것이라 보았다. 해전의 결과는 내가 선택할 수 없다. 실제로 내게 달려 있는 것은 오로지 내 마음뿐이다. 무엇을 믿을지는 나만이 결정할 수 있고 아무도 내게 무엇을 믿으라고 강요할 수 없다.[48] 진정으로 자유로운 사람은 이 사실을 깨닫고 그에 따라 사는 사람이다. 다른 사람은 전부 노예다.

당신이 이제 뭘 해야 할지 고민하고 있다면 에픽테토스가 조언을 해줄 것이다. 먼저 자신이 좋아하는 것에 대해 솔직해지는 일부터 시작해야 한다. 만약 해전에서 이기는 것을 좋아한다면 해전은 내가 통제할 수 없는 세상의 사건일 뿐이라는 사실을 상기해야 한다. 그 사실을 받아들이면 해전에서 원하는 결과가 나오지 않더라도 슬퍼하지 않을 것이다. 작은 일로 시작해서 점차 큰 일로 나아가는 게 좋다. 에픽테토스는 결국 우리가 다음과 같은 지점에 도달하리라고 생각한다. "어린 자식이나 아내에게 입을 맞출 때, 한 인간에게 입을 맞춘다고 생각하라. 그러면 그들 중 하나가 죽어도 심란하지 않을 것이다."[49] (어쩌면 당연한 일이겠지만, 에픽테토스는 평생 결혼한 적이 없다.)

이 스토아학파의 현자는 전통적인 의미의 감정이 없다.[50] 그는 아파테이아apatheia(무관심apathy이라는 단어가 여기서 유래한다.) 또는 부동심을 달성했고[51] 세상 모든 것에 대한 올바른 믿음을 지녔다. 그리고 우리가 통제할 수 있는 것과 통제할 수 없는 것을 알고, 따라서 무엇이 괴로운 일이고 무엇이 괴롭지 않은 일인지 안다. 해전은 단지 사건일 뿐이고, 아내와 자식은 죽으며, 이것들은 그저 세상이 돌아가는 이치일 뿐이다.

간디에게 감정이란

오늘날의 마음챙김 방식은 인도의 철학에서 영감을 얻었다. 이는 크게 힌두교 철학과 불교 철학 두 갈래로 나눌 수 있다. 여기서는 먼저 힌두교 철학을 다루고 불교 철학은 다음 장에서 다룰 것이다. 오웰이 간디를 성인의 모델로 삼았으므로 간디의 철학적 견해를 자세히 살펴보자.

모한다스 간디(마하트마는 나중에 붙여진 존칭이다.)는 1869년 인도 구자라트 주의 포르반다르에서 태어났다.[52] 그는 매우 독실한 힌두교 신자 어머니 밑에서 자랐다. 구자라트에는 자이나교도로 알려진 대규모 힌두교 공동체가 있었다. 그들은 금욕주의자였고 어머니는 이들과 친밀하게 지냈다. 그리고 당시 인도는 영국의 식민 지배를 받았다. 간디는 아버지가 식민지 정부를 상대했던 일을 생생히 기억한다. 그는 봄베이의 총독이 도시를 방문했을 때 유럽식 복장을 해야 했던 아버지의 분노와 혐오를 회상한다. 간디는 10대 후반에 법학 교육을 받기 위해 런던으로 건너갔다. 런던에 있는 동안 불교와 힌두교 경전을 연구하는 신지학 협회라는 단체에 가입했다. 간디는 힌두교 신자로 자랐지만 이 모임에서 『바가바드 기타』(줄여서 『기타』)를 처음 읽었다.

기원전 3세기에서 서기 4세기 사이에 쓰인 『기타』는 힌두교의 핵심 경전이다. 『기타』는 인도 북부 왕국의 지배권을 놓고 싸우는 두 부족 간의 전쟁을 다룬 서사시 『마하바라타』의 일부다.[53]

『기타』는 두 주인공 아르주나와 크리슈나 사이의 대화로 구성되는데 아르주나는 왕국에서 가장 위대한 전사이고 크리슈나는 그의 조언자이자 마부다. 크리슈나도 신성한 존재라는 사실이 드러나지만, 서사시의 모든 등장인물이 그 사실을 아는 것 같지는 않다. 『기타』를 펼쳐 보면 아르주나와 크리슈나가 전투에 임하려 하지만 아르주나에게 위기의 순간이 찾아온다. 아르주나는 전장을 가로질러 자신의 친족인 아버지와 아들, 사촌, 삼촌을 바라본다.[54] 그리고 이 전투의 목적이 무엇인지 궁금해한다. 우리가 이 싸움을 하는 것이 정당한가? 낙담한 아르주나가 이렇게 묻는다. "크리슈나여, 친족을 죽이고서 우리가 어찌 행복할 수 있겠소?"[55] 『기타』의 나머지 부분은 전쟁의 가치와 지혜, 지식, 의무, 깨달음의 본질에 관한 크리슈나와 아르주나의 논쟁이다.

간디는 『기타』를 면밀히 연구했고 본문에 대한 자신만의 주석까지 썼다.[56] 그는 『기타』를 윤리적·종교적 질문에 대한 지침을 제시하는 것으로 이해한다. 그 결과 간디는 아르주나와 크리슈나가 대화하는 전장을 인간의 조건에 대한 은유로 해석했다.[57] 진정한 싸움은 더 높은 진리를 추구하는 인간과 그 진리를 찾지 못하게 방해하는 모든 장애물 사이의 싸움이다. 간디는 『기타』에서 크리슈나가 말하는 내용의 대부분을 더 높은 진리에 도달하려면 어떻게 살아야 하는지를 설명하는 것으로 이해한다.

간디에 따르면 『기타』의 주요 가르침은 포기를 통한 자아실현이다.[58] 실현되는 과정에 있는 자아는 아트만, 즉 육체가 파괴되어도 지속되는 더 높은 자아다.[59] 아트만은 완성될 수 있으며 더 높은 진리에 도달할 수 있다. 간디는 이런 자아를 실현하려면, 육체적이거나 감각적인 것을 포기해야 한다고 믿었다.[60] 포기에 대한 간디의 이해는 주로 『기타』의 제2장에서 비롯한다. 여기서 아르주나는 크리슈나에게 현명하고 굳건한 사람이란 어떤 사람인지 묻는다. 다음은 크리슈나의 대답 중 일부다.

> 고통 속에서도 마음이 흔들리지 않고 쾌락 속에서도 욕망이 사라지고 탐욕과 공포, 분노에서 벗어나고 지혜가 확고한 사람을 현자라고 한다.

> 거북이가 껍데기 속으로 사지를 집어넣듯이 감각의 대상으로부터 감각을 완전히 거두어들이는 사람은 지혜가 확고히 선다.

> 감각의 대상을 생각하는 사람은 그것에 대한 집착이 생기고, 집착에서 욕망이 생기고, 욕망에서 분노가 생기고, 분노에서 망상이 생겨난다.[61]

간디는 크리슈나의 설명을 마음에 새기며 브라마차리아를 서약하기로 결심했다. 브라마차리아는 종교적 독신 서약과 비슷하지만, 단순히 성관계를 포기하는 것 이상의 의미를 담고 있다. 이 서약으로 간디의 모든 규율과 제약이 설명된다. 브라마차리아의 목표는 몸과 감각, 욕망이 마음에 미치는 힘을 줄이는 것이다. 간디는 주로 익히지 않고 양념을 하지 않은 음식을 먹음으로써 입맛을 조절하는 것부터 시작했다. 이렇게 하면 음식을 쾌락의 대상으로 보지 않게 된다. 또한 음식은 에너지를 공급해 감각을 더욱 예민하게 하므로 단식을 강행한다. 그렇게 감각이 둔해지면 감각을 더 잘 통제할 수 있다.

그러나 감각과 신체를 통제하는 것으로는 충분하지 않다. 간디는 크리슈나의 말을 인용한다. "아르주나여, 육체적 감각은 더위와 추위, 쾌락과 고통을 일으킨다. 이것들은 왔다가 사라지는 무상한 것이다. 그러니 참아라, 아르주나여."[62] 참된 금욕은 감각과 외부 세계에 대한 올바른 태도를 요구한다. 육체적 감각은 덧없는 것이므로 그저 참아야 한다. 간디에 따르면 이와 같은 감각은 부정적인 감정의 원인이기도 하다. 아트만 이외의 모든 건 영원한 존재가 아니라는 사실을 깨달으면 더는 두려움이나 분노를 느끼지 않을 것이다.[63] 마찬가지로 아트만은 육체와 함께 소멸하지 않으므로 사랑하는 사람을 잃어도 슬퍼하지 않을 것이다.[64] 간디가 실천한 육체적 수행은 이런 포기라는 큰 과정의 일부였다. 크리슈나의 말처럼 우리는 포기하면 껍데기 속으로 들어간 거북이와 같은 상태가 될 수 있다. 그러면 자신의 아트만 안에서 안전

하며 외부의 어떤 것에도 방해받지 않는다.[65]

스토아학파와 간디의 철학적 우주론은 부정적인 감정에 대한 그들의 견해로 이어진다. 스토아학파의 옛 학파와 신학파는 내적 통제에 중점을 둔다. 이들은 위협적인 세상에서 마음의 평화를 얻고 자신을 위한 공간을 마련하라고 권고한다. 설령 우리가 외부 상황을 바꾸기 위해 할 수 있는 것이 아무것도 없더라도, 아마 내부 상황에 대해서는 뭔가 할 수 있을 것이라고 말이다. 간디와 스토아학파는 통제할 수 없는 상황에 갇힌 사람에게 대단히 매력적인 걸 제공하는데, 그건 바로 자유다.

집착을 내려놓으면 평화가 오는가

감정 통제형 성인은 감정이 마음을 통제하는 데 위협이 된다고 생각한다. 이를 뒷받침하는 사례는 차고 넘친다. 우리는 감정이 격해져 종종 일을 과장하고 충동적으로 행동하며 나중에 후회할 말을 한다. 좌절감을 표출하기 위해 사용하는 무생물을 떠올려 보라. 접시를 깨고 벽을 주먹으로 치고 잔디 깎는 기계를 발로 찬 뒤에 사과하는 일이 얼마나 많나. 그리고 문제를 일으키는 건 부정적인 감정만이 아니다. 사랑조차도 우리의 판단을 흐리게 한다.

우리는 감정에 사로잡히거나 휩쓸릴 때가 있다. 하지만 그 마음이 가라앉고 나면 마음을 다스리지 못한 자신에게 실망하고 화를 낸다. 모두 필사적으로 없애고 싶은 감정에 사로잡힌 적이 있지 않나. 영혼을 짓누르는 슬픔, 어리석은 사랑, 쓰라린 분노, 불타는 질투. 우리는 절망적인 순간에 이렇게 속삭인다. '이런 감정을 느끼지 않을 수 있다면, 난 뭐든 내줄 수 있어.'

감정 통제형 성인의 결론은, 감정을 더 잘 통제하면 더 나은 삶을 살 수 있다는 것이다. 이 주장은 일리가 있다. 어른이 어린아이처럼 감정을 표출한다고 상상해 보라. 자동차 대리점에 원하는 색상의 차가 없다고 울음을 터뜨리거나 연필이 부러졌다고 화를 내며 펄펄 뛸지도 모른다. 우리가 어떤 사람을 향해 "저 사람은 감정적이야."라고 하면 그건 보통 비판적인 의미를 나타낸다. 때로는 미성숙하거나 프로답지 못하다는 뜻을 내포하기도 한다. 우리는 사소한 일로 화를 내는 사람에게 철 좀 들라고 말한다. 이처럼 어른이 된다는 건 감정을 억누르고 원치 않을 때도 침착함을 유지하는 것이다.

특히나 감정 통제형 성인은 감정적인 사람을 더 깊이 비판히는데 이들은 감정을 통제하지 못하는 사람은 주체적이지 않다고 말할 것이다. 감정에 휩쓸리는 사람은 철학자들이 흔히 말하는 주체성, 즉 스스로 생각하고, 선택하고, 결정하고, 행동하는 능력이 부족하다고 본다. 그럼 언제든 감정에 휘둘려 탈선하거나 파도에 휩쓸린 배처럼 다른 방향으로 끌려갈 수 있는 것이다. 사람들이 감정에 휩싸일 때 우리는 흔히 이렇게 말한다. "정신 차려!" 이 문장은 문자 그대로다. 이 세상에서 주체성을 지키고자 한다면 감정을 잘 다스려야 한다. 감정 통제형 성인에 따르면 감정은 정체성을 유지하는 능력을 위협하기 때문에 우리는 감정을 억눌러야 한다.

하지만 여기엔 암묵적인 가정이 하나 있는데 그건 우리가 감정을 수동적으로 받아들인다는 생각이다. 요컨대 감정은 우리를 압도하거나 집어삼키는 강력한 힘과 같으므로 감정을 억제해야 한다는 식이다. 하지만 영화를 보러 가겠다고 결심하는 것처럼 화를 내겠다고 결정하지는 않는다. 때때로 감정은 갑작스럽게 찾아온다. 이를테면 한밤중에 부엌에서 쿵쾅거리는 소리가 들리면 순식간에 두려움이 엄습한다. 반대로 감정을 천천히 깨달을 때도 있다. 병원에서 기다리는 시간이 길어질수록 짜증이 점점 밀려온다. 하지만 우리는 아주 두렵고 짜증이 많이 날 때도 보통은 평정심을 유지한다. 공황 상태에 완전히 빠지지 않으면서 두려워할 수 있고, 로비에서 소란을 피우지 않으면서 짜증을 낼 수 있다. 만약 우리가 감정을 완전히 수동적으로 받아들인다면 자신을 다독여서 어떤 감정에서 벗어나거나 자신을 진정시키기 힘들겠지만, 우리는 그런 일을 항상 한다.

또 다른 숨겨진 가정은 감정이 '비합리적'이라는 생각이다. 비합리적이라는 단어에는 여러 가지 의미가 있다.[66] 우리는 실제로 '비논리적' 또는 '비이성적'이라는 의미로 이 말을 사용하기도 한다. 하지만 재채기가 합리적이거나 비합리적인가? 재채기는 합리적이거나 비합리적일 수 있는 대상이 아니다. 일반적으로 우리가 감정을 비합리적이라고 하는 이유는 감정이 이성에 반하기 때문이다. 다시 말해 논리적 측면이 어떤 말을 하는데, 감정적 측면은 정반대의 말을 하는 것이다. 하지만 앞서 살펴본 바와 같이 이성과 감정은 뚜렷하게 구분되지 않는다. 감정은 논리적일 수 있고 (도끼 살인마를 떠올려 보라.) 논리는 감정적일 수 있으며 특히 인생의 중대한 선택을 고민할 때는 더욱 그렇다.

그러나 감정 통제형 성인에게 감정은 다른 방식으로 비합리적이다. 그들에게 감정, 특히 부정적인 감정은 착시 현상이나 잘못된 믿음과 같다. 감정 통제형 성인에 따르면 우리가 그런 감정을 느끼는 이유는 삶이나 세상을 바라보는 방식이 잘못됐기 때문이다. 이런 잘못을 바로잡으면 감정은 (어쩌면 영원히) 사라질 것이다. 스토아학파는 강한 감정은 중요한 것 또는 통제할 수 있는 것에 우리가 잘못된 믿음을 가지기 때문에 발생한다고 본다. 간디에게 부정적인 감정은 망상과 같다. 우리가 부정적인 감정을 느끼는 이유는 세상이 실제로는 가지고 있지 않은 영속성을 가지고 있다고 착각하기 때문이다. 감정은 우리가 소중히 여기는 것을 반영하거나 드러내는데, 스토아학파와 간디는 우리가 소중히 여기는 것이 문제의 근원이라고 주장한다. 이들에 따르면 부정적인 감정은 우리가 세상에 지나치게 혹은 잘못된 것에 집착하고 있음을 보여 주는 것이다.

감정 통제형 성인은 세상의 본질에 대한 우리의 잘못된 믿음을 바로잡는 게 부정적인 감정을 없애는 열쇠라고 생각한다. 핵심은 세상이 실제로 어떻게 돌아가는지 이해하면 감정도 그에 따라 움직이고 더는 이에 휘둘리지 않을 것이라는 우주관이다. 세상이 어떤 곳인지에 대한 믿음을 바로잡으면, 감정도 바로잡을 수 있다. 간디의 말처럼 "우리가 두려움을 느끼는 것은 밧줄을 뱀으로 보기 때문이다."[67]

그런데 스토아학파와 간디는 왜 그렇게 확신했을까? 소설가 조지 엘리엇은 소설 『벗겨진 베일』에서 바로 이 질문을 탐구한다.[68] 주인공 래티머가 병에 걸린다. 그는 병에 걸린 후 갑자기 예지력이 생겨서 사람들의 생각을 읽고 미래를 본다. 그는 자기 인생의 행로가 정해져 있다는 사실을 알지만 마음이 편치 않다. 그는 환상 속에서 자신의 끔찍한 미래를 보지만 그렇게 보이는 미래보다 실제 미래가 나을 것이라는 희망을 버릴 수 없다. 그는 변덕을 부리고 억울해하며 모든 일에 예민하게 반응한다. 결국 그는 단순히 사람들을 피하는 것으로 문제를 해결한다. 자신을 고립시킬수록 더 평온해진다. 친구와 가족보다 별자리와 먼 산에 더 큰 유대감을 느끼기 시작한다. 래티머는 행복하지도 평화롭지도 않고 깨달음을 얻지도 못한다. 그는 동떨어지고 고립됐으며 다른 사람들과 같은 공간에 있을 수 없다. 우주의 진리를 알면 내면의 평화를 얻어야 하는데 그렇지 않다면? 더는 실제 사람들과 어울리는 법을 모르는 사람으로 변한다면?

감정 통제형 성인은 우리 주변의 살아 숨 쉬는 인간 세계에 대한 집착을 줄이는 편이 낫다고 한다. 우리는 인간계에 신경을 덜 써야 하고 그렇게 하면 부정적인 감정에 시달리지 않을 것이라고 말한다. 그들은 조지 오웰이 선택하지 말아야 한다고 생각한 것을 선택한다. 그들은 더는 평범한 인간들의 삶을 의미 있는 것으로 보지 않는다. 그런데 과연 나쁜 감정을 피하려고 껍데기 속의 거북이처럼 살아가는 게 가치가 있을까?

삶이 왜 편안해야 하는가

당신은 간다나 스토아학파에 모든 힘을 쏟아부을 필요는 없더라도 약간의 성인 정신은 도움이 될 거라고 생각할 것이다. 또 굳이 브라마차리아를 서약하지는 않더라도 부정적인 감정은 문제이며 억제해야 하는 것이 아니냐고 반문할 수 있다. (이런 당신이) 세계관을 완전히 바꾸지 않고도 성인으로서의 혜택을 누릴 수 있을까?[69]

나는 스토아학파가 신스토아주의의 출현을 어떻게 생각할지 궁금하다. 그들 중 일부는 아마도 더 많은 사람이 스토아주의를 실천하려고 노력하는 모습에 기뻐했을 것이다. 그리고 일부(나는 에픽테토스가 그랬을 것이라고 생각한다.)는 아마 기겁했을 것이다. 대다수의 스토아주의자가 보기에, 스토아주의 우주론을 믿지 않고 현자가 되겠다는 생각은 신을 믿지 않고 성직자가 되겠다는 생각과 다를 바가 없다. 현자는 우주의 본질에 대한 질서정연한 믿음을 지니기에 현자이며, 포괄적인 교리를 받아들이는 건 개인의 변화를 위해 필수다. 간디도 마찬가지다. 더 높은 자아를 실현하는 것은 포기하기에 달려 있다. 그리고 제대로 포기하려면 물리적 세계의 무상함과 아트만의 존재를 믿어야 한다. 감정 통제형 성인의 우주관은 잘 살기 위한 계획의 핵심이다. 그런 우주관 없이는 감정을 바로잡을 수 없다.

그런데 우리는 왜 감정 통제형 성인이 제시하는 치료법을 받아들이길 그토록 주저하는 걸까? 삐딱한 대답부터 시작하겠다. 철학자들이 사회의 지배적 사상이나 경향을 가리킬 때 사용하는 독일 용어가 있는데, 바로 시대정신zeitgeist이다. 우리 주변에는 긍정주의 시대정신이 만연하며, 나는 신스토아주의와 마음챙김 열풍이 이를 반영한다고 생각한다. 이 시대정신은 1950년대에 노먼 빈센트 필의 베스트셀러 『긍정적 사고방식』을 통해 탄력을 받았다.[70] 필은 사업가이자 번영복음이라는 종교 운동에 참여하는 목사였다. 번영복음은 복음주의 기독교에서 나온 것으로 신자들에게 긍정적인 확신을 통해 신성한 힘을 활용할 수 있다고 가르친다.[71] 다시 말해 강한 믿음으로 충분히 열심히 기도하면, 하나님께서 말 그대로 부와 건강, 성공을 비롯해 인생에서 원하는 모든 걸 주신다는 것이다.

번영복음은 필과 그의 뒤를 이은 다른 사람들에 의해 긍정적 사고로 세속화되고 대중화됐다. 이것의 최신판 중 하나가 론다 번의 베스트셀러『시크릿』인데 이 책은 번영복음을 '끌어당김의 법칙'으로 재포장했다.[72] 긍정적 사고는 막대한 영향력을 행사한다. 체육관부터 회의실, 소셜 미디어의 피드에 이르기까지 사람들은 어디서나 긍정적으로 사고하며, 요새는 자신의 목표를 드러냄으로써 얻는 효과를 떠들어대는 소리가 들린다.[73] 어디서든 긍정적 사고의 메시지는 항상 똑같다. 좋은 생각과 감정을 가지면 좋은 일이 일어날 것이고, 부정적인 생각과 감정을 가지면 나쁜 일이 일어날 것이다.

이러한 긍정적 사고의 근간에는 삶의 어떤 것도 우리의 통제를 벗어날 수 없다는 생각이 깔려 있다. 이는 많은 사람에게 위안을 주는 메시지다. 긍정적 사고는 아무런 이유 없이 좋지 않은 일이 일어난다는 사실을 받아들이라고 하기보다는 모든 힘이 내 손안에 있다는 확신을 주려 한다. 이에 따르면 우리가 해야 할 일은 태도를 바꾸는 것뿐이다. 나는 마음챙김 열풍과 신스토아주의의 매력 중 일부는 사실 변장한 긍정적 사고에 지나지 않는다고 생각한다.

스토아학파와 간디는 모두 정신 통제를 강조했다. 이들은 번영복음 같은 걸 옹호하지 않을 것이다. 그럼에도 이미 긍정주의 시대정신에 사로잡힌 사람들은 이런 철학자들을 긍정주의라는 체로 걸러내기 십상이다. 그 후 긍정주의는 이렇게 말한다. '참된 나'를 찾으면, 내 문제는 모두 사라질 것이다.

긍정주의 시대정신이 그토록 매력적인 이유 중 하나는 우리가 바라는 이상적인 삶의 모습 때문이다. 심리학자 토드 카슈단 Todd Kashdan과 로버트 비스워스 디너Robert Biswas Diener는 이 현상을 '안락한 계층의 출현'이라는 말로 설명한다.[74] 안락한 계층이 생각하는 좋은 삶은 부드러운 가죽으로 된 안락의자에 하루 종일 앉아 있는 것처럼 행복하고 편안한 삶이다. 이 그림에 따르면 행복하고 편안한 삶은 투쟁과 스트레스, 부정에서 완전히 해방된 삶이다. 물론 여기엔 나쁜 감정도 포함된다. 어떤 사람들에겐 신스토아주의와 마음챙김 열풍이 행복하고 편안한 삶으로 가는 지름길(라이프핵)을 약속하는 것처럼 보이기도 한다.

우리가 질문해야 할 건 삶이 왜 안락의자 같아야 하냐는 것이다. 언젠간 모두 고통과 좌절, 비통함에 직면할 것이다. 당연한 말이겠지만 화내거나 두려워하거나 우울해하지 않아도 될 거라는 기대는 강력한 힘을 발휘한다. 고통스러운 감정을 경험했을 때 누군가가 "힘내." 또는 "밝은 면을 봐."라고 말해 줬던 적이 몇 번이나 있었는지 떠올려 보라. 누군가에게 힘들었던 일을 이야기하면 "그래도 최악은 아니잖아."라는 말을 듣게 된다. 화나는 감정을 토로하면 "네가 마음을 넓게 가져." "진정해." 또는 "에너지를 낭비하지 마."라는 말을 듣는다. 나쁜 감정은 "건강하지 않아." 또는 "비생산적이야."라는 말을 들어 봤을 것이다. 부정적인 감정은 독약, 독소, 괴물 또는 암에 비유되기도 한다. 부정적인 감정을 빨리 떨쳐 내지 못하면 당신을 속속들이 갉아먹을 것이다. 사람들은 좌절감이나 비통함을 완전히 피할 수 없다는 사실을 인정하면서도, 그 고통을 다른 사람이 오랫동안 느끼도록 내버려두지 않는다. 물론 신스토아주의나 마음챙김 열풍과 관련된 모든 사람이 긍정주의 시대정신에 휩쓸려 있는 건 아니며 원조 스토아학파와 간디도 분명히 이런 운동에 동참하지 않았다.

감정 통제형 성인의 주요 매력 중 하나는 균형감을 가지라고 요구한다는 점이다.[75] 이 말인즉슨 큰일은 걱정하되 작은 일에는 연연하지 말라는, 상대적으로 중요한 것에 감각을 쓰라는 것이다. 부정적인 감정은 대체로 균형감 부족에서 기인하는 것으로 보인다. 시기가 대표적인 예다. 시기는 보통 물질주의와 연관되는데 이를테면 우리는 멋진 집과 멋진 차를 소유하는 데 너무 집착한다. 분노도 마찬가지다. 우리는 사소한 모욕이나 불만을 심각한 불의로 만드는 경향이 있다. 누군가가 꽉 막힌 도로에서 내 앞으로 끼어들거나, 마음에 들지 않는 동료와 부딪혀 그 하루를 망치게 되면 온 우주가 나를 깎아내리는 것 같다고 생각한다. 때문에 감정 통제형 성인은 나쁜 감정의 근본 원인은 중요하지 않은 일을 너무 심각하게 받아들이는 것이라고 생각한다.

　　이것의 의미는 비판받아야 할 대상이 감정 자체가 아니라는 것이다. 감정은 더 큰 문제의 증상일 뿐이며 여기서 더 큰 문제는 바로 균형감 부족 또는 잘못된 것에 대한 관심이다. 이웃의 자동차를 부러워하는 사람을 비판할 때, 우리가 실제로 하는 말은 "물질적인 건 중요하지 않아."이다. 즉 사람들에게 집과 자동차를 소중히 여기지 말거나 덜 소중히 여기라고 말하고, 교통 체증에 대해 지나치게 화내는 사람을 비판할 때는 교통 체증은 화낼 가치가 없는 일이라고 말하는 것이다. 즉 자동차에 대한 관심은 피상적인 것이고 교통 체증은 사소한 일이라는 의미다. 요컨대 우리는 부정적인 감정을 비판한다고 말하지만 실제로는 사람들이 무엇에 관심이 있는지 또는 관심이 얼마나 있는지에 대해 비판한다.

　　물론 우리는 어리석은 일에 지나치게 열중할 수도 있고 작은 일을 크게 부풀릴 수도 있다. 하지만 균형감을 가지는 것과 나쁜 감정을 없애는 것은 보기보다 연관성이 높지 않다. 사소한 일에 땀을 흘리지 않는 건 좋은데 그렇다면 큰일에 땀을 흘리는 건 어떤가? 당신이 완벽한 감정 통제형 성인이 아닌 이상 부정적인 감정을 완전히 없앨 수는 없다. 내가 제일 싫어하는 동료가 내 자동차 타이어에 구멍을 냈다고 가정해 보자. 이 일에 화를 내는 건 사소한 일에 열을 내는 게 아니다. 도끼 살인마에 대한 두려움이 내가 위험에 처해 있음을 알려 주는 것과 마찬가지로 타이어에 대한 분노는 내가 부당한 대우를 받았음을 알려 주는 것이다. 타이어에 구멍이 난 건 화낼 만한 가치가 있는 일이다. 적절한 균형감을 가지고 있어도 여전히 부정적인 감정에 휩쓸릴 수 있다.

열렬한 감정 통제형 성인에게는 인간의 삶에서 일어나는 대부분의 일이 사소하다. 이 성인들은 인간의 사소한 관심사와 일반적인 관심사를 구분하지 않는다. 간디와 스토아학파는 교통 체증이나 이웃의 새 차뿐만 아니라 친구와 가족에 대한 관심도 줄여야 한다고 생각했다. 내면의 평온함, 마음의 평화 그리고 자유를 얻으려면 우리 자신과 우리 삶에 대한 집착을 줄여야 한다는 게 감정 통제형 성인의 핵심 주장이다. 우리는 자신이 통제할 수 없는 모든 걸 멀리해야 한다. 이런 걱정거리에서 벗어나면 온전히 자신만의 정신적 공간을 개척할 수 있다. 이 공간이 바로 우리가 세상의 문제에 너무 얽매이지 않도록 보호해 주는 것이다. 어떤 일이 닥쳐도 우리는 껍데기 속의 거북이처럼 영향을 받지 않는다.

스토아학파와 간디도 어떤 면에선 일리가 있다. 그들 말대로 부정적인 감정을 쉽게 느낀다면 세상과 삶에 애착이 있는 것이다. 하지만 그들이 부정적으로 보는 걸 오웰과 나는 긍정적으로 본다. 인간적이라는 것은 자신의 삶에 완전히 얽매여 있고 그것에 취약하다는 것을 의미한다. 감정 통제형 성인과 요새 유행하는 현대판 성인은 인간사의 혼란스러움에 휘말리지 않으려 애쓴다. 하지만 그 혼란이 바로 당신의 삶이다. 그 혼란을 없애려고 애쓰는 것은 인간성을 버리려고 힘쓰는 것이다.

　지금쯤이면 당신도 부정적인 감정과 함께 잘 살아가기 위해 이런 종류의 성인이 될 필요는 없다는 데 동의할 것이다. 감정 통제형 성인은 너무 많은 걸 요구한다는 점을 받아들였을 테니까. 그래도 나쁜 감정에 대해 뭔가 조치를 취해야 한다는 생각이 머릿속을 떠나지 않을 것이다. 나쁜 감정은 우리에게 온갖 고통을 주지 않나? 결국 다른 사람에게 상처를 주지 않나? 이런 질문이 당신을 괴롭힌다면, 당신은 또 다른 형태의 감정 성인을 만나야 한다.

2장. 감정을 길들이려는 사람들

어린이 책 작가 리처드 스캐리가 창조한 가상 세계 북적북적 마을은 의인화된 동물로 가득하다. 바쁜 마을의 주민은 이야기의 주인공인 고양이 허클, 열기구를 소유한 여우 루돌프 폰 플루겔, 바쁜 마을 해변에서 과자 노점을 운영하는 곰 브루노 등이다. 더불어 허클의 친구인 지렁이 로리도 등장한다. 다른 주민이 모두 포유류나 파충류, 조류인데 반해 지렁이 로리는 바쁜 마을의 유일한 무척추동물이다. 다른 등장인물과 마찬가지로 지렁이 로리도 인간처럼 행동한다. (초록색 모자와 파란색 셔츠, 나비넥타이, 빨간 운동화 같은) 의복을 갖춰 입고 (바퀴가 달린 거대한 사과처럼 생긴) 자동차를 운전한다. 로리는 모범 시민이다. 재활용을 하고 식사 예절을 잘 지키며 허클이 엄마의 생일 선물을 찾는 걸 도와준다.[76] 지렁이 로리는 마을의 유일한 무척추동물인데도 어떻게 주민들 속에 자연스레 녹아들었을까? 아마도 교양을 쌓았기 때문일 것이다. 진흙 속에서 꿈틀거리는 일반적인 지렁이와 달리 그는 깨끗이 씻고 멋지게 단장했다. 로리는 스스로를 바쁜 마을이라는 사회에 적합한 지렁이로 탈바꿈시켰다.

다음으로 살펴볼 감정 성인 집단은 부정적인 감정을 지렁이 로리처럼 대한다. 나는 이들을 감정 수양형 성인이라고 부른다. 감정 수양은 오늘날 '감정 관리' '감정 지능' 또는 '감정 조절'과 같은 이름으로 불린다.[77] 감정 수양형 성인은 감정 통제형 성인보다는 감정을 덜 의심하는데, 이 성인들이 보기에 나쁜 감정은 뿌리 뽑거나 억누를 것이 아니다. 그 대신 문제를 일으키지 않도록 나쁜 감정을 수양하거나 변화시켜야 한다.

그렇다면 감정을 어떻게 단련해야 할까? 감정 수양형 성인은 감정이란 우리를 무너뜨리는 비이성적인 힘이라는 사고를 거부한다. 그들은 적절히 개입하면 감정을 개선할 수 있다고 본다. 그중 한 가지 개입 방식은 낸시 셔먼이 말하는 '외면을 내면으로' 전략이다.[78] '성공을 위한 옷차림'이라는 말을 들어 봤을 것이다. 이것이 바로 외면을 내면으로 전략인데, 일반인도 그 분야의 전문가처럼 옷을 갖춰 입으면 타인에게도, 스스로도 전문가처럼 느낀다는 것이다. 긍정 심리학을 통해 널리 알려진 감사 연습도 외면을 내면으로 전략이다. 감사하다고 느끼는 모든 일의 목록을 작성하거나 매일 몇 분씩 시간을 내서 감사한 일을 세어 보라. 긍정 심리학 연구에 따르면 이런 습관은 감사하는 마음가짐을 기르는 데 도움이 되며 이를 통해 더 행복하고 건강해질 수 있다.[79] 또 아이가 형제자매를 괴롭혔을 때 죄책감을 느끼도록 교육하려면 아이가 억지로라도 사과하게 만들고 자기가 한 일로 인해 동생이 얼마나 슬퍼했는지 지적하라. (대개는 마지못해) 말이 먼저 나오고 감정은 나중에 나타난다.

또 다른 유형은 내가 '공간 만들기'라고 부르는 것이다. 공간 만들기는 당신과 당신의 감정 사이에 약간의 거리를 두는 것이다. 이것은 부정적인 감정을 다룰 때 일반적으로 권장되는 수단으로, 감정에 따라 행동하기 전에 잠시 멈춰서 자신의 감정을 되돌아보게 한다. 부정적 감정이 느껴지면 열까지 세거나 심호흡하거나 실제로 보내지 않을 비방 이메일을 작성하는 것과 같은 전략이다. 이처럼 공간을 만들면 부정적인 감정에 휩싸여 충동적으로 행동하는 것을 막아 준다. 또한 내 감정이 상황에 적절한지, 예컨대 내가 꼴 보기 싫은 동료의 말에 과민 반응하는 건 아닌지 자문해 볼 기회를 제공한다. 감정 수양형 성인은 나쁜 감정과 함께 잘 살아가기 위한 열쇠는 감정을 단련해서 더 나은 감정으로 만드는 것이라고 생각하며, 이런 전략은 그 훈련의 일부다.

감정 통제형 성인과 마찬가지로 감정 수양형 성인도 철학계에서 역사가 깊다. 예컨대 공자와 아리스토텔레스는 우리가 감정 지능을 이야기하기 훨씬 전부터 감정 단련법에 대해 많은 조언을 했다.

공자에게 감정이란

서양에서 콘푸키우스Confucius라는 이름으로 알려진 인물은 그의 추종자들에게는 공자孔子 또는 공 선생님으로 불렸다(여기서 자子가 선생님을 의미한다).[80] 중국의 예수회 선교사들은 17세기에 그의 이름을 라틴어로 바꿔서 콘푸키우스라고 불렀다. 공자는 주나라가 쇠퇴하던 시기인 기원전 551~479년에 노나라에서 태어나 자랐다. 주나라의 통치는 봉건 시대 유럽과 비슷했는데, 왕이 여러 제후를 다스리고 이들이 제후국을 통치하는 형태였다. 문제는 770년 이민족들이 주나라 수도를 약탈하고 왕실이 수도를 동쪽으로 더 멀리 옮기면서 시작됐다. 제후들은 왕의 영향력이 약해진 틈을 타 왕권 찬탈을 시도했지만 노나라와 공자는 여전히 주나라에 충성을 다했다.

공자의 사상은 주로 『논어』에 담겨 있다. 『논어』는 공자의 제자들이 스승의 가르침을 모아 엮은 것으로 추정되지만, 저자와 편찬 연대에 대해서는 논란이 있다. 공자는 한때 공직자였으며, 때문에 전통적인 국가 의례가 지켜지도록 해야 했다.[81] 정치적 야망이 있는 젊은이들은 국가의 의례와 그 의례를 상세히 기술하는 문헌을 잘 아는 공자에게 조언을 구하곤 했다. 그리고 공자의 조언은 흔히 도道를 따르는 것으로 묘사되는 그의 포괄적 철학 교리에서 비롯한다. 도는 '길'이라는 뜻이다. 공자의 도와 도교는 혼동하면 안 되며 도교는 유교와 대립하는 철학 학파다(두 학파는 도가 무엇이고 도를 어떻게 따라야 하는지에 대해 서로 의견을 달리한다).[82]

유교의 도를 따르려면 수양을 해야 하며 그 중심은 의례 또는 예禮를 실천하는 것이다. 예는 가족의 본분과 제사, 일상의 예의범절, 공직자의 의무와 같은 광범위한 활동을 포괄한다.[83] 이를테면 예는 부모님이 돌아가셨을 때 장례를 어떻게 치를지 정해 주는 동시에 점술에 사용되는 신성한 거북이를 어디에 보관해야 하는지도 알려 준다.[84] 의례의 중요성을 강조하다 보니 때로는 공자가 규율에 집착하는 것처럼 보이기도 하지만 예는 그 이상의 의미가 있다. 예의 작동법을 이해하기 위해 왈츠 같은 특정한 춤을 배운다고 생각해 보자. (브레이크 댄스 같은 춤이 아닌) 왈츠로 인정받으려면 반드시 지켜야 하는 몇 가지 조건이 있다. 처음 스텝을 배울 때는 자세를 유지하고, 발을 움직이고, 머릿속으로 박자를 맞추는 것과 같은 세부 사항에 집중하기 마련이다. 요컨대 왈츠의 모든 규칙을 따르는 데 집중하게 된다.

하지만 머릿속으로 계속 박자를 세고 스텝을 생각하면 왈츠를 잘 출 수 없을 것이다. 기본기를 익히고 나서야 춤에 몰입해서 음악을 느끼고 바닥에서 미끄러지듯 움직일 수 있는데, 그런 수준에 이르러야 진짜 왈츠를 추는 것이다. 예도 마찬가지다. 의례와 의식에 참여한다는 건 단순히 올바른 단계를 전부 따르는 게 아니다. 의식을 느끼고 그 중요성을 이해해야 한다. 공자에 따르면 예를 제대로 준수하는 사람은 온전한 사람으로 변모한다.[85] 이는 인仁자가 되는 방법 중 하나이며, 인은 '선한' 또는 '인간적'을 뜻한다. 인자가 되는 것이 바로 유교에서 수양을 통해 이루고자 하는 바다. 인자가 된 사람은 무위無爲, 즉 일종의 자연스러운 행위의 세계로 나아갈 것이며,[86] 예가 요구하는 바를 성심껏 자발적으로 행한다.

인자가 되려면 올바른 감정을 느껴야 하며 여기엔 부정적인 감정도 포함된다. 공자는 제자들에게 말한다. "오직 선한 사람(인자)만이 다른 사람을 진정으로 사랑할 수도, 경멸할 수도 있다."[87] 선한 사람이 다른 사람을 경멸한다는 주장이 이상하게 들릴지 모르지만, 공자는 경멸받아 마땅한 게 있다고 생각한다. 말재간을 뜻하는 영佞이 그런 것 중 하나다. 말재간을 부리는 사람은 의례를 잘 따르는 인자처럼 보이지만 실제로는 그저 겉치레를 하는 자다. 공자는 말재간을 설명하며 다음과 같은 질문을 던진다. "어떤 사람이 언변이 진실하고 진지해 보인다면, 그는 군자일까? 아니면 그저 군자의 겉모습을 흉내 내는 것일까?"[88] 말재간을 부리는 사람은 가식에는 능하지만, 예에 수반돼야 하는 적절한 감정이 없다. 공자에 따르면 인을 사랑하고 존중하면 인에 반하는 걸 미워하게 된다. 인자는 증오를 완전히 삼가는 것이 아니라 적절한 것을 증오하도록 자신을 단련할 뿐이다.

　　인자는 진실하고 자발적이며 적절한 방식으로 적절한 시기에 적절한 감정을 느낀다. 슬픔에 대한 공자의 말씀이 최고의 예시다. 『논어』를 읽어 본 사람이라면 공자가 가장 아끼는 제자가 안회라는 사실을 잘 알 것이다. 공자는 그의 덕을 끊임없이 칭찬하고 다른 제자들에게도 안회가 그들과 다른 점을 이야기한다. 하지만 안타깝게도 안회가 젊은 나이에 죽자 크게 상심한 공자는 탄식하며 이렇게 말한다. "하늘이 나를 버렸구나! 하늘이 나를 버렸어!"[89] 공자가 통곡하자 제자들은 스승에게 너무 애통해하시는 것이 아니냐고 물었다. 이에 공자가 답한다. "내가 너무 애통해하였느냐? 내가 이 사람을 위해 애통해하지 않는다면, 대체 누구를 위해 애통해하겠느냐?"[90] 공자의 요점은 사랑하는 제자의 갑작스러운 죽음 같은 큰 상실을 경험하는 때는 큰 슬픔을 느끼기에 적절한 시기라는 것이다. 슬픔은 항상 상황에 맞게 표현해야 한다.

　　인자가 되려면 긍정적인 감정과 부정적인 감정을 모두 느끼되 적절한 시기에, 적절한 방법으로, 진정성 있게 느껴야 한다. 왈츠의 달인이 음악에 완전히 몰입하여 춤을 추듯, 인자는 무위의 방식으로 모든 적절한 감정을 힘들이지 않고 자연스럽게, 그러나 항상 적절한 범위 안에서 느낀다.

아리스토텔레스에게 감정이란

머리말에서 잠시 만나 본 아리스토텔레스는 기원전 384년 경(공자 사후 약 100년 뒤) 마케도니아에서 태어났다.[91] 그는 17세가 된 367년에 아테네로 이주하여 플라톤의 학교 아카데미아에 들어갔다. 그 후 347년에 플라톤이 사망하자 마케도니아로 돌아가 필리포스 왕의 아들이자 알렉산더의 가정교사로 일했다. 아리스토텔레스는 335년에 아테네로 돌아가 리케이온이라는 자신의 철학 학교를 열었다. 그는 마케도니아 왕실과의 관계로 인해 생활이 어려워진 323년까지 그곳에 살며 학생들을 가르쳤다. 그 무렵 알렉산더는 왕이 되어 페르시아를 정복하고 아테네 등지에서 보이는 정치적 반란의 조짐을 진압하는 데 대부분의 시간을 할애했다. 아테네는 마케도니아에 대한 반감이 강했고 아리스토텔레스는 이를 감지했다. 그래서 (오랜 관심사였던) 물고기를 연구할 수 있는 그리스 북부의 한 섬으로 이주했고 322년에 그곳에서 죽었다.

아리스토텔레스가 감정을 가장 많이 논하는 두 작품은 『니코마코스 윤리학』과 『수사학』이다. 그는 이 작품들에서 모든 인간은 흔히 '행복'으로 번역되는 에우다이모니아eudaimonis를 지향한다고 주장한다. 공자와 마찬가지로 아리스토텔레스도 행복을 얻으려면 자신을 수양해야 한다고 생각한다.[92] 그는 이 과정을 '성품의 탁월성'을 달성하려는 노력이라고 말하는데[93] 성품의 탁월성은 우리가 일반적으로 좋은 성품의 특성 또는 미덕이라고 부르는 정직과 용기, 관대함과 같은 자질이다. 우리는 이런 성품의 탁월성을 아리스토텔레스가 '습관'이라고 부르는 것,[94] 예컨대 왈츠를 반복 연습해서 익히는 것처럼, 행동함으로써 익혀 개발할 수 있다. 습관은 좋은 성격과 나쁜 성격 모두에 영향을 미친다.[95] 아리스토텔레스는 습관을 악기 연주를 배우는 것에 비유하며 튜바를 잘 연습하면 좋은 튜바 연주자가 되지만, 잘못 연습하면 나쁜 튜바 연주자가 되는 것과 같다고 말한다. 즉 올바른 특성을 습득하려면 올바른 행동을 반복해서 연습해야 한다.

아리스토텔레스에 따르면 성품의 탁월성은 감정을 조절하고 두 극단 사이에서 균형을 잡는 것이다. 그는 성품의 탁월성 중 하나를 온화함으로 규정하는데 이는 지나치게 강한 분노와 지나치게 약한 분노의 극단 사이에 있다.[96] 아리스토텔레스는 『수사학』에서 분노를 '자신 또는 자신과 가까운 사람에게 정당한 이유 없이 가해진 명백한 모욕'에 대한 반응으로 정의한다.[97] 우리는 남이 나를 모욕하거나 무례하게 대할 때 가장 쉽게 분노한다. 아리스토텔레스는 분노를 충분히 느끼지 못하는 사람을 '어리석다.' '무감각하다.' 그리고 '비굴하다.'라고 표현한다.[98] 즉 분노를 너무 적게 느끼는 사람은 부당한 대우를 받아도 이를 인식하지 못하거나 스스로 맞설 의지가 없다고 보는 것이다. 술집 구석에서 어떤 남자가 당신의 어머니를 욕하는데 당신이 가만히 있다면, 아리스토텔레스는 당신이 어리석거나 나약하다고 말할 것이다. 분노는 학대

에 대한 올바른 반응이며, 온화함이라는 탁월성을 지닌 사람은 분노를 적절하게 느낄 것이다.[99]

적절한 때에 적절한 방식으로 올바른 감정을 느끼는 사람은 일반적으로 '실천적 지혜'로 번역되는 프로네시스phronesis가 있다. 실천적 지혜가 있으면 다양한 상황에 따라 필요한 게 뭔지 알고 적절한 때에 그런 일을 할 수 있다.[100] 실천적 지혜가 있는 사람은 적절한 때에 올바른 일을 할 뿐만 아니라 적절한 때에 올바른 방식으로 감정을 느낀다.

정상인의 정상 반응

앞서 감정 통제형 성인에게 이질감을 느낀 사람이라면 감정 수양형 성인을 보고 드디어 편안한 느낌을 받을 것이다. 감정 수양형 성인은 좋은 삶에는 감정이 중요하다는 걸 인정한다. 그들은 아끼는 제자가 갑자기 죽었는데 슬퍼하지 않는 사람이나, 술집에서 무례한 건달을 보고도 화내지 않는 사람은 분명 뭔가 문제가 있다고 말할 것이다. 감정 수양형 성인에게 잘 산다는 건 감정을 잘 느끼는 걸 의미한다.

우리는 타인과 자신을 판단할 때 행동이나 선택만을 보지 않는다. 사람들이 느끼는 감정 또는 느끼지 않는 감정도 중요하게 여긴다. 감정에 근거해 판단하는 많은 것들을 생각해 보자. 장기

출장으로 집을 비웠다가 돌아왔는데 배우자가 당신의 귀가에 무관심한 것 같다고 상상해 보라. '내가 보고 싶기는 했을까?'라는 궁금증이 생길 것이다. 저녁 뉴스에서 끔찍한 비극을 보는데 친구가 이를 비웃는다고 해보자. '너무 냉정하잖아.'라는 생각이 들 것이다. 내가 제일 싫어하는 동료가 상사에게 혼났다는 소식을 듣는다면 어떨까? 첫 번째 반응은 사악한 미소겠지만, 그다음엔 수치심이 밀려올 것이다. 속으로 '제발, 다른 사람의 고통을 즐기지 마.'라고 말하면서 말이다.

감정 수양형 성인은 사람들이 감정을 적절히 느끼지 못하는 이유를 올바른 성품과 올바른 사고를 지니지 못했기 때문이라고 본다. 지난 장에서 감정에 대한 주체성을 갖는 것을 간략하게 이야기했다. 우리는 사소한 일로 화를 내거나 감정을 주체하지 못하고 흐느끼는 사람에게는 뭔가 문제가 있다고 생각한다. 하지만 감성 수양형 성인은 우리가 단련을 한다면 감정을 없애지 않으면서 주체성을 지닐 수 있다고 한다. 예를 들어 병원에서 오래 기다리느라 답답하다면, 그 상황의 보는 사람이 최선을 다하고 있다고 되뇌거나 오래 기다리는 건 큰 문제가 아니라고 생각하면 된다는 식이다. 이런 종류의 개입은 당장 진정하는 데 도움이 될 뿐만 아니라 앞으로 올바르게 감정을 표현하는 데도 도움이 된다. 시간이 지나면 어떤 상황에서 어떤 수준의 분노가 필요한지 더 잘 파악할 수 있다. 병원에서 오래 기다릴 때는 화를 조금만 내면 되지만, 누군가가 어머니를 욕할 때는 화를 더 내야 한다. 이처럼 적절성을 염두에 두면 우리가 원하는 감정적 주체성을 개발하는 데 도움이 된다.

하지만 기본적으로 감정을 옹호하는 감정 수양형 성인도 여전히 개선할 수 없다고 보는 감정이 있다. 예를 들어 올바르게 시기를 느끼는 방법이나 적절한 시기는 없다. 공자에 따르면 인자는 더 뛰어난 사람을 보면 시기하기보다는 그들과 같아지기를 생각하고 자신이 더 나아질 방법을 알아내기 위해 내면을 살필 것이다.[101] 아리스토텔레스는 시기는 악한 성품의 결과이며 악의는 "애초부터 악함이 내포돼 있다."라고 말한다.[102] 다행히도 감정 수양형 성인은 그렇게까지 나쁜 감정은 그다지 많지 않다고 주장한다. 부정적인 감정을 일부 포함하는 우리의 감정은 대부분 좋은 삶을 구성하는 중요한 요소다. 다만 감정이 통제 불능 상태가 되지 않도록 단련을 좀 해야 할 뿐이다.

우리는 감정에게 늘 배신당한다

머리말에서 잠시 만난 19세기 미국 철학자 윌리엄 제임스는 1900년대 초에 교사들을 대상으로 강연을 하곤 했다. 그리고 한 번은 뉴욕 북부의 호숫가 휴양지인 셔토쿼 호수를 방문했던 이야기를 들려주었다.[103] 그곳은 문화 프로그램이 있는 일종의 여름

캠프 같았으며 본래 교회학교 교사에게 연수를 제공하기 위해 설립됐다.[104] 제임스는 그곳을 다음과 같이 묘사한다. "맨 정신과 산업, 지성과 선함, 질서와 이상, 번영과 쾌활함이 공기에 퍼져 있다."[105] 합창단, 교육 강의, 체육관, 끊임없이 가동되는 탄산수 분수가 있다.[106] 셔토쿼 호수는 누구나 바라는 건전한 재미와 풍요로움, 오락을 모두 제공한다. 일주일간의 체류 기간이 끝나자 제임스는 호수를 떠나는 기분을 이렇게 표현한다.

> 아! 살았다! 이제 다시 원시적이고 야만적인 세상으로… 악당이나 고통이 없는 이 인생극, 아이스크림과 탄산수가 인간이라는 짐승에게 바칠 수 있는 최고의 제물일 만큼 세련된 이 공동체… 모든 것의 잔혹한 무해함, 나는 이것들을 견딜 수 없다. 온갖 죄와 고통이 있는 세속적인 바깥세상의 광야에서 다시 한번 기회를 잡으리. 그곳에는 높이와 깊이가 있고… 끔찍함과 무한함의 광채가 있으며, 이 밋밋함과 모든 평범함의 전형보다 천 배는 많은 희망과 도움이 있다.[107]

감정 수양형 성인에 대한 내 반응은 셔토쿼 호수에 대한 제임스의 반응과 좀 비슷하다. 공자와 아리스토텔레스가 추구하는 질서 정연한 감정생활에는 뭔가 빠진 게 있다. 그건 너무 건전하고 너무 깔끔하다. 그들은 감정을 단련해서 감정이 항상 적절한 기준을 따르도록 해야 한다고 생각한다. 이들은 분노가 과도하거나 잘못된 시기에 그릇된 방식으로 표출되지 않는다면 분노를 느끼는 건 괜찮다고 말한다. 이처럼 감정 수양형 성인은 감정을 길들일 수 있다고 생각한다. 하지만 과연 그럴 수 있을지 나는 확신이 서지 않는다. 그리고 설령 길들일 수 있다고 해도 꼭 그래야만 하는지도 모르겠다. 우리는 야생의 감정을 선호해야 한다.

두 가지 유형의 감정 성인은 모두 감정에 관한 실천적 문제를 해결하려 한다. 다시 말해 우리 내면에는 완벽하게 통제할 수 없는 부분이 있는데, 어떻게 하면 그 부분과 함께 잘 살아갈지를 고민한다. 다만 감정 통제형 성인은 감정을 약하게 만들어서 감정을 통제하면 잘 살 수 있다고 생각한다. 반면 감정 수양형 성인은 감정에 맞서기보다는 협력해야 한다고 생각한다. 즉 우리는 감정을 단련해야 한다는 것이다. 이들은 감정을 직접 통제할 수는 없지만 간접적으로는 통제할 수 있다고 보았는데 이를 위해 고안된 것이 감정 수양 전략이다. 감사함을 느끼기로 결심한다고 뜻대로될 수는 없지만, 살면서 경험하는 좋은 일이나 감사한 일을 전부 떠올려 적기 시작하면 감사함을 느끼는 쪽으로 가까워질 수 있다고 보았다. 감정 수양형 성인은 우리가 올바른 선택을 하고 행동을 한다면 긍정적인 감정이 자연스레 뒤따라올 것이라고 생각한다. 더불어 내가 어떤 상황에서 분노가 올바른 반응이라고 판단하면 적절한 양의 분노가 표출될 것이라고 본다.

하지만 우리의 감정은 이런 규칙을 따르지 않는다. 생각과 선택을 올바르게 하더라도 감정이 그 뒤를 그대로 따르지는 않는다. 스스로 어떤 감정을 느끼려고 또는 느끼지 않으려고 했다가 실패한 적이 얼마나 많은가. 올바른 생각과 선택을 해도 감정은 결국 당신을 배신한다. 감정은 그 자체의 삶을 가지며 애초에 감정이 실천적 문제가 되는 이유가 바로 그것이다. 감정이 당신을 배신하는 순간, 누구나 공자와 아리스토텔레스가 생각하는 것처럼 이것들을 통제하고 싶다고 느끼게 된다. 때로는 아예 아무런 감정도 느끼지 않으면 좋겠다고 생각하기도 한다. 감정 수양형 성인은 그런 상황에 처한 사람은 감정 훈련을 충분히 하지 못했을 뿐이라고 주장하겠지만, 아무리 훈련을 많이 해도 감정을 완전히 통제할 수는 없다. 하지만 감정을 완벽하게 단련할 수 없는 게 전부가 아니다. 우리는 그걸 원하지 않아야 한다.

W. E. B. 듀보이스는 19세기 말과 20세기 초에 살았던 미국의 철학자로 하버드대학교에서 윌리엄 제임스와 함께 공부했다. 그는 동시대 인물인 안나 줄리아 쿠퍼와 마찬가지로 미국에서 흑인으로 살아가는 삶이 어떤지 대해 글을 썼다. 그의 대표작 『흑인의 영혼』에 수록된 에세이 중 하나는 첫 아이의 죽음에 관한 것이다.

듀보이스는 슬픔으로 인한 온갖 감정적 혼란을 묘사한다. 그는 아이의 목숨을 앗아 간 건 죽음이 자신과 아들이 함께한 작은 행복을 질투한 탓이라고 말한다.[108] 그는 아들이 천국에서 더 잘 살고 있다고 자신을 설득해 보려 하지만 그가 할 수 있는 건 "아들이 그곳에 있다면… 행복하게 해주세요."와 같은 소박한 소원을 비는 것뿐이다.[109] 하지만 장례식 날, 듀보이스는 아들이 미국에서 인종차별의 고통과 공포에 직면하지 않을 거라는 생각에 마음속에서 '끔찍한 기쁨'이 밀려 왔다고 묘사한다.

내면의 목소리는 아들에 대해 이렇게 말한다. "죽은 것이 아니라 탈출한 것이고, 속박 대신 자유를 얻었다."[110] 듀보이스는 죽음에게 왜 내가 아니냐고 묻는다. 그리고 이렇게 쓴다. "왜 나는 이 불안에서 벗어나지 못하는가?"[111] 그의 말은 좀 애매한 구석이 있는데, 한 가지 해석은 듀보이스가 자신은 이미 이 세상에서 시간을 보냈지만, 아들은 그러지 못했으므로 왜 아들 대신 자신이 죽지 않았는지 묻는다는 것이다. 다른 해석은 왜 내가 아니라 아들이 자유로워야 하는지 묻는다는 것이다.

무엇이 되었건 듀보이스가 자신의 감정 때문에 몸부림치고 있는 건 분명하다. 그는 자신이 느껴야 한다고 생각하는 감정이 있음에도 마음속의 끔찍한 기쁨을 발견한다. 듀보이스의 감정은 적절한 슬픔의 기준에 부합하지 않는다. 하지만 그렇다고 해서 틀린 것도 아니다. 그의 복잡한 감정은 그가 처한 복잡한 상황에 대한 반응이다. 듀보이스는 인종차별주의 국가에서 흑인으로 산다는 게 어떤 건지 뼈저리게 알고 있다. 듀보이스는 아들이 이 세상에서 결국 거부당하고 상처받으며 자라는 모습을 지켜볼 일이 두려웠다. 그렇기에 아들의 죽음을 일종의 자유, 즉 인종차별의 무게에 짓눌린 상태로 어떻게든 인간다운 삶을 꾸려나가야 하는 일상적 투쟁으로부터의 자유로 여긴다면, 듀보이스가 잠시라도 그 자유를 기뻐하고 자신도 그 자유를 소망하는 이유가 어렵지 않게 이해된다.

감정 수양형 성인은 감정이 우리말을 따르도록 단련할 수 있다고 주장한다. 그렇지만 어떠한 감정을 느껴야 한다고 결정했음에도 다른 감정이 느껴지면 어떻게 해야 할까? 적절성을 강조할 때 발생하는 한 가지 문제는 우리가 느껴야 한다고 생각하는 감정이 잘못된 것일 수 있다는 점이다.[112] 적절성에 대한 자신의 개념이 실제로는 잘못된 것임에도 어떤 감정을 느껴야 한다고 스스로를 설득하려는 사람이 너무 많다. 또한 자신의 감정이 중요한 사실을 알려 주는데도 여태까지 생각해 온 것과 맞지 않는다는 이유로 그것을 무시하는 사람도 너무 많다. 듀보이스의 감정은 그가 의식적으로 받아들이거나, 인정하거나, 인식하기 어려운 자신의 삶에 대한 고통스러운 진실을 드러낸다. 그는 마음속으로 끔찍한 기쁨을 느끼고 싶지 않겠지만, 그 기쁨은 인종차별이 지배적인 나라에서 자녀의 미래에 대한 희망을 갖기가 얼마나 어려운지를 보여 주는 증거다. 어쩌면 자신의 마음속에서 끔찍한 기쁨을 발견한 일이 이 모든 걸 깨닫는 데 도움이 될지도 모른다. 그런 감정을 무시하거나 자책하는 건 자신의 감정이 본 현실을 무시하는 것이다.

감정의 거친 모서리를 다듬는 데는 대가가 따른다. 우리가 관심을 두는 것 또는 소중하게 여기는 것이 항상 우리가 내린 선택이나 결정의 결과인 것은 아니다. 때로는 감정이 우리가 중요한 사실을 발견하는 데 큰 역할을 한다. 예를 들어 어떠한 사고를 접했을 때 자신이 어떻게 반응할지 항상 알 수 있는 건 아니다.[113] 슬플 것이라고 예상했지만 오히려 화가 나거나 안심할 수도 있다. 조금 슬플 거라고 예상했지만 뜻밖에 망연자실할 수도 있다. 누군가의 죽음에 큰 충격을 받았다면, 그 사람이 자신의 생각보다 삶에서 더 큰 비중을 차지했다는 뜻일 수 있다. 따라서 감정은 원하는 만큼 그 사람과 시간을 많이 보내지 못했거나 그가 내게 얼마나 큰 의미가 있는 존재인지 그에게 말해 주지 못했다는 깨달음의 일부가 되기도 한다. 무엇이 적절한지에 대해서 감정과 판단이 충돌할 수 있지만, 그렇다고 해서 감정이 틀리고 판단이 옳은 건 아니다. 감정은 나름의 지능이 있어 때로는 우리보다 우리를 더 잘 알기도 한다. 그렇다면 감정이 우리말을 듣도록 훈련시키기보다는 우리가 감정에 귀를 기울이는 법을 배워야 한다. 감정을 있는 그대로 받아들이고 그것들이 자신의 삶을 꾸려 나가도록 허용하는 법을 배워야 한다.

감정 수양형 성인은 다듬어지지 않은 날것 그대로의 감정을 옹호하지 않는다. 그들은 결국 성인이므로 나쁜 감정은 개선돼야 한다고 생각한다. 완벽한 매너와 깔끔한 나비넥타이를 갖춘 지렁이 로리처럼 보이는 감정만 인정하는 것이다. 지렁이 로리는 단정하고 사랑스러운 저녁 식사 손님이지만 기본적인 해부학적 구조를 제외하면, 흙이나 점액질처럼 지렁이를 지렁이답게 해주는 모든 요소를 잃어버렸다. 지렁이다움을 모두 벗어 던져야만 녀석을 사랑할 수 있다면, 그건 지렁이를 사랑하는 게 아니다.

긍정주의에 물든 사람들

이제 감정이 우리에게 중요한 사실을 알려 주기도 하며 감정이 어느 정도 독립성을 갖도록 해야 한다는 데도 동의할 것이다. 하지만 이런 원칙이 시기나 경멸 같은 부정적인 감정에 적용된다는 생각에는 의문을 품을 수 있다. 오늘날 우리는 부정적인 감정은 뭔가 조치를 취하지 않으면 혼란을 일으킨다는 믿음에 깊이 빠져 있다. 간혹 질투하는 배우자와 화내는 상사, 경멸하는 이웃 때문에 살인 사건이 벌어지기도 하니까. 우리는 으레 부정적인 감정은 내면을 오염시키고 비참하게 만들며 잠식한다는 말을 들어 왔다. 부정적인 감정은 사람들을 해치고 인간관계를 망치는 원인이며, 설령 그런 재앙이 발생하지 않더라도 부정적인 감정을 느끼지 않는다면 더 나은 삶을 살 수 있을 것 같다. 그럼 결국 현재보다 생산적이며 심리적으로도 건강한 사람이 될 것이라 생각한다.

하지만 부정적인 감정에 대해 우리가 흔히 하는 말은 대부분

단순한 오해에 지나지 않는다. 부정적인 감정은 독소나 독약이 아니며 당신을 잡아먹지도 않는다. 부정적인 감정은 인간관계를 망치지 않으며 그걸 극복한다고 해서 더 큰 사람이나 더 나은 사람이 되지도 않는다. 물론 그런 감정에 따라 행동하면 안 되는 이유는 많지만, 그렇다고 해서 그런 감정을 느끼거나 표현하는 게 잘못된 일은 아니다. 매사를 생각대로 행동하면 안 되겠지만, 생각을 아예 하지 말라고 할 수는 없다. 나쁜 감정을 어떻게 해야 하는지는 다음 장에서 다시 다루겠다. 여기서는 사람들이 나쁜 감정에 대해 가지고 있는 몇 가지 오해를 바로잡아 보자.

내가 나쁜 감정을 의심하지 말아야 한다고 하는 한 가지 이유는 그것이 어디에나 존재하기 때문이다. 시대와 계층을 막론하고 엄청나게 많은 사람이 어느 순간 나쁜 감정을 느끼고도 거기서 무사히 빠져나왔다. 우리는 나쁜 감정 때문에 불안할 때 가장 극적인 사례를 떠올리곤 한다. 예를 들어 '시기'라고 하면 어떤 사람은 셰익스피어의 『오셀로』에 나오는 악당 이아고를 떠올리는데, 이아고는 오셀로가 자기 대신 캐시오를 승진시킨다는 이유로 데스데모나와 오셀로, 캐시오의 삶을 의도적으로 망가뜨린다. 그런데 이아고의 진짜 문제가 과연 시기심일까?

이아고에게는 감정보다 더 중요한 문제가 있다. 이아고는 냉철한 계산과 불타는 복수심 사이를 오가는 악랄한 주모자이며, 사악하면서도 말솜씨가 뛰어나다. 이아고는 쉽게 설명할 수 없는 수

수께끼의 캐릭터이자 문학사에서 길이 남을 위대한 악당 중 하나다. 만약 이아고가 평범한 사람이었다면 그는 아마도 승진에서 밀려난 것으로 한참 속을 끓이다가 대놓고는 절대 부를 수 없는 불쾌한 별명을 캐시오에게 붙이고는 술자리에서 친구들에게 불평을 늘어놓았을 것이다. 그런 다음 그걸 극복하고 자기 삶을 계속 살았을 것이다. 재미있는 연극은 되지 못했겠지만 이게 바로 대부분의 사람이 시기에 대처하는 방식이다. 이아고는 캐시오를 시기하기 때문에 악당인 것이 아니다. 그가 악당인 것은 사악하기 때문이고 사악한 사람은 나쁜 감정으로 끔찍한 일을 저지른다.

우리가 나쁜 감정에 대해 갖는 의심은 대부분 내가 '감정의 이중 잣대'라고 부르는 것 때문이다. 감정의 이중 잣대란 긍정적인 감정에는 절대 부여하지 않는 속성을 부정적인 감정에 적용하는 것을 일컫는다. 일례로 사람들은 부정적인 감정에 너무 깊이, 자주 빠져들지 말라고 경고한다. 하지만 기쁨이나 감사함을 느끼는 것을 경고하는 사람은 아무도 없다.

좋은 감정은 절대 문제를 일으키지 않는다는 게 사실일까? 사랑은 강박적이고 집착적이며 소모적일 수 있다. 당신은 여기서 그런 식으로 사랑하는 사람은 뭔가 다른 문제가 있다고 말하고 싶을지도 모른다. 하지만 그렇다면 이아고의 시기심에 대해서도 같은 말을 할 수 있다(이아고에게 뭔가 다른 문제가 있다고 말이다). 물론 당신이 감정의 이중 잣대를 가지고 생각하지 않는다면.

강박적인 사랑은 진짜 사랑이 아니라고 반박할 수도 있겠지만 왜 그럴까? 긍정적인 감정은 왜곡되고 뒤틀리면 안 되는 이유가 뭘까? 강박적인 사랑은 진짜 사랑이 아니라는 생각은 아론 벤지이브Aaron Ben-Ze'ev와 루하마 구신스키Ruhama Goussinsky가 '낭만적 이데올로기'라고 부르는 것의 한 예다.[114] 이 이데올로기의 일부는 '사랑의 순수성', 즉 사랑은 항상 순수하고 달콤하다는 개념이다.[115] 그러나 사랑은 절대 잘못될 수 없다는 생각은 신화다. 사랑 때문에 집착하고 어리석게 굴며 파괴적으로 행동하는 사람은 무수히 많다.[116] 이러한 모든 사례에도 불구하고 사랑을 불건전한 것으로 간주하는 사람은 아무도 없다. 이것이 감정의 이중 잣대를 보여 주는 또 다른 예다.

누군가는 기쁨에 중독된 사람이 분노에 중독된 사람보다 훨씬 더 낫다고 말할지도 모른다. 화내는 사람은 다른 사람에게 상처를 주지만 기뻐하는 사람은 기껏해야 너무 유쾌할 뿐이니까. 극단적인 사례에 초점을 맞춘 예가 하나 더 있다. 화를 잘 내는 사람이라고 하면 우리는 미친놈처럼 버럭 화를 내는 사람을 떠올린다. 하지만 당신은 화를 내지만 그렇게 행동하지 않는 사람 몇몇을 알고 있을 것이다.

당신은 살면서 누군가 때문에 오랫동안, 심지어 많이 화났던 적이 있을 것이다. 하지만 그 사람은 여전히 그 자리에 있고 당신도 마찬가지일 것이다. 그리고 가족이 서로에게 화를 내는 건 또 얼마나 흔한 일인가. 그건 좋은 일이 아니라고 한탄할 수도 있지만 그렇다고 병적으로 볼 수도 없다. 가족끼리는 화를 내면서도 서로의 목을 조르지 않고 소통할 수 있다(명절에 좀 어색할 수는 있겠지만). 이런 분노는 보통 파티에서 짝을 찾지 못한 사람처럼 뒷전에서 서성대는 감정으로, 존재는 하지만 앞으로 나서진 않는다. 또 사람은 지극히 타당한 이유로 화를 내기도 한다. 여기서도 가족 관계는 좋은 예가 된다. 가족 구성원 내의 다툼을 보면 어느 쪽도 선을 넘지 않고 둘 다 화를 낼 만한 근거가 있는 정당한 갈등으로 인해 분노한다. 그렇지만 분노에 휩싸이지도 파괴적인 행동을 하지도 않는다. 이처럼 화를 잘 내는 사람도 다른 사람과 똑같은 사람일 수 있다.

우리는 왜 기쁨이나 연민에 젖어 있는 사람은 전혀 의심하지 않을까? 즐거운 사람은 그저 행복하고 안정적인 사람이라고 생각되는가? 하지만 이것 또한 이중 잣대의 결과다. 즐거운 사람의 긍정성이 현실에 대한 부정에서 비롯된 거라면? 지난 장에서 살펴본 것처럼 그런 사람은 번영복음을 신봉하거나 끌어당김의 법칙이라는 환상에 사로잡혀 있을 수도 있다. 또 그들의 기쁨은 천박함이나 상상력 부족의 결과일지도 모른다. 그들의 기쁨은 자신의 우월성을 주장하려는 시도 또는 불가항력의 상황을 통제하려는 필사적인 시도일 수도 있다. 결국 부정적인 감정처럼 긍정적인 감정도 질병과 나쁜 품성의 결과일 수도, 망상과 왜곡의 대상이 되기도 한다.

부정적인 감정은 파괴적인 결과를 초래하지 않더라도, 심리적 건강을 위해 제거해야 한다는 생각이 널리 퍼져 있다. 나쁜 감정은 곧 나쁜 감정 위생emotional hygiene(정신 위생이라는 용어를 응용해서 만든, 저자가 새로 만들어 제시하는 개념어다. 감정 건강 정도로 해석된다.-역자 주)이라는 것이다.[117] 물론 공자와 아리스토텔레스는 이 생각에 동의하지 않겠지만 수많은 현대의 감정 수양형 성인은 선배들을 신경 쓰지 않는다. 자기 계발과 웰빙 산업계에서는 '스트레스 관리' 또는 '부정 성향 제거'라는 문구를 내세우고 이를 도와주는 대가로 수십억 달러를 벌어들인다.

그들의 논리는 다음과 같다. 나쁜 감정은 기분을 나쁘게 한다.[118] 당신은 기분이 나빠지길 원치 않기 때문에 나쁜 감정은 없애야 한다. 감정 위생이 매력적으로 보이는 까닭은 안타깝게도 많은 사람이 불행하기 때문이다. 그들은 어려운 상황에 처해 있고 기분을 나아지게 할 방법을 원한다. 감정 위생이라는 개념에 따르면 자신을 짓누르는 모든 감정을 없애면 기분이 나아진다. 하지만 여기에는 상술을 위한 미끼가 던져져 있다. 현대의 감정 수양형 성인은 감정을 없애면 안 된다고 말하는 것으로 시작해서, 감정을 부정하는 건 무의미하다고 말할 것이다. 하지만 그들의 조언은 전부 나쁜 감정을 더 나은 긍정적인 감정으로 천천히 '대체'하는 방법에 관한 것이다. 예를 들어 직장에서 좌절감을 느끼면 좌절감을 인정하되 직장이 있는 건 행운이라는 걸 떠올려야 한다는 식이다. 이렇게 관점을 바꾸면 좌절감이 사라질 것이다. 하지만 나쁜 감정에 아무런 문제가 없다면, 왜 그 감정을 대체하려 애써야 할까? 균형감을 갖는 건 좋지만 지난 장에서 살펴본 것처럼 균형감과 부정적인 감정은 얼마든지 공존할 수 있다. 나쁜 감정을 느낀다고 해서 옹졸하거나 속이 좁은 사람이 되는 건 아니다. 균형감을 갖는다고 해서 항상 밝은 면만 봐야 하는 건 아니며 그런 태도는 현실을 부정하는 것일 뿐이다.

나쁜 감정을 좋은 감정으로 대체하는 게 낫다는 이유가 뭘까? 내 안의 냉소주의자는 이것이 또 다른 형태의 긍정주의 시대정신 때문이라고 말한다. 사람들은 나쁜 감정이 "비생산적이다." "에너지를 빼앗는다." 또는 "도움이 되지 않는다."라고 말한다. 이런 말들은 하나같이 부정적인 감정이 행복을 가로막는 장애물이라고 가정한다. 감정 위생은 당신이 평화로운 내면의 성소를 가졌다면 인생을 불행하게 만드는 다른 모든 걸 다룰 수 있다고 말한다. 또한 당신이 어려운 상황에 처한 것은 오로지 당신이 상황을 그렇게 만들었기 때문이라고 말한다. 나쁜 감정을 없애려면 더 긍정적인 생각을 하거나 더 열심히 노력해야 한다. 이들에 따르면 나쁜 감정을 계속 느낀다면 그건 당신 잘못이다. 하지만 정말 그런가? 때로는 나쁜 감정이 세상에 대한 고통스러운 진실을 알려주지 않나. 직장이나 배우자에 대해 끊임없이 불만을 느낀다면 그건 당신의 마음이 아니라 상황이 잘못됐다는 신호일 수 있는 것처럼.

부정적인 태도를 버려야 한다는 생각을 긍정 심리학의 연구 결과가 뒷받침한다.[119] 이런 연구에 따르면 긍정적인 감정을 느끼는 사람은 건강이 증진되고 더 행복한 결혼 생활, 더 성공적인 직장 생활 등 온갖 종류의 이득을 얻는다.[120] 하지만 심리학 연구가 보통 그렇듯이 한 가지 결론에 도달하는 모든 연구에는 그와 반대되는 결론을 뒷받침하는 또 다른 연구가 존재한다. 긍정적인 성향의 사람은 속기 쉽고 고정관념에 지나치게 의존하며 좋은 논증을 구성하는 데 서툴다.[121] 게다가 일부 연구에 따르면 부정적인 감정은 유익할 수도 있다. 예를 들어 화를 잘 내는 사람은 실망감을 더 잘 처리하고 더 창의적이며 협상을 더 잘하는 경향을 보인다.[122]

부정적인 감정을 옹호하는 사람들은 심리학적, 신경학적 또는 생물학적 연구 결과를 근거로 나쁜 감정이 어떤 목적에 기여했다고 주장한다. 나쁜 감정이 어떤 이유로 인해 진화했다는 생각은 새로운 게 아니다. 진화론을 정립한 것으로 유명한 19세기 과학자 찰스 다윈이 1872년 저서 『인간과 동물의 감정 표현』에서 그런 설명을 했다. 예를 들어 어떤 사람들은 두려움을 느끼면 혈액이 대근육으로 잘 흘러들어서 위험으로부터 더 쉽게 도망칠 수 있다.[123] 그렇다면 부정적인 감정은 (포식자로부터 도망치는) 자연적인 행동에 도움이 되도록 진화했기 때문에 좋은 것이라는 결론이다.

특히 자신의 감정을 관리하는 데 어려움을 겪는 사람이라면 부정적인 감정이 목적을 가지고 진화한 것이라는 말을 들으면 도움이 될 것이다. 부정적인 감정이 우리의 생존에 중요한 기능을 한다면 아마도 우리에겐 부정적인 감정이 필요할 테니까.

부정적인 감정에 대한 이런 종류의 옹호가 어느 정도 설득력 있게 들리는 이유는 우리가 과학이 뒷받침하는 논증은 반박할 수 없다고 생각하는 경향이 있기 때문이다. 연구에 따르면 뇌 스캔이 어떤 논증과 관련이 없더라도, 뇌 스캔이 결론을 뒷받침한다고 말하면 사람들이 그 주장에 설득될 가능성이 더 크다.[124]

또한 우리는 자연적인 것은 좋은 것이라는 가정을 하기 쉽다. '자연' 또는 '자연적인'이라는 단어는 상당히 애매하다. '자연적인 것'은 때때로 '우리가 그렇게 하도록 진화한 것'을 의미하고, 또 '우리의 선조들이 했던 것'을 의미할 때도 있다. 전자의 경우 두려움에 대한 논증은 다음과 같이 진행된다. 인간은 위험으로부터 도망쳐야 하기 때문에 두려움을 느끼도록 진화했다. 따라서 두려움은 분명히 좋은 것이다. 하지만 인간이 하는 모든 것은 어떤 식으로든 진화 과정의 산물이다. 여기에는 폭력과 질병도 포함된다. 이것들 역시 진화의 산물이므로 어떤 의미에서는 우리에게 자연적인 것이다. 인간이 아닌 동물도 폭력적인 행동을 하고 질병에 걸린다. 따라서 그들에게도 자연적인 것이다. 하지만 대부분의 사람은 폭력과 질병이 좋은 것이라고 결론 내리지 않는다. 그리고 자연적인 것을 후자의 의미로 받아들인다면 당신은 삶을 크게 바꿔야 할 것이다. 나는 창던지기 기술을 연마하라고 조언하고 싶다. 도구도 사용하지 않았던 진짜 초기 인류를 이야기하는 게 아니라면 말이다. 선조들은 자동차도 옷도 없었으니 당신도 차와 옷을 버리는 게 좋을 것이다. 책도 없었으니 독서도 그만둬야 한다.

　이런 종류의 논쟁에서 어떤 것이 자연적이고 좋은 것인지 결정할 때, 사람들은 보통 전혀 일관성 없는 방식으로 자기가 원하는 것만 골라낸다. 어떤 사람은 정제 설탕은 자연적인 것이 아니므로 피해야 한다고 말하지만 같은 논리가 전기나 비누에는 적용되지 않는다. '자연적인 것'이 곧 '좋은 것'을 의미하진 않는다. 진화는 인자한 가정교사가 아니다. 진화는 우리를 돕기 위해 부정적인 감정을 제공한 게 아니다. 특성과 행동은 종의 '생존'에 도움이 되기 때문에 선택됐다. 우리는 인간의 특성 중 어떤 것이 지금까지 살아남는 데 실제로 도움이 됐는지 확신할 방법이 없다. 어쩌면 새끼손가락의 존재가 인간의 생존에 전적으로 기여했고 나머지는 단지 장식용이라는 사실이 밝혀질지도 모른다.[125] 확신할 수 있는 건 우리가 이 감정들을 느끼도록 진화했다는 것뿐이다. 그 감정으로 뭘 할 건지는 각자에게 달려 있다. 감정이 진화의 산물이라는 식의 논증은 사람들이 자신의 감정을 없애려 하지 않고 받아들이는 데 도움이 될 수도 있다. 나는 부정적인 감정을 받아들이는 것에 전적으로 찬성한다. 하지만 그 결론에 도달하기 위해 굳이 부정적인 감정을 진화의 결과로 볼 필요는 없다고 생각한다.

이런 모든 연구, 예컨대 진화 심리학에 관한 연구나 이런저런 감정의 건강상 이점에 관한 연구는 궁극적으로 감정에 대한 잘못된 가치 평가 방식에 의존한다. 이 방식은 감정이 혈압 개선, 회의실에서의 우위 또는 검치호랑이로부터 도망칠 수 있는 능력 같은 어떤 가시적인 이득을 가져다줄 때만 가치가 있다고 가정한다. 감정을 다른 바람직한 목표를 위한 수단으로 취급한다. 이게 바로 우리가 애초에 긍정주의라는 시대정신에 빠져들게 된 이유 중 하나다.

긍정 심리학은 삶의 모든 문제를 해결하는 방법으로 홍보됐다. 따라서 긍정적인 감정은 가치 있는 통화가 됐다. 즉 긍정적 감정이 더 나은 삶으로 이어진다는 것이다. 하지만 부정적인 감정도 같은 종류의 통화가 될 수 있다고 주장하는 건 이런 사고방식을 영속화할 뿐이다. 감정을 행복과 성공을 달성하는 데 사용할 수 있는 도구로 취급하거나 행복과 성공을 방해하는 요소로 취급하는 건 감정으로부터 자신을 멀어지게 하는 짓이다. 감정은 도구가 아니다. 감정은 에너지를 주는 연료가 아니다. 감정은 당신을 섬겨야 하는 머릿속의 작은 집사가 아니다. 감정은 마음의 벽장에서 치워야 할 잡동사니가 아니다. 지렁이가 정원의 일부인 것처럼 감정은 내 삶의 일부다.

그렇다면 내가 제안하는 건 정확히 뭘까? 나쁜 감정이 생기게 그냥 놔둬야 할까? 나쁜 감정을 느낄 때마다 그냥 내버려두고 느끼면 되나? 음, 그렇다. 바로 그거다.

3장. 악마를 위한 공간을 만들라

찰스 다윈은 사람들에게 널리 알려진 『종의 기원』보다 후기 저서인 『지렁이의 활동과 분변토의 형성』을 더 좋아했다.[126] 다윈이 이 책을 썼을 당시만 해도 지렁이는 정원의 해충 또는 주목할 가치가 거의 없는 하등 생물로 여겨졌다. 하지만 그는 지렁이가 사람들이 알고 있는 것보다 더 중요할지도 모른다고 생각했다. 그렇게 지렁이를 세심하게 관찰했고 지렁이가 작은 쟁기처럼 작용한다는 사실을 발견했다.

지렁이는 흙을 파고들어 먹이를 찾고, 움직이면서 흙을 뒤집고 헤친다. 덕분에 흙에 빗물이 잘 스며들고 식물이 뿌리를 잘 내릴 수 있게 돕는다. 그들의 배설물(이라고 쓰고 지렁이 똥이라고 읽는다.)에는 식물이 좋아하는 영양분이 풍부하다. 지렁이는 먹이에 대한 선호도도 있었는데 붉은 양배추보다 녹색 양배추를 더 좋아했다.[127] 또한 나뭇잎, 자갈, 나뭇가지, 심지어 깃털을 사용해 굴의 입구를 막았다. 다윈은 지렁이가 어떻게 이런 행동을 하는지 알아보기 위해 실험을 했고, 지렁이가 물체를 무작위로 집어 들지 않는다는 사실을 발견했다. 대신 물체를 구멍으로 더 쉽게 끌어당기기 위해 나뭇잎의 줄기처럼 가장 가느다란 끝을 잡는 경향이 있었다.[128] 다윈은 이것이 지렁이가 지능이 있음을 보여 준다고 생각하지만, 이런 주장은 모든 사람이 말도 안 된다고 생각할 것이라고 인정했다.[129] 다윈은 이 책을 다음과 같은 대담한 문장으로 마무리했다. "세계사에서 이 하등 생물만큼 중요한 역할을 한 동물이 또 있을지 궁금하다."[130]

지렁이에 대한 다윈의 재평가는 단순히 지렁이가 흙을 경작하기 때문에 정원에 이롭다는 사실만을 보여 준 것이 아니다. 그는 어떤 생물이 중요한지에 대한 우리의 표준 가정에 의문을 제기했다. 지렁이는 해충이 아니며, 단순히 흙을 옮기는 것뿐만 아니라 환경을 풍요롭게 한다. 그렇기에 우리는 나쁜 감정을 정원에 있는 지렁이로 보아야 한다. 겉모습이 하찮아 보이더라도 진심으로 그것에 관심을 기울여 보라. 그것만의 방식으로 그것을 이해하고 그것이 우리 삶을 얼마나 풍요롭게 하는지 살펴보라. 다윈주의적 태도를 가지면 감정 성인이 되고자 하는 열망을 버리는 데 도움이 될 것이다. 사실 우리는 최대한 성인에서 멀어져야 한다. 이제 악마를 위한 공간을 만들어야 할 때다.

나를 위해 나는 분노한다

내가 특별히 염두에 두고 있는 악마는 존 밀턴의 17세기 서사시 『실낙원』에 등장하는 사탄이다. 이 시에서 사탄은 단연코 가장 흥미로운 캐릭터이며 내뱉는 대사마저 아름답다. 『실낙원』이 쓰인 이래로 독자와 비평가, 학자들은 밀턴이 사탄을 영웅으로 의도했는지 악당으로 의도했는지를 두고 논쟁을 벌여 왔다.[131] 어느 쪽을 선택하든, 한 가지 분명한 것은 사탄이 감정적이라는 점이다.

『실낙원』에서 사탄이 처음 언급되는 대목을 통해 우리는 그가 어떤 감정을 느끼는지 알게 된다. 사탄은 "시기와 복수심에 불타고 있다."[132] 천사의 전쟁이 시작된 것은 그리스도에 대한 사탄의 시기 때문이다. "하나님의 아들에 대한 시기심과⋯ 자존심으로 인해 그 광경을 견딜 수 없었다."[133] 사탄은 하나님이 천사보다, 특히 사탄 자신보다 그리스도를 더 사랑한다는 생각에 상처받는다. 당연히 사탄은 전쟁에서 패배하고 지옥으로 쫓겨난다.

패배한 동료 천사들에게 연설하기 전, 사탄의 얼굴에는 감정이 가득하다. '파리한 뺨에는 수심이 어려 있지만' 눈썹 아래에는

'불굴의 용기와 신중한 자존심'이 있다.[134] 그는 "같이 죄를 지은 동료들을 바라보며 회한과 격정을 내비친다."[135] 그는 세 번이나 말을 꺼내려다가 "천사가 흘리는 것과 같은 눈물"[136]을 왈칵 쏟는다. 니파테산에서의 연설에서 사탄은 훨씬 더 감정적인 모습을 보인다. 그는 자기 의심으로 가득 차 있고 하나님께 분노하며 더는 하나님의 은총을 받지 못한다는 사실에 절망한다. 그는 용서를 갈망하지만 복종한다는 생각에 즉시 혐오감을 느낀다.[137] 그는 말하는 동안 "격정이 일 때마다 얼굴이 어두워졌고 분노와 시기, 절망으로 세 번 창백해졌다."[138] 에덴에서 아담과 하와를 본 순간, 격렬한 시기와 질투가 되살아난다. 사탄은 그들은 "더할 나위 없는 축복을 누리는데 나는 지옥으로 내몰린다."[139]라며 분노한다.

사탄은 부정적인 감정을 이용해 자신의 행동을 정당화한다. 그는 자신의 시기를 정의로운 분노로 바꾸고 하나님의 아들에게 머리를 숙이지 말라고 반역 천사들을 설득하는데, 그리스도는 그들의 통치자가 아니라 그들과 동등한 자이기 때문이다.[140] 사탄의 절망은 (그가 적으로 묘사하는) 하나님에 대한 지조 있는 반항이 되고 하나님을 향한 그의 분노는 아담과 이브에게 복수를 행한다는 사명이 된다. 사탄이 느끼는 모든 감정의 주된 근원은 그의 가장 큰 죄이기도 한 자존심이다.[141] 사탄은 동료 천사들보다, 천국에서의 삶보다, 심지어 하나님보다 자신을 더 사랑한다. 그는 지옥의 왕좌에서 영원히 지내는 한이 있더라도 그 누구에게도 무릎을 꿇지 않을 것이다. 그는 "천국에서 섬기느니 차라리 지옥에서 다스리는 편이 낫다!"[142]라고 했다.

사탄의 이러한 감정적인 모습이 가장 인간적인 면모다. 우리가 느끼는 시기와 분노가 사탄 같은 서사시적인 규모는 아니겠지만, 우리가 느끼는 것을 그가 느끼며, 감정으로 말미암아 행동을 한다. 그리고 밀턴은 사탄을 통해 부정적인 감정의 근원을 정확히 포착한다. 사탄이 시기하고 화내고 앙심을 품는 이유는 자신을 사랑하기 때문이다. 그의 부정적인 감정은 그 사랑의 표현 또는 표명이다. 이 이야기를 해석하는 전통적인 방식에 따르면 사탄의 자기애는 죄악이며 그의 자존심은 사악한 것이고 부정적인 감정 또한 마찬가지다. 사탄의 자기애는 모든 걸 집어삼킨다. 그는 우주의 중심이 되길 원하고 하나님이 가장 좋아하는 피조물이 되길 원한다. 하지만 그럴 수 없기 때문에, 모든 걸 파괴하려 한다.

사탄의 자기애는 죄악일 수도 있지만 우리의 자기애까지 죄악으로 여길 필요는 없다. 자신을 사랑하는 건 자신이라는 인간적인 존재를 소중히 여긴다는 뜻이다.[143] 그건 내 삶, 내 개인사, 내 희망과 꿈 그리고 다른 누구도 아닌 내가 속한 세상에서 내 목소리를 소중히 여긴다는 뜻이다. 우리는 뭔가를 소중히 여긴다는 게 무슨 의미인지 생각할 때, 보통 그걸 오로지 긍정적인 감정과 연관 짓는다. 예를 들어 우리는 배려하는 사람을 친절하고 인정 있고 공감하는 사람으로 표현한다. 하지만 무언가를 배려한다는 건 단순히 그 대상에 대해 따뜻한 감정을 느끼는 것만을 의미하지 않는다. 뭔가에 시간과 노력을 들이고 그게 당신의 생각과 관심사의 중심을 차지하도록 허용하는 걸 의미한다. 우리가 타인을 어떻게 배려하는지 생각해 보라. 당신은 그들의 미래와 복지, 성장에 시간과 노력을 들인다. 사랑하는 사람에 대한 배려는 아주 다양한 감정을 통해 표현된다. 여기에는 당연히 사랑과 연민, 공감이 포함되지만 분노와 실망, 슬픔도 포함된다. 배려심은 우리의 모든 감정을 통해 발현된다. 배려심은 연민과 공감에 존재하는 것처럼 분노와 슬픔에도 존재한다.

　나쁜 감정은 자기애의 표현이며, 그건 우리가 자신의 삶과 자신을 위해 시간과 노력을 들이기 때문에 나타난다.[144] 이웃의 아름다운 집을 부러워하는 건 나도 그런 집을 갖고 싶기 때문이며, 그것은 성공을 정의하는 한 방법이다. 제일 싫어하는 동료의 비아냥에 화를 내는 건 내가 그런 취급을 받을 이유가 없다고 생각하기 때문이다. 즉 사람들이 나를 함부로 대하면 안 된다고 생각하기 때문이다. 누군가를 경멸한다면, 그건 내가 그 사람보다 낫다고 생각하거나 그 사람에게는 시간이나 관심을 쏟을 가치가 없다고 생각하기 때문이다. 나는 내 능력을 의심하거나 나를 쥐고 흔들려는 사람에게 앙심을 품는다.

　부정적인 감정은 모두 각기 다른 특정한 대상(아름다운 집, 비아냥 등)을 향하지만, 이런 대상의 목록만으로는 다음 질문에 답할 수 없다. 우리는 도대체 왜 이런 감정을 느낄까? 다시 말해 부러움, 분노, 앙심, 또는 경멸이라는 감정을 쉽게 느끼는 이유가 뭘까? 답은 바로 내가 나를 아끼기 때문이다. 밀턴은 이 점을 정확히 파악했다. 사탄이 부정적인 감정으로 가득 차 있는 건 그가 순수하게 자신을 사랑하기 때문이다. 자기애는 그의 가장 큰 죄악이지만, 동시에 우리가 그에게 공감하는 이유이기도 하다(특히 반항적인 성향이 있는 사람이라면 더욱 그럴 것이다). 모든 게 전능한 존재에 의해 결정되고 모든 사람이 세심하게 구성된 위계질서 속에서 특정한 역할을 행하는 실낙원의 세계에서, 사탄은 독자적인 피조물이기를 원한다. 사탄은 자신을 천사군의 수많은 천사 중 하나로 여기지 않는다. 자신은 중요한 존재다. 그로 인해 사탄이 지옥에 떨어진다는 사실을 제외한다면, 그의 자기애는 전혀 잘못된 것이 아니다.

내가 사탄을 너무 성급하게 옹호한다고 생각할지도 모르겠다. 밀턴이 묘사한 것처럼 자기애는 특히 나쁜 감정과 연관되기 때문에 위험하다 생각할 수 있다. 주변을 한번 둘러보라. 사람들은 자아도취에 빠졌다. 남을 위한 작은 희생도 감수하길 꺼리고 타인의 고통을 외면하며 항상 자신을 우선시한다. 자기애가 순수한 이기심이나 이기주의로 변질돼 타인을 희생시키면서까지 자신만을 사랑하는 경우가 너무 많다. 자기애란 우리가 끊임없이 떨쳐내야 하는 심리적 기본값으로 보이기도 한다. 최악의 경우, 자기애는 사탄의 자존심처럼 모든 걸 앗아가는 파괴적인 것이다. 사람들은 자기애와 나쁜 감정의 위험한 결합이 거의 모든 문제의 근원이라고 생각한다. 이런 주장을 어떤 철학자 집단보다 잘 포착하는 것이 바로 불교도다.

자아는 망상인 것일까

불교 철학은 한마디로 딱 부러지게 정의할 수 없다.[145] 불교 철학자들은 여러 사안에 대해 서로 의견이 다르다. 이것이 불교의 전통이 다양한 이유 중 하나지만 그들이 공통적으로 공유하는 출발점은 네 가지 성스러운 진리인 사성제다.[146] 사성제는 최초의 부처인 고타마 싯다르타가 『초전법륜경』에서 처음으로 설명한 진리다(제목은 법의 수레바퀴를 돌린다는 뜻이다).[147] 우리가 일반적으로 부처로 지칭하는 사람은 고타마지만, 부처라는 용어는 고타마가 성취한 깨달음을 얻은 사람에게 붙이는 호칭이다.[148] 사성제는 대략 다음과 같다. (1) 삶은 본질적으로 고통이다. (2) 고통의 근원은 집착과 혐오다. (3) 고통은 끝낼 수 있다. (4) 고통을 끝낼 길이 있다.[149] 불교 철학자들은 이 네 가지 진리의 세부적인 내용에 대해 의견이 일치하지 않지만, 일반적으로 자아가 고통의 주원인 중 하나라는 점에는 동의한다.

대부분의 불교 철학자는 세상을 보는 방식이 두 가지라고 생각하는데, 하나는 관습적 방식이고 다른 하나는 실제적 방식이다.[150] 예를 들어 당신이 유령의 집 안에 있다고 생각해 보라. 관습적으로 보면 세계는 유령의 집 내부다. 대부분의 사람은 자신이 유령의 집 안에 있다는 사실조차 깨닫지 못하고 환상이 현실이라고 생각한다. 깨달음을 얻는 건 유령의 집에서 탈출하는 것(세상의 진짜 모습을 보는 것)을 의미한다.

탈출의 첫 단계는 유령의 집 안에 있는 어떤 것도 진짜가 아니라는 사실을 깨닫는 것이다. 그렇게 할 수 있다면 환상이 당신에게 미치는 영향이 줄어들 것이다. 대부분의 불교도에 따르면 자신에게 자아가 있다고 생각하는 것도 환상 중 하나다.[151] 집착과 혐오는 이 환상에서 비롯하며 자신에 대한 관심 때문에 희망과 두려움을 갖는다. 그러나 불교도에게는 이 모든 게 보이는 그대로가 아니다. 우리가 이른바 자아라고 부르는 것은 찰나적인 육체적·정신적 현상의 집합체, 즉 불교에서 '오온五蘊'이라고 부르는 것일 뿐이다.[152] 서기 150년에서 250년 사이에 살았던 불교 철학자 나가르주나는 『보행왕정론』에서 이를 다음과 같이 설명한다. "정신적·육체적 집합체는 사실 거짓인 '나'라는 개념에서 생겨나는데 거짓 씨앗에서 자란 것이 어떻게 참일 수 있겠는가?"[153] 당신이 자아라는 생각은 당신을 유령의 집에 가둬 놓는다.

대부분의 불교도에 따르면 부정적인 감정은 자아라는 망상에 빠진 사람의 전형적인 증상 중 하나다. 내가 제일 싫어하는 동료가 나를 헐뜯어서 화가 났다고 해보자. 내가 화를 내는 이유는 모욕감을 느꼈기 때문이지만, 불교도에서는 모욕당할 자아가 존재하지 않는다고 말할 것이다. 불교에 따르면 애초에 자아가 존재한다고 믿기에 스스로 고통을 만들어 내는 것이다.

물론 불교에는 나쁜 감정을 극복하는 데 도움이 되는 전략이 많이 있다. 나가르주나는 "다른 사람이 그대에게 가하는 해는 그대 전생의 행위가 만들어 낸 것"[154]으로 생각하라고 조언한다. 이를테면 제일 싫어하는 동료를 마주하는 것은 전생에 저지른 일에 대한 벌이라고 생각하면 된다는 것이다. 이렇게 하면 동료를 끊임없이 적으로 간주하는 걸 막을 수 있다. 뿐만 아니라 분노를 내려놓음으로써 고통의 순환을 멈춰야 한다는 걸 상기하는 데도 도움이 된다. 이와 같은 전략은 자아가 존재하지 않는다는 생각으로 나아가는 데 도움이 될 뿐만 아니라 이를 완전히 깨달으면 부정적인 감정이 사라질 것이다.

자아가 환상이라고까지 생각하지는 않더라도 자아가 잘 사는 데 방해가 된다고 생각하는 철학자가 있다.[155] 예를 들어 20세기 영국 철학자 아이리스 머독이 그렇다. 그녀는 좋은 삶의 핵심 요소 중 하나로 자기중심적 환상에서 벗어나는 걸 꼽았다. 머독에 따르면 철학의 주요 목표 중 하나는 뚱뚱하고 집요한 자아를 물리칠 방법을 알아내는 것이다.[156] 좋은 삶에 대해 성찰하면 자신에 대한 관심이 줄어든다. 머독이 말했듯이 "똑바로 볼 줄 알게 되면,

그에 따라 자아는 작아지고 덜 흥미로운 대상이 된다."[157] 자아에 대한 관심이 줄어들수록 공동체와 연민, 사랑과 같은 인생의 좋은 것을 더 쉽게 받아들일 수 있다. 최고의 삶을 사는 이는 자기 자신에 대해 거의 생각하지 않는 사람이다.

하지만 자신에 대해 관심을 덜 갖는 것과 공동체 의식이 커지는 것 사이의 연관성은 불교도들이 생각하는 것만큼 간단하지 않다. 조지 엘리엇의『벗겨진 베일』에 등장하는 래티머가 감정 통제형 성인에게 제기하는 문제를 떠올려 보라. 그는 우주의 모든 진리를 알지만 그래도 마음의 평화는 얻지 못한다. 대신 그는 주변 사람들을 멀리하고 의식하지 않는다. 불교판 래티머를 상상해 보라.[158]

불교도 래티머는 자신의 자아가 환상임을 깨닫는다. 그는 자신의 존재를 무상하게 여기고 자신의 삶에 덜 집착한다. 결국 그는 타인의 모든 고민을 그와 같은 방식으로 보기 시작한다. 자신에 대한 환상에 사로잡힌 인간을 보면 진저리를 친다. 그는 그들이 어리석고 속이 좁다고 생각하기 때문에 그냥 자리를 피해버린다. 답답함이나 씁쓸함에 때문에 그러는 게 아니다. 단지 유령의 집 같은 그들의 삶에 얽매이고 싶지 않을 뿐이다. 자기애를 줄이면 인정이 많아진다고 하지만, 역으로 불교도 래티머가 될 가능성도 있지 않을까? 자신에 대한 관심을 줄인다고 해서 자동으로 타인에 대한 관심이 많아지는 건 아니다. 오히려 타인에 대한 관심이 줄어들 수도 있다.

자기애와 나쁜 감정에 대한 경고는 모두 그것이 타인을 진정으로 사랑하는 걸 방해한다는 가정에 근거한다. 하지만 우리는 이 가정이 틀렸다는 사실을 안다. 우리는 동시에 여러 사람을 사랑한다. 나는 배우자를 사랑하고 친구도 사랑한다. 그들을 같은 방식으로 사랑하진 않지만, 두 사랑이 경쟁하진 않는다. 동시에 많은 사람을 사랑할 수 있다면, 자신과 타인도 사랑하지 못할 이유가 있을까? 또 당신의 삶에서 중요한 것 중 하나는 아마도 타인과의 관계, 이를테면 당신이 아이의 엄마 또는 아버지의 딸이라는 사실일 것이다. 엄마 또는 딸이라는 건 당신을 형성하는 요소의 일부다. 당신의 삶이 당신에게 의미가 있는 건 그 안에 있는 사람들 덕이다.

나쁜 감정이 자신의 삶에 대한 애착의 일부라면, 그것은 또한 소중한 사람들에 대한 애착의 일부이기도 하다. 배우자에게 화를 낸다고 해서 더는 배우자를 사랑하지 않는 게 아니다. 보통은 배우자를 사랑하기 때문에 화를 낸다. 남편이 금방이라도 부러질 것 같은 사다리를 타고 높은 곳을 청소할 때 아내가 화를 내는 이유는 남편이 자신의 건강과 안전에 무심하기 때문이며, 남편의 건강과 안전은 아내에게 아주 중요하기 때문이다. 관심이 없었다면 화내지 않았을 것이다. 때때로 우리는 가족과의 관계에 문제가 생겨서 오랫동안 화를 내기도 한다.

사람들은 흔히 분노를 극복해야 한다고 조언하면서, 화를 내 봐야 아무 소용없고 그 사람은 변하지 않을 테니 그냥 넘어가라고 말한다. 엄밀히 말해 분노를 극복한다는 건 당신의 삶에서 그 사람을 떼어내는 걸 의미한다. 누군가에게 지속적으로 화를 내는 건 그 관계에 계속 시간과 노력을 들이는 것이다. 기분이 좋지는 않겠지만 때로는 화가 나더라도 관계를 이어가는 게 연을 완전히 끊는 것보다 낫다. 물론 상처를 주는 관계는 이어가지 않는 편이 나을 때도 있다. 우리는 흔히 자기애와 타인에 대한 사랑이 서로 다른 방향을 향한다고 생각하지만 그건 사실이 아니다. 자신의 삶을 소중히 여긴다는 건 자신의 삶을 의미 있게 만들어 주는 모든 사람을 소중히 여긴다는 뜻이다. 나쁜 감정이 사람들을 소중히 여기는 걸 방해하는 게 아니라, 사람들을 소중히 여겨서 나쁜 감정을 느끼는 것이다.

자기애도 타인에 대한 사랑과 마찬가지로 왜곡되고 강박적으로 변할 수 있다. 하지만 그렇다고 해서 자기애가 본질적으로 위험한 건 아니다. 그리고 자기애가 생각만큼 위험하지 않다면 그에 수반되는 나쁜 감정도 그렇게 위험하지 않다. 회의론자들은 사람들이 나쁜 감정을 가지고 하는 모든 이기적이고 자기중심적인 일을 지적하며 대부분의 사람이 자신을 지나치게 사랑한다고 주장할 것이다. 나도 사람들이 이기적이고 자기중심적일 수 있다는 걸 부정하지 않는다. 하지만 진짜로 문제를 일으키는 것이 무엇인지 알아야 한다. 보통 진짜 문제는 지나친 자기애가 아니라 잘못된 자기애다. 진정으로 내 것이며 자부심을 느낄 수 있는 자아를 만드는 건 어려운 일이다. 하지만 누구도 자신의 삶을 대신 살아줄 수 없다. 이것은 모든 결정을 스스로 내려야 하며 가이드북 따위는 없다는 뜻이다.

우리는 모두 살면서 자아를 만들어 간다. 그런데 때로는 자신을 제외한 모두가 완성형 자아를 지닌 것처럼 보이기도 한다. 하지만 사람들은 자신감이 있는 척하며 스스로를 속이기도 한다. 십중팔구 자기 의심으로 가득 차 있으면서 말이다. 즉 자기 의심을 허세로 덮어버리는 식으로 대응하기 십상이다. 지나친 자기애처럼 보이는 건 사실 자신이 누구인지 모르겠다는 두려움 또는 내가 나 자신을 좋아하지 않는 것에 대한 두려움을 가리는 종잇장처럼 얇은 가면일 수 있다.

자아는 뚱뚱하고 집요한 존재가 아니다. 연약하고 불안정한 존재다. 자아를 사랑한다는 건 항상 불완전하고 불안정한 존재를 사랑하는 것이다. 그리고 그런 존재를 사랑하는 법은 알기 어렵다. 우리가 직면한 진정한 도전은 그런 존재를 솔직하게 사랑하는 법을 배우는 것이다. 변명하지도 옹호하지도 않으면서 말이다. 우리는 불완전하고 위태로운 존재를 있는 그대로 받아들여야 한다. 이런 자기애야말로 나쁜 감정과 함께 잘 살아가기 위한 열쇠다. 어떤 철학에서 최고의 죄인으로 일컬어지는 이들이 우리가 그걸 알아내는 데 도움을 줄 수 있다.

니체에게 감정이란

프리드리히 니체는 1844년 프로이센 지방의 작은 마을 뢰켄에서 태어났다.[159] 그는 5살 때 아버지가 돌아가셔서 어머니와 할머니 손에 자랐다. 그리고 라틴어 시와 그리스어, 고전 언어를 공부했다. 24세라는 어린 나이에 대학교수가 됐지만 이후 프로이센·프랑스 전쟁(1870~1871)에서 위생병으로 복무했다. 전쟁 중 병에 걸린 니체는 건강 문제로 고생하다가 38세에 조기 은퇴를 하게 된다. 그는 여생을 떠돌이로 지내며 유럽 전역을 여행하고 글을 썼다. 저작의 대부분은 1870년대 후반부터 1888년까지의 방랑기에 출판됐다. 1889년 이탈리아에 머무는 동안 정신적·육체적으로 쇠약해진 그는 어머니와 여동생의 보살핌을 받다가 1900년 사망했다.

니체는 본래의 맥락에서 크게 벗어난 인용문으로 널리 알려져 있다. 사람들은 그가 "신은 죽었다." 그리고 "나를 죽이지 못하는 것은 나를 더 강하게 만든다."와 같은 말을 했다는 걸 알지만, 이 말이 실제로 뭘 의미하는지는 모른다. 사실 니체의 유작은 여동생 엘리자베트에 의해 크게 훼손됐다. 그녀는 니체가 죽은 뒤 그의 저작 중 일부를 수집하고 출판하면서 자신의 민족주의적·반유대주의적 견해를 가미했다. 그녀의 추악한 이데올로기는 오빠와의 갈등을 야기했는데, 엘리자베트가 파라과이에 독일 식민지를 건설하려는 광적인 반유대주의자 베른하르트 푀르스터와 결혼했을 때 니체는 여동생과 의절할 뻔했다.[160]

니체가 미치자 엘리자베트는 그의 재산을 물려받았고 그를 친아리안 징고이스트로 만들었으며 니체의 이름을 돈벌이에 이용했다. 니체가 죽은 뒤에는 의도적으로 니체와 나치 이데올로기를 엮었으며 그녀가 니체의 문서 보관소를 건립할 때 히틀러가 자금을 지원했다.[161] 니체는 이 모든 걸 혐오했을 테지만 안타깝게도 엘리자베트가 만들어 낸 니체가 많은 사람이 알고 있는 그의 모습이다. 오늘날까지도 그는 신나치주의자와 반유대주의자, 파시스트처럼 니체가 증오했을 법한 사람들에게 사랑받고 있다.

니체의 저작은 수수께끼 같고 극적이며 은유적이기 때문에 오해를 불러일으킨다. 그의 의도를 이해하려면 여러 작품을 읽고 그가 살았던 시대의 역사적 맥락을 이해하고 이에 어떤 영향을 받았는지 알아야 한다. 그래서 우리는 머리말에서 만나 본 르네상스 철학자이자 『에세』의 저자인 몽테뉴를 다시 한번 소환해야 한다. 니체는 몽테뉴를 사랑했고 그는 몽테뉴가 '명랑함'이라고 부르는 것에 집착했다.[162]

몽테뉴 작품의 큰 주제 중 하나는 인간 본성의 불완전함이다. 우리는 실수를 저지르고 일관성이 없으며 의지가 약하고 자신의 결점을 잘 인식하지 못한다. 몽테뉴는 이 모든 걸 인정하면서도 절망하지 않는다. 결점이 있음에도 삶과 자신, 인간을 사랑한다. 니체는 이런 마음가짐에 감탄했다. 그는 몽테뉴가 "정말로 기분을 좋게 해주는 명랑함"[163]을 지녔다고 썼다. 그것은 자신이 보고 싸워야 할 고통과 괴물을 전혀 보지 못하는 사람에게서 나오는 거짓된 명랑함이 아니라 자신이 싸워 온 모든 괴물에게 승리한 신의 명랑함이었다.[164] 다시 말해 몽테뉴는 인간이나 삶에 대해 잘 모르는 순진한 사람이 아니었다. 그는 인간과 삶이 얼마나 우리를 위협하고 미치게 만들 수 있는지 정확히 알고 있었음에도, 그것들을 사랑했다. 니체는 몽테뉴의 정직한 명랑함 같은 것을 모든 사람이 얻을 방법을 찾고자 했지만, 사람들은 많은 장애물에 직면해 있다고 생각했다. 그리고 그가 생각하는 가장 큰 장애물은 바로 우리 자신의 머릿속에 있다.

니체는 우리의 영혼이 심각하게 병들었으며 그 병의 원인은 성자라고 생각했다.[165] 성자는 니체가 구성한 인물로, 인간에 대해 비관적인 견해를 가진 모든 사람에게 적용되는 호칭이라고 보면 된다. 성자가 비관론자라고 하니 좀 의아하겠지만, 니체가 말하는 성자는 마더 테레사 같은 유형의 사람들이 아니다. 몽테뉴가 인간의 불완전함을 사랑과 수용으로 포용하는 반면, 니체의 성자는 인간의 불완전함을 경멸하고 거부한다. 니체의 성자는 인간이 타락했다고 생각한다. 즉 인간은 사악하고 동물적이며 나약하다는 것이다. 그는 이런 태도를 "내면의 타락에 대한 탄식에서 비롯되는 기독교적 영혼의 고뇌"라고 표현한다.[166] 니체는 성자를 대체로 초기 기독교 철학자들과 연관 짓지만 인간 본성의 불완전함에 구원이 필요하다고 생각하는 모든 이에게 이 호칭을 부여한다. 이 구원은 다양한 모습으로 나타난다. 예를 들면 하나님의 은총, 이성, 과학 또는 예술이 있다.

그 형태가 무엇이든 메시지는 동일하다. 즉 바로 이것을 따르는 것만이 자신을 구원할 유일한 방법이라는 것이다. 신에게 용서를 구하라, 또는 최대한 이성적으로 행동하라, 아니면 과학의 객관성에 헌신하라, 그것도 아니면 예술적 천재성의 비상을 따르라. 그래야만 끝없이 깊은 인간적 결함을 뛰어넘을 수 있다. 성자는 인간이 타락했다고 생각하기 때문에 자신을 의심하라고 권고한다. 성자는 자신을 선한 정신과 악한 정신이 씨름하는 전쟁터로 여기며[167] 당신 내면에는 악한 힘이 도사리고 있고 그것을 끊임없이 경계해야 한다고 말한다.

하지만 니체는 이런 태도가 결국 우리의 심리를 산산조각 낸다고 생각한다. 자신의 일부를 신으로 숭배하려면 나머지 부분을 악마로 여겨야 하기 때문이다.[168] 당신은 자신에게 폭군이 되는 것이다. 니체에 따르면 이 모든 것에서 진정으로 병적인 점은 우리가 싸움을 즐기기 시작한다는 것이다. 우리는 내면의 악마를 물리칠 때 자신에게 만족한다. 그로 인해 스스로가 강하다는 느낌과

승리감을 얻기 때문에, 내면에서 계속해서 더 많은 전투를 벌이게 된다. 요컨대 우리는 자기 자신에게 최악의 적이 되는 것이다.

니체는 성자의 파편화된 심리학이 거짓에 기반한다고 생각한다. 인간은 애초에 결코 경멸스럽거나 타락한 존재가 아니다. 인간은 아무런 문제가 없기 때문에 구원이 필요하지 않다. 성자가 타락이라고 부르는 건 세상을 온전히 살아가는 인간의 일부일 뿐이다. 이타심을 예로 들어 보자. 성자에 따르면 당신은 가능한 한 이타적이어야 하며, 그렇지 않으면 이기적이고 부패한 사람이다.

니체는 다음과 같이 묻는다. "어떻게 자아가 자아 없이 행동할 수 있는가?"[169] 만약 우리가 소중한 자아를 의식하지 못한다면, 도대체 왜 행동을 하겠는가?[170] 이를 통해 니체가 (역시 성인 형태의) 불교도에 반대했던 이유를 알 수 있다. 자아가 환상이라는 걸 받아들이려면, 당신이 알고 있는 이 세상에서 당신의 존재가 가짜라고 굳게 믿어야 한다.[171] 니체는 이렇게 묻는다. 어떻게 그런 식으로 살아갈 수 있는가? 만약 정말로 자신을 그런 식으로 생각하기 시작한다면, 그냥 삶을 끝내게 될 것이다. 그는 인간다운 삶을 산다는 건 소중한 것을 소중히 여기고, 돌보고, 소유하는 것과 떼려야 뗄 수 없는 관계에 있다고 생각한다.[172] 살아 있다는 건 단순히 존재하는 게 아니라, 살아 있음을 느끼고 살아야 할 이유가 있다는 걸 의미한다. 니체에게 삶의 반대는 죽음이 아니라 허무주의다. 허무주의자는 어떤 것도 소중히 여기지 않고 모든 걸 무의미하게 여긴다.[173] 우리는 삶이 중요하지 않게 될 때 살기를 그만 둔다.

이것이 바로 니체가 성자를 위험하다고 생각하는 이유다. 성자는 부인할지도 모르지만 마음속 깊은 곳에서 그는 자신을 미워하고 다른 사람들도 자신을 미워하길 원한다. 하지만 자신을 미워하는 건 삶에 대한 직접적인 위협이다. 자신을 깎아내리고 자기애를 없애려 할수록 삶에 대한 애착이 줄어든다. 니체는 자신이 더이상 중요하지 않다면, 아무것도 중요하지 않아진다고 생각한다. 그리고 그 길은 곧장 허무주의로 이어진다.

그렇다면 이 모든 걸 멈추고 방향을 바꾸려면 어떻게 해야 할까? 나쁜 소식이 있는데, 그건 불가능하다. 성자는 우리가 자신을 보는 방식을 완전히 바꾸어 놓았고, 니체는 우리가 결코 예전처럼 온전해질 수 없다고 생각한다. 반면 좋은 소식은 우리가 새로운 방법을 개발할 수 있다는 것이다. 니체는 우리가 지금은 아프지만 나아질 수 있는 여러 방법을 제시한다. 그 첫 단계는 당신의 내면 속 존재를 두려워하지 않는 것이다. 사람들은 당신 안에 깨부숴야 하는 야생마가 있다고 말한다. 니체는 이렇게 묻는다. 진짜 문제는 당신이 고삐를 너무 꽉 쥐고 있는 것이라면?

기쁨과 고통, 모두를 사랑하라

니체가 특별히 좋아하는 격언이 아모르 파티다. 이 라틴어는 '운명에 대한 사랑' 또는 '운명을 사랑하라.'라는 의미다.[174] 운명을 사랑한다는 건 좋은 것과 나쁜 것, 즐거운 것과 고통스러운 것, 그리고 "야성적이고, 자의적이고, 환상적이고, 무질서하고, 경이로운"[175] 모든 것을 포함한 삶 전체와 자신을 사랑하는 것이다. 당신의 야생마를 길들이지 마라. 있는 그대로 사랑하라. 아모르 파티는 나쁜 감정과 함께 잘 살아가기 위해 필요한 태도다.[176]

운명을 사랑하려면 일단 운명을 받아들여야 한다. 여기서 받아들이라는 것은 부정적인 감정과 싸우지 말라는 단순한 뜻이 아니다. 사람들은 감정 관리를 이야기할 때, 감정은 부정해 봐야 아무런 소용이 없으니 인정해야 한다고 말한다. 하지만 안타깝게도 사람들은 그다음으로 대개 나쁜 감정을 없애거나 더 좋은 감정으로 대체하는 방법을 조언한다. 결국 감정을 인정하는 건 부정적인 감정을 극복하기 위한 과정의 첫 단계로 여겨지는 것이다. 하지만 나쁜 감정에 아무런 문제가 없다면, 그걸 굳이 없앨 이유가 있겠는가?

아모르 파티가 말하는 받아들임은 부정적인 감정은 자기애의 표현이기 때문에 소중하며, 그런 감정이 없으면 삶이 무의미하다는 사실을 깨닫는 걸 의미한다. 또한 나쁜 감정에 대한 호기심까지 사랑하는 태도를 갖는 걸 의미한다.[177] 니체의 말처럼 "생소한 것을 향한 온화함"178이 필요하다. 부정적인 감정을 느끼면 두렵고 혼란스럽고 놀랍고 고통스러울 수 있다. 그럼에도 온화하게 대한다는 건 이런 감정을 잘 이해하지 못하거나 어떻게 다뤄야 할지 모를 때에도 열린 마음으로 경험하는 걸 의미한다. 그런 감정을 대하는 우리의 태도는 비난이 아니라 탐구여야 한다. 니체는 의심의 눈초리로 자신의 내면을 들여다보는 대신, '내해'의 해안선을 따라 항해하는 모험가처럼 정복하기보다 발견하려 해야 한다179고 말한다. 감정이 가고자 하는 곳으로 기꺼이 보내 주고, 감정을 이끌려고 하기보다는 따라가야 한다. 나쁜 감정이 생길 때는 그냥 그걸 느끼라는 것이다.

우리가 일반적으로 감정을 자유롭게 풀어 놓지 못하는 까닭은 감정을 그대로 두면 그 감정이 영원히 지속될까 봐, 그 감정이 우리를 집어삼킬까 봐 또는 누군가에게 상처를 줄까 봐 두렵기 때문이다. 이런 두려움의 일부는 감정이 우리 안에 있는 사악한 뭔가를 나타낸다는 믿음을 심어 놓은 성자로부터 비롯된 것이다. 자신의 삶에 대한 애착은 사악한 게 아니다. 부정적인 감정은 그 애착의 일부일 뿐이다. 나쁜 감정은 당신을 잡아먹지 않을 것이다. 당신은 나쁜 감정을 느낄 것이고 그건 결국 사라질 것이다.

또 두려움의 일부는 부정적인 감정이 초래할 피해를 생각하는 데서 비롯한다. 하지만 피해는 감정 때문에 발생하는 게 아니다. 피해는 우리가 감정에 대해 하는 행동과, 감정을 가지고 하는 행동 때문에 발생한다. 감정이 공포가 되는 건 우리가 감정을 그렇게 만들기 때문이다. 이런 결과를 피하려면 고삐를 느슨하게 쥐는 법을 배워야 한다.

부정적인 감정을 경험할 때 직면하는 가장 강한 유혹은, 그 감정을 어떻게든 하려고 드는 것이다. 당신이 이웃의 새 차를 부러워한다고 해보자. 그 감정을 가능한 한 빨리 없애고 싶을 수 있다. 그리고 그렇게 하는 한 가지 방법은 자신을 가혹하게 평가하는 것이다. 이웃의 차를 부러워하다니 미성숙하고 물질주의적이라고 본인을 질책하거나, 또는 얼른 주의를 다른 곳으로 돌려 긍정적인 것에 집중하려 할 수도 있다.

하지만 자신을 꾸짖거나 즉각적으로 밝은 면을 보는 것은 감정이 말하고자 하는 바를 제대로 듣지 않는다는 뜻이다. 이것은 자신의 감정을 인정하는 게 아니라 부정하는 방식이다. 때로 우리는 『실낙원』에서 사탄이 그랬던 것처럼 나쁜 감정을 다른 것으로 바꾸기도 한다. 이를테면 이웃이 과시한다고 스스로를 설득하기도 한다. 반짝이는 새 차를 자기네 차고가 아닌 진입로에 주차한 걸 보라. 그는 분명히 새 차를 모두에게 자랑하고 있다. 이제 당신의 부러움은 이웃의 나쁜 행동에 대한 정당한 분노로 바뀐다. 하지만 이것은 부러움을 있는 그대로 받아들이지 않는, 정직하지 못한 행동이다.

또 부러움을 다른 감정으로 바꾸는 대신 부러움에서 벗어날 방법을 찾을 수도 있다. 부러움에 대한 일반적인 반응 중 하나는 '신 포도'로 여기는 것이다. 이 말은 이솝우화 『여우와 포도』에서 유래한다. 이 우화에서 여우는 포도나무에 달린 포도를 먹으려다 실패하자, 포도가 시어서 먹고 싶지 않다고 자신을 속인다. 당신도 이웃의 차가 그다지 훌륭하지 않다고 자신을 속일 수 있다. 어쩌면 자신은 어차피 자동차에 관심이 없는 사람이라거나 지구를 생각해서 소비를 줄이려고 노력하는 것이라고 되뇌기도 한다. 내 진입로에 있는 고물 승용차가 더 낫다고 자신을 설득할 수도 있다. 당신의 가죽 시트는 이미 길이 잘 들어 있고 새 가죽은 뻣뻣해서 마음에 들지 않을 것이라면서 말이다. 하지만 이 또한 밝은 면을 보는 것과 마찬가지로 자신의 감정을 부정하는 또 다른 방식이다.

감정을 어떻게 하려고 드는 건 우리가 가장 쉽게 빠지는 함정이며 거기서 문제가 시작된다. 그렇다면 우리는 왜 이런 함정에 쉽게 빠지는 걸까? 첫 번째 이유는 나쁜 감정이 나쁜 평판을 받고 있기 때문이다. 부정적인 감정은 위험하고 병적인 것이라는 말을 평생 들어 왔다면, 부정적인 감정이 느껴지면 스스로 뭔가 문제가 있다고 생각하게 될 것이다. 두 번째 이유는 나쁜 감정을 느끼면 고통스럽기 때문이다. 예를 들어 기쁨과 달리 분노나 시기심이 올라오면 기분이 좋지 않다. 감정 위생을 옹호하는 사람은 화를 내려면 노력과 에너지가 든다는 점을 지적한다. 때때로 사람들은 어떤 고상한 이유 때문이 아니라 단지 부정적인 감정을 느끼는 데 질려서 부정적인 감정을 극복하고 싶어 한다.

우리가 부정적인 감정을 거부하는 세번째 이유는 바로 우리가 나쁜 감정을 느낄 때 쉽게 휘둘리기 때문이다. 이웃의 차를 부러워하는 까닭은 당신도 그런 차, 혹은 차가 상징하는 성공이나 경제적 자유를 원하는 것일 수 있다. 시기심은 당신에게 이렇게 말한다. "나는 원하는 걸 가지지 못했어." "나는 뭔가 부족해." "내 삶은 내가 원하는 것과 달라." 시기를 느낀다는 걸 인정하려면 불완전함이나 패배감을 인정해야 한다.

우리는 나쁜 감정을 선택하지 않으며, 마찬가지로 좋은 감정을 선택하지도 않는다. 어떤 감정도 직접 통제할 수 없지만 유독 긍정적인 감정은 덜 부끄러워하고 덜 의심한다. 우리의 삶을 휘감는 것이 기쁨일 때는 이 감정에 휘둘린다고 생각하지 않는다. 부정적인 감정이 달갑지 않은 이유는 그것이 자신에 대해 만족하지 못할 때 나타나기 때문이다. 시기심은 초대하지도 않았는데 불쑥 나타나서 당신이 받은 상처를 이야기한다. 그리고 만약 나쁜 감정에 대한 소문이 사실이라면, 시기는 천박함이나 미성숙함과 같은 결함이 있다는 증거다.

이제 당신은 이웃이 가진 걸 갖지 못해서 한 번, 그리고 무엇보다 그것에 대해 시기를 느껴서 또 한 번, 총 두 번 패배했다. 우리가 나쁜 감정을 인정하지 않으려는 까닭은 그런 감정을 느끼는 자신을 스스로 비판하고 다른 사람들도 자신을 비판할 거라고 생각하기 때문이다. 게다가 나쁜 감정은 자기애를 드러내기도 하니, 당신은 그것에 대해서도 부끄러워해야 할 것이다. 자기애가 이기적인 것이라고 믿는다면, 시기심은 이제 당신이 고물 승용차를 모는 미성숙하고 자기중심적인 낙오자라는 걸 보여 주는 셈이다.

변명도 옹호도 없이 직면하라

나쁜 감정을 느끼게 되면 어떤 것도 만족스럽지 않다. 그래서 우리는 가만히 앉아서 나쁜 감정을 느끼는 대신 서둘러 시기심을 어떻게 하려고 든다. 이를테면 시기심을 쫓아내거나 숨기거나 정의로운 투쟁으로 바꾸거나 자기 계발의 동기로 삼는다. 하지만 다른 방법이 있다. 그냥 시기심을 느끼는 것이다. 다음에 시기를 느낄 때는 다른 어떤 말도 하지 말고 "옆집 차가 부럽다."라고 소리 내 말해 보라. 그렇게 말하고 나서 멈춰라. 설명도 질책도 하지 마라. 그 말을 듣고 몸서리가 쳐지더라도 자신을 위로하지도 자책하지도 말고 그 느낌에서 벗어나고 싶은 충동을 억누르라. 고통스럽거나 불편하더라도 가만히 앉아서 자신의 감정을 그대로 느껴라.

우리가 이런 감정에 저항하는 이유는 감정을 통제할 수 없을까 봐 두렵기 때문이다. 하지만 감정을 통제할 수 없다는 사실을 그냥 받아들여라. 당신은 이미 마음속 깊이 이 사실을 알고 있다. 당신은 자신이 느끼지 못하는 감정을 억지로 느끼게 할 수 없으며 감정을 수도꼭지를 잠그듯 잠글 수도 없다. 하지만 당신 내면의 폭군은 당신 안에 있는 모든 걸 장악해야 하고 항상 통제해야 한다고 고집하는 것 같다. 그건 고삐를 너무 꽉 쥐고 있는 것이다. 감정은 통제할 수 없다는 사실을 그냥 받아들여라. 때로는 자신의 감정 때문에 놀라고 혼란스럽고 심지어 당황스러울 수도 있다. 하지만 감정이 원하는 대로 또는 기대하는 대로 되지 않는다고 해서 걱정할 이유는 없다. 감정은 원래 그런 것이니까.

우리는 부정적인 감정을 통제해야 한다고 생각한다. 부정적인 감정을 풀어놓으면 그것이 삶의 모든 걸 불태울 것 같기 때문이다. 어느날엔 시기심에 지배당한 나머지 악마에 홀린 것처럼 갑자기 야구 방망이로 이웃의 새 자동차 앞 유리를 부수는 자신을 발견하게 될 것만 같다(누구도 감사함에 사로잡힐까 봐 걱정하지 않는데 말이다). 과연 사람들은 자신의 나쁜 감정을 다른 사람을 해치기 위한 구실로 사용할까? 물론 그런 경우가 있다. 하지만 그건 나쁜 감정에 사로잡혔기 때문이 아니다. 화풀이는 불쾌한 감정에 대처하는 방식의 일환이며 그 감정을 그대로 느끼기를 거부하는 것이다. 당신은 가만히 앉아서 그간 받은 상처와 원하는 걸 얻지 못했다는 사실을 인정하고 싶지 않다. 그래서 대신 차고에 있는 야구 방망이를 꺼내서 휘두르기 시작할 것이다. 이런 식의 화풀이는 보통 감정이 느껴진 후 급작스럽게 발현되어서 저절로 작용된다고 느껴진다. 그렇다고 해서 나쁜 감정이 마음을 장악했다는 뜻은 아니다. 단지 우리가 나쁜 감정이 가져오는 고통을 그냥 경험하기보다는 빨리 피하려 한다는 뜻일 뿐이다.

우리가 해롭고 파괴적인 행동을 하는 이유는 나쁜 감정이 우리에게 말 걸어오는 것이 싫기 때문이다. 나쁜 감정은 자아의식이 흔들릴 때, 때로는 자아의식을 지키기 위해 나타난다. 이를테면 우리는 모욕당하거나 학대당할 때 화를 낸다. 때로는 시기심처럼, 현재의 나는 내가 원하는 모습이 아니라는 걸 말해 주기도 한다. 나쁜 감정은 우리가 취약함과 무력감을 느낄 때 나타난다. 보복하고 해치고 파괴적으로 행동할 때, 기분이 나아지는 이유는 그 행동을 통해 자신이 강해졌다고 느끼기 때문이다. 야구 방망이를 휘두른다면, 이제는 책임자가 된 것이다.[180] 그러면 가만히 앉아서 패배감을 느낄 때와는 달리 뭔가 할 일이 생긴다.

이처럼 사람들은 나쁜 감정에 해롭고 미성숙한 방식으로 반응하는 경향이 있고, 때문에 우리는 감정 자체를 해롭고 미성숙한 것으로 여기게 된다. 하지만 문제를 일으키고 감정에 책임을 돌리는 건 바로 우리 자신이다. 감정이 손쉬운 희생양이 되는 이유는 이미 평판이 나쁘기 때문이다. 우리가 감정 때문에 나쁜 짓을 하는 이유는 자신이 나쁜 감정을 느끼도록 내버려두는 방법을 모르기 때문이다.

부정적 감정과 잘 지내는 핵심은 자신이 느끼는 감정에 솔직해지고 감정을 있는 그대로 받아들이는 것이다. 하지만 이를 실천하기는 쉽지 않다. 감정을 인정하기가 어려운 이유는 감정을 파악하기가 어렵기 때문이다. 감정이 항상 명확하게 분류된 상태로 우리에게 다가오는 건 아니며, 때로는 그 경험을 뭐라고 불러야 할지 도통 모르겠는 경우도 있다. 그럴 때는 다윈에게 힌트를 얻어서 자신의 감정에 주의를 기울여 보라.[181] 감정이 어떻게 느껴지는지에 주의를 기울이고 그걸 표현해 보라. 그걸 다른 감정과 비교해 보라. 친구나 사랑하는 사람의 도움을 받아 함께 이야기해보라. 다윈처럼 부정적인 감정은 지적인 것이라는 생각에 마음을 열어 두라. 나쁜 감정은 삶에 대한 애착의 일부로, 우리가 소중히 여기는 것을 발견하고 표현하도록 돕는다. 그런 감정이 없다면 우리는 길을 잃을 것이다.

자신의 감정을 받아들였다면, 그런 감정을 왜 느끼는지 생각해 보라. 그 감정이 당신에게 중요한 무엇을 말해 주는가? 이 질문에 답할 땐 방어적인 태도를 버리고 솔직해야 한다. 이웃의 차를 부러워하는 이유는 좋은 차가 성공을 상징하기 때문일 것이다. 시기심은 당신이 원하는 수준의 성공을 이루지 못했다는 것을 의미하며 이는 고통스러운 깨달음이다.

그렇다면 시기심이 당신을 돕는다는 이 고통스러운 깨달음으로 무엇을 해야 할까? 전통적인 해답이 몇 가지 있다. 우선 상황을 바꾸기로 결심하는 것이다. 돈을 더 절약하거나 더 오래 일해서 좋은 차를 살 수 있도록 노력한다. 아니면 성공에 대한 정의를 재고해서 이상적인 삶의 그림에서 좋은 차가 차지하는 비중을 줄여도 된다. 당신은 이 두 가지 방법 중 하나를 택할 수도, 다른 접근 방식을 택할 수도 있다.

다른 접근법은 아무것도 하지 않는 것이다. 고통스러운 깨달음이나 시기심 때문에 반드시 뭔가를 해야 하는 건 아니다. 시기심을 동기로 삼을 필요도 없고 시기심을 느낀다고 해서 삶의 우선순위를 재조정할 필요도 없다. 시기심은 지금 당신의 삶이 원하는 대로 흘러가지 않는다고 말하고 있으며, 그건 당신에게 상처가 된다. 그렇다면 그냥 아파하라. 그 모든 고통은 당신이 자기 삶을 소중히 여기고 있음을 알려 주는 것이다. 때로는 고통을 감내하는 게 유일한 방법일 때도 있는 법이다.

우리는 화풀이하고 감정을 밀어내려 할 뿐만 아니라, 그건 대의를 위한 것이라고 자신을 합리화하며 서둘러 감정을 정당화하기도 한다. 제일 싫어하는 동료가 회의에서 당신의 실수를 지적해서 화가 났다고 해보자. 그가 옳고 당신이 틀렸다는 게 밝혀졌지만 여전히 화가 난다. 어쩌면 내가 화난 건 그가 나를 바보로 만들었기 때문일 수도 있다. 다른 사람이 지적했더라도 그런 기분이 들었겠지만, 제일 싫어하는 동료가 지적했기 때문에 더 화가 난다. 제일 싫어하는 사람의 말이 옳은 걸 좋아할 사람은 아무도 없지 않나? 분노에는 아무런 문제가 없다. 분노는 단지 당신이 모욕감을 느꼈다는 사실을 말해 줄 뿐이다.

하지만 제일 싫은 동료가 당신을 바보로 만들었고 그게 마음에 들지 않았다는 걸 인정하는 대신, 분노에 대한 근거를 만들곤 한다. 그가 상사 앞에서 당신을 깎아내리려 했고 자신의 경력을 망치려 한다고 생각하기 시작하는 것이다. 이제는 그가 남을 학대하거나 괴롭히는 사람이라고 자신에게 말한다. 분노는 더 이상 단순한 감정이 아니라, 적에 맞서는 정의로운 저항이 된다. 자신을 이야기의 영웅 또는 피해자로 설정하고 분노를 이용해 스스로의 이미지를 뒷받침한다. 당신은 다른 사람들에게 근거를 제시하며 그들도 동료를 악당으로 보아야 한다고 설득하려 든다. 이제 모든 무시와 모욕이 악행의 증거가 되고, 모든 악행이 당신의 정의로운 분노의 표적이 된다. 사탄이 자신의 질투심을 자유와 평등에 대한 아름다운 연설로 바꾸어 버렸고 그러자 다른 천사들이 무기를 들었다. 이처럼 나쁜 감정을 정당화하는 건 보통 감정을 느끼기를 거부하는 또 다른 방법일 뿐이다.

도대체 왜 나쁜 감정을 정당화 하는 걸까? 내 감정을 다른 사람의 잘못으로 만들지 않고 그냥 느낄 수는 없을까? 우리는 나쁜 감정이 자신을 부정적으로 투사한다고 생각하기 때문에 그걸 설명하려 애쓴다. 감정이 자신에 대한 애착의 일부가 아니라 더 큰 대의를 위해 존재해야 한다고 생각하는 것이다. 하지만 나쁜 감정을 사랑한다는 건 그걸 솔직하게 사랑해야 한다는 의미이며, 나쁜 감정을 정당화하는 건 솔직하지 못한 행동이다. 나쁜 감정을 받아들이는 법을 배울 수 있다면 나쁜 감정에 대한 정당성을 찾을 필요도 없고 자신이 만들어 낸 적에 둘러싸인 세상에서 살 필요도 없다.

감정 정당화는 자아를 더 안정적이고 안전한 것으로 느끼고자 하는 것이다. 꼴 보기 싫은 동료가 악당이고 내가 영웅이라면, 내가 해야 할 역할이 분명하고 나는 착한 사람이 될 수 있으니까. 종국에는 인내심을 발휘해 마침내 동료를 물리치고 직업적 성취를 달성하는 모습을 상상하기에 이른다. 싫은 사람이 이기도록 내버려둘 수는 없잖나. 바보가 된 기분과 모욕감을 느꼈다는 사실을 그냥 받아들이는 것보다는 적과 싸우는 영웅이 되는 것이 더 기분 좋은 일이다.

이와 반대로 자신을 무고한 피해자로 그릴 수도 있다. 이제 인생에서 일어나는 잘못된 일이 전부 내가 제일 싫어하는 동료의 악행에서 비롯한다고 되뇐다. 피해자 역할은 다른 방식으로 위안을 준다. 요컨대 악당이 내 삶을 지배한다면, 잘못된 일은 내 책임이 아니다. 그건 모두 동료의 잘못이다. 이게 바로 부정적인 감정이 성격으로 바뀌어서 분노하거나 시기하는 사람을 만들어 내는 방식이다. 동료가 악당이라고 계속 되뇌는 한 분노는 계속 나를 보호할 것이다. 사람들은 부정적인 감정에 먹이를 주지 말라고 이야기하지만 먹이를 먹는 건 감정이 아니다. 우리는 자아가 더 커지고 강해지기를 바라며 연약한 자아에 분노를 먹인다. 화를 내거나 시기하는 사람은 감정에 사로잡힌 게 아니라, 감정을 이용해서 마음의 평정을 유지하는 것이다. 문제는 그들이 마음의 평정을 허물어뜨리는 법을 모른다는 것이다.

나쁜 감정이 가장 큰 문제를 일으키는 건 우리가 감정을 억압하고, 있는 그대로 받아들이지 않을 때다. 나쁜 감정은 자기애의 표현이자 자신을 소중히 여기기 때문에 삶에 존재한다. 나쁜 감정이 나타나는 건 보통 모욕감, 배신감 또는 패배감으로 자아가 멍들었을 때다. 그리고 사랑하는 뭔가가 상처를 입었을 때, 우리는 그걸 그냥 지나칠 수 없다. 예컨대 당신은 부정적인 감정을 없애기 위해 '자아를 견고하게 만들어서 절대 상처받지 않도록 하면, 더는 부정적인 감정을 느끼지 않을 거야.'라고 다짐할 수도 있다.

하지만 삶과 자아는 그런 식으로 작동하지 않는다. 삶은 예측할 수 없는 방식으로 변하고 그에 따라 정체성도 변한다. 사랑하는 사람의 죽음, 인생을 바꿔 놓는 질병, 사랑과 출산 같은 인생의 비극과 황홀경이 닥치면, 자아는 산산이 부서지고 우리는 자아를 다시 만들어야 한다. 자신의 정체성에 대한 인식은 항상 유동적이다. 때로는 비교적 안정적으로 느껴지기도 하고, 때로는 모래성처럼 느껴지기도 한다. 하지만 절망할 필요는 없다. 자아에 대한 인식은 약간 불안정한 편이 낫다.

인생을 살아가는 줄곧 자신이 누구인지 항상 정확히 안다면 자신이 올바른 길을 가고 있는지 전혀 의심하지 않고 자신의 새로운 가능성을 발견하지 못할 수도 있다. 당신은 평생에 걸쳐 자신이 누구인지 알아가고 또 알아가야 한다. 자아를 솔직하게 사랑한다는 건 자아가 연약하다는 사실을 받아들이는 걸 의미한다. 그리고 자아가 연약함을 느낄 때, 나쁜 감정이 찾아올 것이다.

나쁜 감정이 우리 삶에 존재하는 건 우리가 나쁜 감정에 신경을 쓰기 때문이며 그건 당연한 일이다. 나쁜 감정을 없애려 하거나 밀어내려 하는 건 실수다. 우리에겐 나쁜 감정이 필요하다. 그리고 삶이 의미 있는 건 삶 속에 나쁜 감정이 함께해서다. 삶에 대한 애착은 정원에서 가장 중요한 부분에 해당하는데 그것은 바로 흙이다. 흙이 충분히 기름지지 않으면 아무것도 자라지 않는다. 그리고 좋은 흙에는 지렁이가 가득하다.

2부.
악마와 함께
춤을

"천사가 되기를 바라는 자는 자신을 위해서는
아무것도 하지 않는다."
—
미셸 드 몽테뉴Michel de Montaigne, 「케아섬의 관습에 대하여」

●

"벌레를 가지고 있다는 것은
정신의 성숙에 반하는 것이 아니다."
—
프리드리히 니체Friedrich Nietzsche, 『인간적인 너무나 인간적인』

4장. 분노

1926년 미국에서 인종차별 집단 KKK단이 활개를 치자 듀보이스는 「두려움의 형태」를 집필했다. 당시 사람들은 이불과 베갯잇을 뒤집어쓰고 행진하는 KKK단을 조롱하며 웃어넘기는 방식으로 대응했다.[182] 그러나 듀보이스는 조롱으로는 KKK단을 없앨 수 없었다고 지적한다. 그들은 미국 남부뿐만 아니라 오하이오, 콜로라도, 미시간, 뉴저지 등 어디에나 존재했다.[183]

각지에 존재하는 이 모든 증오의 원인은 무엇이었을까? 듀보이스에 따르면 증오는 두려움에서 시작된다. "부수고 파괴하고 폭행하고 린치를 가하고 화형에 처하는 잔인한 눈빛의 악마들 뒤에는 크든 작든 평범한 사람의 무리가 있으며, 이런 사람들은 마음속으로 무언가를 처절하게 두려워한다."[184] 듀보이스는 KKK단 문제를 해결하려면 먼저 비인간적인 분노 뒤에 숨어 있는 지극히 인간적인 두려움을 제대로 이해해야 한다고 생각한다.

KKK단 같은 이들에 대처하는 우리의 전략은 예나 지금이나 비슷하다. 그들이 이불을 뒤집어쓰지 않아도 여전히 그저 웃어넘기려 한다. 하지만 조롱은 1926년에도, 지금에도 효과가 없다. 조롱을 함으로써 KKK단은 숲속에서 변장 놀이나 하는 무지하고 후진적인 사람들이 됐다. 그렇게 그들은 우리와 동떨어졌고 조롱은 끔찍한 사실을 가려버렸다. 듀보이스가 지적했듯이 KKK단은 미국인 또는 그중 상당수가 원하는 일을 하고 있었다.[185]

그로부터 91년이 지난 2017년, 버지니아주 샬롯츠빌에서 횃불을 휘두르는 백인 우월주의 폭도가 이불을 뒤집어쓰지 않은 채로 '유나이트 더 라이트'라는 극우 집회에 모였다. 모든 폭도의 중심에 평범한 사람의 무리가 있다면, 뒤틀리고 증오에 찬 모든 세계관의 중심에는 평범한 사람의 분노가 있다. 분노가 사람으로 하여금 횃불을 들거나 두건을 쓰게 만드는 것일까? 아니면 분노는 자신의 타락을 마지못해 따르는 공범일까? 철학자들은 분노의 해악에 대해 오랫동안 의견이 분분했다. 그들 중 일부는 분노가 인간이 느끼는 최악의 감정이라고 주장하는데, 이런 철학자 중 유명한 두 인물이 고대 로마 철학자 세네카와 샨티데바다.

역병보다 큰 대가?

세네카는 기원전 1~4년경 스페인 코르두바에서 태어났다.[186] 그는 로마의 정치에 몸담았지만 정치적 삶이 그리 순탄하지 않았다. 악명 높은 칼리굴라 황제 밑에서 간신히 목숨을 건졌지만 클라우디우스 황제가 집권하자 추방당했다. 그러다 클라우디우스의 의붓아들 네로의 가정교사로 고용돼 다시 로마로 부름을 받았다. 훗날 로마 제국의 폭군으로 불리는 네로가 황제가 된 후 세네카는 이 젊은 통치자의 광기를 억누르기 위해 최선을 다했다. 한동안은 네로를 간신히 억제했지만 그가 자신의 어머니를 독살한 후 상황이 꼬이기 시작했다. 세네카는 자기 자리에서 물러나려고 했지만 네로가 이를 허락하지 않았다. 이후 네로에 대한 암살 음모가 발각됐고 세네카의 조카 루카누스가 연루됐음이 밝혀졌다. 네로는 자신의 전 가정교사를 처벌하기로 결정했고 65년 세네카에게 자살을 명했다.

세네카는 분노한 사람들과 많은 시간을 보냈으므로 분노를 주제로 『분노에 관하여On Anger』를 펴낸 건 당연한 일이다. 그는 분노가 얼마나 나쁜지 설명할 때 돌려 말하지 않는다. 이 에세이의 서두에 그는 이렇게 말한다. "타인과의 싸움에서 타인에게 고통을 가하고 타인을 벌하면서 피를 보고야 말겠다는 비인간적인 욕구에 사로잡혔을 때, 분노는 상대방을 해칠 수만 있다면 다른 어떤 것도 신경 쓰지 않는다."[187] 그는 분노란 분노를 경험하는 사람을 '나락으로 떨어뜨리는 광기'라고 일컫는다.[188] 세네카는 단언한다. "어떤 역병도 인류에게 이보다 더 큰 대가를 치르게 한 적이 없다."[189]

세네카는 스토아주의 철학자였으며, 1장에서 만난 동료 스토아주의 철학자들과 마찬가지로 우리에게 분노를 근절할 책임이 있다고 생각한다. 세네카는 분노에 대한 아리스토텔레스의 정의에 동의한다. 즉 분노는 우리를 해친 사람을 해치려는 욕망이다.[190] 하지만 아리스토텔레스는 분노가 적절한 것일 수 있다고 생각했고, 세네카는 분노가 인간의 본성에 어긋난다고 주장한다. 인간은 사회적 동물이며 다른 사람의 애정을 얻고자 함을 기본으로 하는데, 분노는 이런 성향에 반하는 것으로 가장 가깝고 소중한 사람조차도 공격하게 만들 수 있기 때문이다.[191] 세네카에 따르면 분노에서는 좋은 것이 하나도 나오지 않고 분노는 항상 나쁘며 분노가 근절된다면 우리의 삶은 더 나아질 것이다.

세네카는 자신의 분노 금지 원칙에 대해 사람들이 제기할 만한 모든 반론에 답한다. 누군가는 "세네카, 반론이 있다! 거친 말이 필요할 때도 있지 않나?"라고 할 테고 이에 "사람들이 잘못된 행동을 할 때는 당연히 바로잡아야 하지만, 고함이나 소리를 지르지 않으면서 엄격하고 단호해야 한다."[192]라고 보았다. "또 반론! 하지만 가벼운 분노는 허용해도 되지 않을까?" "만약 당신의 분노가 정말 가벼운 것이라면, 그건 이성이 모든 일을 담당하고 있기 때문이다.[193] 그렇다면 당신의 분노는 무의미한 부수 현상이며 당신에겐 그게 필요 없다." "세네카, 아무리 그래도 전장에서는 적에게 화를 내야 하지 않겠나?" "또 틀렸다. 분노하면 부주의해지므로 공격에 취약해진다."[194] "마지막 반론! 하지만 사랑하는 사람을 해치는 사람에게는 화를 내야 하지 않을까? 다시 말해 어떤 사람을 깊이 사랑하면, 그 사람을 지키려는 마음이 생기는 건 당연한 일 아닌가?" "물론 많은 사람이 가족을 해치는 사람에게 실제로 화를 낸다. 하지만 사람들은 따뜻한 목욕물이 제대로 준비되지 않았을 때, 유리잔이 깨졌을 때, 신발에 진흙이 튀었을 때도 화를 낸다."[195] 세네카는 분노에는 본질적으로 올바른 게 전혀 없다고 생각한다. 사랑하는 사람을 해친 사람에게 분노하는 건 고장 난 시계도 하루에 두 번은 맞는 것과 같다. 당신의 분노가 올바르게 보이는 일을 향하는 건 우연이라고 본 것이다.

7세기 후 샨띠데바는 『입보리행론』(보살행에 들어가는 길)에서 분노에 대항하는 불교의 사례를 제시했다. 샨띠데바의 생애는 잘 알려져 있지 않지만[196] 몇몇 자료에 따르면 그는 왕가에서 태어났다. 그리고 그가 왕위에 오르기 전날 밤, 지혜와 연민의 화신들이 꿈에 나타나서 그에게 통치자가 되지 말라 했다. 이에 그는 광야로 도망쳐 명상에 전념했다. 샨띠데바는 불교 수도원에 들어갔지만 동료 승려들은 그를 아무런 쓸모가 없는 사람으로 생각했다. 승려들은 그가 해내지 못할 거라 생각하며 불교 경전을 공개적으로 암송하라고 했다. 그런데 그의 전기 작가 중 한 사람에 따르면 샨띠데바는『입보리행론』을 암송하기 시작했고, 경전의 특정 구절에 이르자 하늘로 올라가 사라졌다(그럼에도 그의 목소리는 경전을 계속 암송했다).[197] 샨띠데바가 다른 도시에 나타나자 수도원 승려들이 돌아오라 간청했지만 그는 거절한 뒤 수도원 생활을 그만두고 죽을 때까지 인도를 떠돌았다.

샨띠데바는 일반적으로 '깨어난' 또는 '깨달은' 마음으로 번역되는 보리심을 수행하는 걸 목표로 하는 대승불교 전통의 불교도다. 보리심을 닦는 건 다른 모든 중생이 고통에서 벗어날 수 있도록 돕는 것이다.[198] 보리심을 달성하기 위한 핵심은 정신적 고통, 즉 자아라는 환상에서 비롯된 갈망과 혐오를 없애는 것이다. 그에 따르면 우리는 '두려워하는 마음에서 벗어난' 후에야 다른 사람을 도울 수 있다.[199] 물론 가장 큰 정신적 고통 중 하나는 분노이며, 샨띠데바는 분노를 우리를 집어삼킬 불에 비유한다.[200](불은 수세기가 지난 지금까지도 분노의 이미지로 사용된다.)

샨띠데바는 분노가 오해에서 비롯되기 때문에 무의미하다고 본다. 예컨대 체내에 담즙이 너무 많으면 통증이 발생하지만 우리는 담즙에 화를 내지 않는다. 담즙은 우리를 해치려는 게 아니다. 그런 다음 그는 이렇게 묻는다. "어찌해서 중생에게만 화를 내는가? 그들 역시 상황에 좌우될 뿐인데."[201] 우리가 사람들에게 화를 내는 건 그들이 의도적으로 우리를 모욕하거나 해친다고 생각하기 때문이다. 하지만 사실 사람은 정신적·육체적 사건의 집합체일 뿐이며 담즙으로 인한 고통과 제일 싫은 동료가 주는 고통은 아무런 차이가 없다. 누군가가 잘못을 저지르는 모습을 보면 당신은 '저것이 저 사람의 상황이구나.'라고 반응해야 한다.[202] 당신의 육체적 존재는 무상하며 당신을 육체적으로 해치는 사람은 아무것도 아닌 걸 해치는 것이다.[203] 말로 당신에게 상처를 주려는 사람도 마찬가지로 어리석은 사람이다. 마음은 비물질적이어서 해칠 수 없기 때문이다.[204] 샨띠데바는 이런 전략을 택하면 분노를 진정시키고 마음을 편하게 할 수 있다고 생각한다.

세네카와 샨띠데바에 따르면 분노는 근본적으로 비합리적인 것이다. 분노는 잘못된 믿음에 기반하며 무의미하거나 파괴적이다. 분노를 느끼는 올바른 방법이나 적절한 시기는 없다. 분노는 우리 모두를 괴물이나 바보로 만든다.

나를 위한 옹호와 항의

아리스토텔레스와 공자는 분노에 대한 세네카와 샨띠데바의 의견에 동의하지 않을 것이다. 그들은 분노는 이성적일 수 있을 뿐만 아니라 때로는 화를 내야 한다고 본다. 페미니스트 철학자들도 분노를 비슷한 관점으로 바라보는데 페미니즘 철학은 불교처럼 다양한 목소리를 내는 복잡한 전통이다. 사람들은 페미니즘을

1960~1970년대 미국의 여성 해방 운동과 연관시키지만, 페미니즘 철학은 훨씬 오래전부터 존재했다. 일례로 중세 이탈리아 철학자이자 유럽 최초의 여성 작가 크리스틴 드 피잔은 서기 1405년에 여성을 옹호하는 글을 썼다. 그는 철학이 존재하는 모든 시대와 장소에서 여성은 철학을 했고 사람들이 여성의 권리를 진지하게 받아들여야 한다고 주장했다.

분노에 대한 영향력 있는 옹호 두 가지가 1980년대 미국의 페미니스트 메릴린 프라이와 오드리 로드의 저작에 나온다.[205] 이들이 분노에 초점을 맞춘 이유는 여성의 분노가 너무나 자주 무시되기 때문이다. 여성은 화를 내면 "미친 짓을 하네." 또는 "진정해."라는 말을 듣는다. 아리스토텔레스와 마찬가지로, 프라이는 누군가가 자신을 학대한다면 사람은 분노를 느낀다고 주장했다. 좀 더 구체적으로 말하자면 분노는 그 학대가 "부당하거나 불공평하거나, 또는 누군가의 악의 혹은 변명의 여지가 없는 무능함 때문이라고 생각될 때"[206] 발생한다. 분노는 항의하는 감정이다. 즉 분노는 자신이 중요하며 그 누구도 이유 없이 그 삶에 간섭할 권리가 없다는 것을 말하는 한 가지 방법이다. 분노한 여성을 "미쳤네."라며 무시하는 건 여성의 항의에 귀 기울이기를 거부하는 것이며 간섭받지 않을 여성의 권리를 부정하는 것이다.[207]

여성의 분노를 무시하는 건 남성만이 아니다. 백인 여성 또한 흑인 여성의 분노를 미친 짓으로 일축하는 경향이 있다.[208] 오드리 로드의 에세이는 이 문제를 직접 언급한다. 그녀는 매일 인종차별을 겪으며 분노했으며 이에 대해 "나는 분노를 무시하고 양식으로 삼고 그것이 내 미래를 망치기 전에 그것을 사용하는 법을 배우며 살아 왔다."[209]라고 말한다. 그녀의 삶에는 분노가 항상 존재했지만 로드는 분노를 두려워하지 않았다. 오히려 분노를 표현하는 법을 배움으로써 성장할 기회를 얻었다고 생각했다.[210] 모든 여성이 지닌 잘 갖춰진 분노의 무기고는 강력한 에너지로서 정밀하게 조준될 수 있다.[211]

어떤 이들은 분노를 안고 살아가는 게 문제라고 생각하지만, 로드는 분노를 표출하기를 두려워하는 게 더 큰 문제라고 생각했다. 표현하지 않은 분노는 오용되고 잘못된 방향으로 향한다. 여성은 건전한 방식으로 화를 내는 법을 배우는 경우가 드물다. 로드도 이를 인정했다. "다른 여성이 나와 무관한 고통 또는 내가 원인을 제공한 고통을 묘사하는 소리를 참고 듣기는 몹시 어렵다."[212] 프라이처럼 로드도 분노가 진실을 말해 준다고 생각했다. 그녀는 이렇게 말했다. "**분노**에서 멀어지면 통찰력에서 멀어진다."[213]

보다시피 세네카나 샨띠데바와 달리 프라이와 로드는 분노를 적이 아닌 친구로 여긴다. 분노를 느끼고 표현하는 건 자신을 옹호하는 한 방법이므로 분노를 두려워할 이유가 없다. 오히려 분노를 받아들이고 분노와 소통하는 법을 배우는 게 낫다.

사람은 원래 사소한 것에 짜증을 낸다

세네카와 샨띠데바는 분노를 시뻘건 이빨과 날카로운 발톱을 드러낸 채 파괴에 열중하는 모습으로 그린다. 반면 프라이와 로드는 분노를 우리 목을 짓밟으려는 자들에 당당히 맞서는 모습으로 그린다. 진짜 분노는 어떤 모습일까? 감정 수양형 성인이 선택의 기로에 놓인 당신에게 길을 제시한다. 그들에 따르면 두 그림 모두 진짜다. 분노에는 좋은 분노와 나쁜 분노가 있다. 피비린내 나는 그림은 교양 없고 부적절하며 통제 불가능한 분노를 나타내고, 정의로운 그림은 교양 있고 적절하며 유용한 분노를 나타낸다. 분노와 함께 잘 살아가려면 좋은 분노를 느끼고 나쁜 분노는 피해야 한다. 올바른 일에 올바른 방식으로만 분노한다면 이 감정 또한 삶의 중요한 일부가 될 수 있다.

그렇다면 나쁜 분노를 나쁘게 만드는 게 뭘까? 가장 먼저 떠오르는 답은 너무 강한 분노다. 물론 공자와 아리스토텔레스는 너무 약한 분노도 나쁘다고 생각했지만, 일반적으로 일상생활에서 충분히 분노하지 않는다고 해서 그 사람을 걱정하진 않는다. 사람들이 분노를 두려워하는 이유는 분노하는 사람이 타인과 자신을 해친다고 확신하기 때문이다. 나는 지나친 분노가 누군가를 분노에 찬 사람으로 만드는 건 아니라고 주장해 왔다. 불안정한 자아의식, 인식하지 못하는 상처 또는 패배감과 같은 문제가 분노에 찬 사람을 만드는 것이고 이들은 분노를 통해 자신을 지탱한다.

그렇다고 해서 우리가 분노할 때 종종 화풀이를 한다는 사실을 부정하는 건 아니다. 화풀이는 철학자 오언 플래너건이 '고통 전가'라고 부르는 대처 기제다. 우리는 고통을 전가할 때, 화를 내며 이렇게 말한다 "나는 아프고, 불안하고, 우울하고, 두렵고, 상처받았기 때문에 화를 내서 당신을 공격하고 해친다."[214] 여성은 분노를 제대로 표현하고 느끼는 법을 배우지 못했다(또는 배우도록 권장받지 못했다.)는 로드의 말이 옳다. 나는 이것이 대부분의 사람에게 해당된다고 생각한다. 우리는 분노에 너무 빨리 반응하고, 서둘러 자신을 다독이며, 단지 물건을 부수거나 사람을 때리는 것이 분노를 표현하는 방법이라 생각한다. 우리는 특히 가만히 앉아서 분노를 솔직하게 탐색하는 데 서툴다. 이 모든 건 분노의 문제가 아니다. 진짜 문제는 우리가 분노를 느낄 때 무엇을 하고 무엇을 하지 않는지다.

니쁜 분노는 분노를 너무 강하게 느끼는 것뿐만 아니라 올바른 일에 분노하는지와도 관련된다. 세네카와 샨띠데바는 대부분의 분노가 사소한 것임을 기꺼이 받아들인다. 나는 사람들이 내가 좋아하는 소설이 과대평가됐다고 말할 때, 커피숍에서 앞에 선 사람이 주문하는 데 시간이 오래 걸릴 때, 그리고 보험 회사와 몇 시간 동안 전화 통화를 해야 할 때 화가 난다. 나는 보통 화를 잘 내지 않지만(커피를 얼마나 오래 기다렸는지에 따라 다르지만), 이런 일들에 아직도 화가 난다. 당신은 내게 커피숍 줄서기 같은 일에 화내면 안 된다고 말하고 싶을 것이다. 그건 화낼 가치가 없는 일이라고 말이다. 그런가? 아무도 나를 해치지 않으니 문제가 없는가? 나는 에너지를 낭비하지 말아야 하는 걸까.

누군가에게 "에너지를 낭비하지 마."라고 말하는 건 균형감을 가지라고 조언하는 것이다. 물론 사소한 불편을 겪을 때마다 버럭버럭 화를 내는 건 안 되겠지만, 긴 커피숍 술에 짜증을 낼 수도 있지 않은가. 살아가면서 느끼는 사소한 짜증을 전혀 표현하지 않고 그냥 흘려보내야 한다는 생각은 감정의 현실을 부정하는 것이다. 세네카가 말한 깨진 유리잔 사례를 생각해 보자. 당신이 휴가지에서 구입한 유리잔이 있다. 아이들이 집 안에서 이리저리 뛰어다니다가 실수로 선반에서 유리잔을 떨어뜨린다. 이제 휴가지에서의 추억 중 하나가 바닥에 깨진 채 놓여 있다. 큰 틀에서 보면 유리잔 하나는 중요하지 않다. 하지만 우리는 일상을 큰 틀에서 살아가지 않는다.

당신이 작은 일로 화낼 때 사람들은 큰 그림을 보라고 말한다. 이건 샨띠데바가 전하는 조언 "누군가 당신을 때리면, 당신의 육체적 존재는 무상하다는 걸 기억하라."와 비슷하다. 진정으로 큰 틀에서 보면 깨진 유리잔은 중요하지 않지만 그건 당신도 마찬가지다. 우주의 레이더 화면에서 보면 인간의 삶은 아주 작은 점에 불과하다. 이러한 관점에서 삶을 바라보면 모든 걱정과 근심이 사소해 보일 테니 당신에게 삶에 대한 애착을 최소화하라고 요구하는 것이다. 하지만 당신의 걱정과 근심이 당신에게 중요한 까닭은 비록 사소할지라도 그것이 당신 것이기 때문이다.

　　올바른 일에 분노하는 건 좋은 일이라는 생각은 화낼 만한 일에도 목록이 있음을 전제한다. 우리는 종종 누구에게는 화낼 '권리'가 있고 누구는 그렇지 않다며 논쟁을 벌이고, 정당한 이유가 있을 때만 화를 내면 된다고 생각하는 경향이 있다. 하지만 우리가 이런 판단을 제대로 한다고 볼 수 있을까. 철학자 마이샤 체리 Myisha Cherry에 따르면 백인 미국인은 흑인이 화를 낼 만한 충분한 이유가 있을 때도 흑인이 지나치게 화를 낸다고 여기는 경우가 많다.[215]

　　프라이의 주장처럼 남성은 여성의 분노가 항상 과도하고 비이성적이라고 생각하는 경향이 있다. (감정의 이중 잣대가 여기서도 다시 등장한다는 사실에 주목하라.) 아무도 정당한 이유가 있을 때만 기쁨을 느껴야 한다고 말하지 않는다. 우리는 '사소한 것'에서 기쁨을 찾아야 하지만 '사소한 것'에 화를 내서는 안 된다. 물론 사람들은 부당한 이유로 화를 낼 수 있지만, 종종 비판의 진정한 표적은 감정이 아니라 이유다. 다시 말해 내가 커피를 사기 위해서라면 어떤 상황에서도 기다리면 안 된다는 인식을 지닌다면, 그건 화내기에 부당한 이유다. 하지만 동시에 혼란스러워하거나 슬퍼하거나 실망하기에도 부당한 이유다. 부당한 이유는 어떤 감정이 동반되든 부당한 것이 되어버린다.

화를 내기 정당한 이유와 부당한 이유를 파악하기는 생각보다 어렵다. 감정 비판은 곧바로 감정 단속으로 변질되기도 하기 때문이다.[216] 감정을 단속하는 사람은 감정이 적절하거나 합리적인지 판단할 때 지나치게 좁은 기준을 사용하는 경향이 있다. 비행 공포증이 좋은 예다. 사람들은 비행을 두려워하는 사람을 보면 다짜고짜 두려워할 게 전혀 없다고 말한다. 그러면서 비행기 추락 사고가 드물다는 통계를 인용하고, 비행기 안전 수칙을 들먹이며 비행이 위험하지 않다는 걸 입증한다. 하지만 꼭 그런 이유로 비행을 두려워하는 건 아니다.[217] 고소공포증이나 폐소공포증이 있다면 비행기가 추락하지 않더라도 비행은 두려운 일이다. 분노를 단속하는 사람들은 누군가가 의도적으로 자신이나 타인을 심각하게 해칠 경우에만 화를 낼 정당한 이유가 있는 것으로 간주한다. 그 외의 이유로 화를 내면 비이성적으로 행동하거나 과민 반응을 하는 것으로 여긴다.

분노를 이런 식으로 생각하는 건 분노를 지각처럼 취급하는 것이다. 예를 들어 나는 새를 본다고 생각하는데 사실 그건 다람쥐다. 그럼에도 계속 새라고 고집한다면 그건 내가 틀린 것이다. 내 지각이 올바르려면 내 지각은 세상이 존재하는 방식과 일치해야 한다. 물론 감정이 이런 식으로 작동할 때가 있다. 자동차 타이어에 구멍이 났고 이건 내가 싫어하는 그 동료의 짓이라고 생각한다. 그런데 사실 우연히 타이어에 못이 박힌 거라고 해보자. 그가 하지도 않은 일에 계속 화를 낸다면 내 분노는 잘못된 것이다. 하지만 감정이 항상 지각과 같이 작동하는 건 아니다. 감정은 세상이 존재하는 방식을 단순히 반영만 하지 않는다. 감정은 내가 세상을 경험하는 방식의 일부다.[218] 나는 롤러코스터의 빠른 속도와 까마득한 높이가 무서워서 롤러코스터를 겁내지만 다른 사람들은 스릴을 느낀다. 그렇다고 해서 둘 중 하나가 잘못된 건 아니지 않나. 롤러코스터를 무서워하는지 아닌지는 사실과 무관한 문제이며 롤러코스터를 경험하기 위한 단 하나의 올바른 방법 따위는 없다.

세상에 대한 우리의 경험은 복잡하고 우리의 감정은 종종 한 가지 이상의 것에 민감하게 반응한다. 아이가 실수로 당신이 아끼는 유리잔을 깨뜨렸다면, 당신은 아이가 일부러 그런 건 아니니 화내지 말라는 말을 들을 것이다. 하지만 당신의 분노는 아이의 의도와 무관하게 어쩌면 깨진 유리잔으로 인해 어디에도 나만의 공간이 없다고 느꼈거나, 아끼는 물건을 망가지지 않게 전시할 수 없다고 생각했기 때문일 수도 있다. 정당한 이유가 없어 보이는 분노는 언뜻 보기에는 분명하지 않은 다른 이유로 인한 것일 수 있다.

우리는 대체로 자신이 별것 아닌 사람으로 취급받는다고 느낄 때 분노한다. 프라이는 분노를 "나는 내 목적과 활동이 존중받을 가치가 있는 대상과 공간, 태도, 관심사를 요구하고 만들어 내는 존재라고 주장하는 것"[219]이라고 기술했다. 분노는 자신을 방어하며 생기는 감정이다. 누군가가 삶을 방해해서 화를 내는 건 내 삶이 내게 중요하기 때문이다. 내 삶을 소중히 여긴다는 건 신체적 상해 같은 위협뿐만 아니라 침해나 모욕으로부터도 보호하고 싶다는 뜻이다.

침해나 모욕이 반드시 큰 불의일 필요는 없다. 예를 들어 내 앞에서 꾸무적대는 사람들 탓에 커피 한잔으로 시작하려던 나의 하루가 진행되지 못하고 있다. 그들이 내게 큰 잘못을 저지르고 있는 걸까? 물론 아니다. 그래도 내 계획은 차질을 빚는다. 우리는 커피숍의 줄은 불의에 비하면 하찮은 것이므로 화낼 가치가 없다고 결론을 내린다. 하지만 덜 중요하다고 해서 전혀 중요하지 않은 건 아니다. 분노는 사소한 불편뿐만 아니라 중대한 잘못과 그 사이의 모든 것에 기인할 수 있다. 인생의 사소한 짜증거리에 화내는 건 잘못된 일이 아니다. 당신은 자신의 삶을 지루하고 사소한 부분까지 소중히 여기고 있는 것이다.

분노와 관련된 가장 큰 문제는 우리가 분노를 타인의 문제로 만드는 경향이 있다는 것이다. 사실 다른 사람이 나를 괴롭힌다고 비난하며 급발진하는 건 분노에 대처하는 한 방식이다. 예를 들어 커피숍에서 내 앞에 있는 사람들 탓을 하며 기다림에 대한 분노를 그들에게로 돌린다. 하지만 깨진 유리잔 사례처럼 나의 괴로움은 실제 괴롭힘을 당해서가 아니라 다른 것에서 비롯될 수 있다. 분노를 해결하는 방법은 내 분노를 '교정'하려고 노력하는 게 아니다. 내가 이런 감정을 느끼게 된 데 누군가의 책임이 있다고 가정하지 말고, 그저 내가 왜 이런 감정을 느끼는지를 스스로 솔직히 살펴야 한다.

정의로운 분노가 있는가

철학자들은 일반적으로 불의나 불공정, 중대한 해악에 대한 분노, 즉 정의로운 분노는 좋은 것이라고 주장한다.[220] 프라이와 로드는 분노가 성차별과 인종차별에 대한 올바른 반응이라고 주장하며 정의로운 분노를 옹호한다.[221] 분노에 대한 옹호 중 일부는 한 걸음 더 나아간다. "분노하지 않는다면 관심이 없는 것이다."라는 오래된 문구처럼 분노하지 않는다면 그건 세상에서 일어나는 끔찍한 일을 인식하지 못하기 때문이라고 주장한다.[222] 우리는 분노해야 하며 정의로운 분노를 건설적인 방식으로 사용해서 잘못을 바로잡고 상황을 더 좋게 바꿔야 한다는 것이다.

정의로운 분노를 옹호하는 사람은 정의로운 분노를 커피숍에서 흔히 느끼는 분노와는 다른 특별한 종류로 여긴다.[223] 분노의 종류를 나누는 건 철학자들이 즐겨 하는 일인데, 그러면 좋은 분노와 나쁜 분노를 구분하는 데 도움이 되기 때문이다. 하지만 나쁜 분노가 있다는 생각을 거부한다면 감정을 여러 종류로 나눌 이유가 없다. 우리는 다양한 대상에 분노를 느끼지만 그렇다고 해서 각각의 대상에 고유한 감정이 있는 건 아니다. '깨진 유리잔 분노' '커피숍 분노' 또는 '불평등 분노'는 존재하지 않는다. 단지 분노와 그 분노에 대한 우리의 해석이 있을 뿐이다.

감정은 색처럼 다양한 색조를 가질 수도 있다. 진홍색과 심홍색, 주홍색은 서로 다르게 보이지만 모두 빨간색의 색조다. 이처럼 분노는 괴로움이나 두려움, 부끄러움으로 물들 수 있다. 또한 걷잡을 수 없는 격노에서 은근한 짜증에 이르기까지 범위도 넓다. 하지만 분노라는 감정은 단 하나며, 우리는 다양한 일에 다양한 강도로 분노를 느낀다. 깨진 유리잔에 대한 분노는 구멍 난 타이어에 대한 분노와 다른 감정이 아니다. 물론 두 분노가 완전히 같게 느껴지진 않을 것이다. 하지만 주홍색과 심홍색이 완전히 같게 보이지 않음에도 둘 다 빨간색인 것은 사실이다. 우리의 목표가 올바른 종류의 분노만 느끼려고 노력하는 것이어선 안 된다. 목표는 모든 분노를 솔직하게 느끼는 법을 배우는 것이다.

정의로운 분노를 정당한 분노로 보고 옹호하는 관점에는 단점이 있다. 불의에 맞서 싸우기 위한 건설적인 분노만 정당하다는 것은, 감정이 생산적일 때만 가치가 있다고 간주하는 것이다. 이런 관점은 분노는 파괴적이며 분노를 건설적인 방향으로 돌리지 않으면, 분노가 우리를 내면에서부터 집어삼킨다는 걸 암시한다. 정의로운 분노만이 정당하다 생각하기 시작하면 자신의 분노를 재구성하기도 하는데, 심지어 분노가 불의하지 않을 때도 그렇다. 예를 들어 내가 제일 싫어하는 동료가 나의 잘못을 지적하면 그가 나를 바보로 만들어서 화가 났다는 사실을 받아들이기보다는 그가 내 경력을 망치려 한다고 생각한다. 그리고 자신의 분노가 정의롭다고 생각하면, 다른 사람을 자신의 분노 가운데로 끌어들이려는 경향이 더 강해진다. 자신에게 내 동료는 악당이라고 말할 뿐만 아니라 다른 사람에게도 그가 악당이라는 걸 납득시키려고 하는 것이다.

제임스 볼드윈이 말했듯이 분노가 정의롭기를 요구하는 건 분노가 '사회의 이익'에 기여하기를 강요하는 것이다.[224] 볼드윈은 해리엇 비처 스토의 『톰 아저씨의 오두막』과 리처드 라이트의 『미국의 아들』처럼 (비록 방식은 다르지만) 인종차별 반대라는 대의를 추구하는 유형의 소설에 대해 이런 불만을 제기한다.[225] 볼드윈은 소위 저항 소설이 등장인물을 인간으로 대우하지 않는 데 반대한다. 요컨대 이런 소설의 등장인물은 단지 '사회적 현실'을 대변할 뿐이다.[226] 저항 소설이 실패하는 이유는 '삶, 인간을 거부하고 인간의 아름다움, 두려움, 권력을 부정'하는 데 있다.[227]

볼드윈은 예술이 인간의 이야기를 전달하기 위해서가 아니라 숭고한 대의를 위해서 만들어지면, 결국 복잡한 인간을 지나치게 단순화된 캐릭터로 묘사하게 된다고 본다. 나는 정의로운 분노도 비슷한 역할을 한다고 생각한다.[228] 정의로운 분노는 만화 속

영웅이 오직 악당과 싸우기 위해서만 존재한다. 정의로운 분노는 내가 아닌 다른 사람을 위해서만 느껴야 한다. 만약 내가 나를 위해 분노를 느낀다면, 그때는 내가 심각한 잘못의 피해자여야 한다. 예를 들어 식기세척기에서 식기를 꺼내지 않은 행위를 규율을 위반한 것으로 바꾸지 않는 한, 나는 식기세척기에서 식기를 꺼내지 않은 배우자에게 화낼 수 없다. 이러다 보면 우리는 자신을 생명을 가진 인간이 아니라 불의의 피해자로만 생각하게 된다. 오로지 정의로운 분노만 느끼려고 하면 지저분하고 복잡한 인간적인 부분이 줄어든다.

　내 말은 불의에 분노하지 말라는 게 아니다. 불의에 대한 분노를 특별하거나 고귀한 종류로 여겨선 안 된다는 말이다. 다시 한번 말하지만 우리가 분노를 느끼는 건 자기 삶을 소중히 여기기 때문이다. 누군가가 우리를 억압한다면, 그건 우리가 중요하지 않다고 말하는 것인데 어찌 분노하지 않겠는가? 또 우리는 다른 사람의 삶도 소중하게 생각한다. 삶이 의미가 있는 건 (가깝거나 먼) 타인과의 관계 덕분이기도 하다. 우리는 같은 인간이 억압받는 광경을 보면 마치 자신이 억압받을 때처럼 분노를 느낀다. 하지만 이것이 특별한 종류의 분노일 필요는 없다. 정의로운 분노를 옹호하는 사람은 일반적으로 우리가 불의에 분노해야 한다고 생각하며, 그렇지 않으면 실제로는 무관심한 것으로 본다.

　하지만 우리는 감정이 판단을 자동으로 따라가지 않는다는 사실을 안다. 우리는 마땅히 분노해야 한다고 생각하기 때문에 분노하기로 결심하진 않는다. 어떤 일을 끔찍한 불의로 여기면서도 의외로 분노를 느끼지 않을 수도 있다. 대신 완전히 겁에 질리거나 몹시 슬프거나 극도의 혐오감을 느끼거나 또는 그냥 멍해지기도 한다. 전통적이지 않아 보이는 감정이 반드시 잘못된 건 아니다. 일례로 어린 아들을 잃은 듀보이스의 슬픔을 떠올려 보라. 당신이 불의를 대수롭지 않게 여긴다면 우리는 당신이 상황의 심각성을 인식하지 못하거나 무정한 사람이라고 생각할 것이다. 우리가 사람들이 불의한 일을 볼 때 마음이 움직이기를 바라는 건 그들이 불의에 관심을 갖길 바라기 때문이지만, 분노만이 관심을 갖는 유일한 방법이라고 생각할 이유는 없다.

분노가 정의로울 때만 옹호한다면 그건 사실 분노를 옹호하는 게 아니다. 그런데 우리는 분노가 말쑥하고 쓸모 있는 지렁이로리일 때만 기꺼이 옹호한다. 하지만 사람은 자신과 자신의 삶에 애착을 갖기 때문에 분노를 느낀다. 나는 부당한 대우를 받는다고 느낄 때 화가 나고 소중한 사람뿐만 아니라 모르는 사람이 부당한 대우를 받을 때도 화가 난다. 또한 사람들이 커피를 주문하는 데 시간이 너무 오래 걸리거나 누군가가 내 배우자의 소설을 혹평할 때도 화가 난다. 심각한 잘못만을 위해 분노를 아껴 둘 필요는 없다. 화를 내는 건 자신의 삶을 소중히 여기는 한 방식이며 우리의 삶은 크고 작은 관심사로 구성된다.

분노가 들끓는 인터넷

인터넷은 분노가 중독성 있다는 것을 잘 보여 주는 사례 중 하나다. 이곳에는 분노가 넘쳐 난다. 사람들은 소셜 미디어를 통해 불의를 격렬히 비난할 뿐만 아니라 증오에 찬 장광설을 쏟아 낸다. 우리는 게시물의 댓글 창에서 생판 모르는 사람, 고교 동창 그리고 가족과 싸운다. 마치 분노를 해소하기 위해 매일 로그인을 하는 것처럼 보인다.

하지만 분노는 범인이 아니다. 소셜 미디어에서 스크롤을 내리다 보면 다른 사람이 어리석고 잔인한 행동을 하는 모습을 보게 된다. 우리는 그들에게 분노하고 내가 그들보다 낫다고 자신한다. 이것은 자신감을 얻을 수 있는 값싼 방법이다. 요컨대 내가 이 세상의 어리석고 잔인한 자들에게 분노함으로써 나는 그들 중 하나가 아니라는 걸 알게 되는 것이다. 소셜 미디어가 매력적인 건 관련 기술 때문이기도 하다. 알고리즘이 사람들이 많이 참여하는 게시물을 우선시하기 때문에, 흥분과 자극을 불러일으키는 게시물이 퍼져 나간다.[229]

게다가 접근하기는 또 얼마나 쉬운가. 클릭 한 번으로 우리가 비판할 수 있는 사람들의 행렬을 몇 시간 동안 정신없이 스크롤 할 수 있다. 그러다 보면 우리는 자신이 정의롭고 똑똑하며 유식하다고 느끼게 된다. 어쨌거나 관심을 보이고 있으니까 말이다. 그래서 우리는 로그인하고 분노하고 자신에 만족한다.

그런데 인터넷상에서의 분노가 화면 밖으로 기어 나온 적이 한두 번이 아니다. 2014년 5월, 엘리엇 로저는 유튜브에 동영상을 올려서 '응징의 날'에 대한 계획을 밝혔다. 그는 캘리포니아대학교 산타바바라 캠퍼스의 여학생회 알파 파이로 가서 "그 안에서 보이는 버릇없고 건방진 금발 걸레를 모조리 학살"[230]할 작정이었다. 그는 여학생 회관에 들어가지 못하자 근처에 있던 여성 세 명을 향해 총을 쏴 두 명을 죽이고 한 명을 다치게 했다. 그 후 차를 몰고 다니며 사람들에게 총을 쏴서 한 명을 더 죽이고 열세 명을 다치게 한 뒤 자살했다.[231]

로저는 "비자발적 독신주의자"[232]를 일컫는 인셀이었다. 최초의 인셀은 1990년대에 한 여성에 의해 시작됐으며 초기에 이들은 사랑에 실패한 사람들이 서로 도와 격려하는 집단이었다. 오늘날의 인셀은 느슨하게 연계된 여성 혐오 온라인 집단의 집합체인 '매노스피어'의 하위 집단이다. 인셀은 연애와 성 경험 부족을 통해 유대감을 형성한다. 이들은 자체적으로 어휘집을 만들어 온라인 토론에서 사용한다. 많은 여성과 잠자리를 갖는 매력남을 '채드'라고 부르고, 채드와 잠자리를 갖는 여성을 '스테이시'라고 부른다. 인셀 세계에서 영웅이 된 로저는 '성 엘리엇' 또는 '최고의 신사'(동영상에서 자신을 지칭하는 용어)로 불리기도 한다.

일부 인셀은 자신들의 세계관에 대한 정교한 음모론과 사이비 과학적 정당성을 개발했다. 예를 들어 많은 사람이 얼굴 뼈 구조가 매력과 관련이 있다고 믿기 때문에 턱선을 강화하기 위한 운동(일명 '뮤잉')을 한다. 이들은 여성이 자신을 부당하게 거부하고 있으며 자신이 여자를 얻지 못하는 건 불공평하거나 부당하다고 생각한다. 대다수의 인셀은 이 문제에 대한 최선의 해결책이 여성에게서 누구와 잠자리를 가질지 결정할 권리를 박탈하는 것이라고 생각한다. 직설적으로 말하면 그들은 여성이 자기한테 강간당해야 한다고 생각한다.

인셀은 분노한다. 자기 삶이 이렇게 된 것에 분노하고 자기보다 더 매력적인 남성에게 분노하고 자기 명령을 따르지 않는 여성에게 분노한다. 우리는 분노라는 감정을 좀 더 수용해야 하지만 이런 분노는 아니다. 나는 인셀을 옹호할 생각이 없지만 듀보이스가 주장한 것처럼 폭력적인 이데올로기를 이해하려면 그 핵심에 있는 평범한 사람의 감정을 이해해야 한다. 우리가 나쁜 감정을 괴물로 만드는 까닭은 그 감정을 있는 그대로 받아들이지 않기 때문이다. 이는 인셀 세계에서 적나라하게 드러난다.

인생을 살면서 배척당하고 사랑받지 못한다고 느낀 순간이 있을 것이다. 다른 사람은 모두 성공한 것처럼 보이는 반면 당신은 뒷전으로 밀려난 것만 같은 느낌 말이다. 그럴 때면 인생의 단조로움을 한탄하고 끝없는 실망의 굴레에 갇혀 살아간다고 느낀다. 자신을 푸대접하는 우주에 화를 내고 싶지만 우주에 화를 내긴 힘들다. 우주는 침을 뱉을 얼굴도 없고 소리를 질러도 대답하는 법이 없으니 어쩌겠는가. 당신의 분노는 불편하고 모호한 느낌을 주며 다양한 대상을 향해 표류하지만 결코 어떤 대상이나 사람에게 오랫동안 정착하지는 않는다. 분노는 안개처럼 당신의 삶을 뒤덮는다.

그럼 단순히 불쾌함을 느끼는 데 그치지 않고 분노를 표출할 대상을 찾기 시작한다. 분노를 쏟아부을 희생양을 찾아내면 모호한 감정에 확실한 형태를 부여한다. 이야기에 악당이 있다면 누군가는 책임이 있는 것이니까. 당신이 운이 나빴다는 것을 인정하는 것보다 그저 다른 사람이 저지른 악행의 피해자가 되는 게 훨씬 쉽다. 운이 나쁜 건 자의적이고 무작위적이라서 주사위를 굴리는 것과 다를 바 없다.

하지만 악당을 찾아내면 인생은 원래 불공평하고 누구도 성공을 장담할 수는 없다는 가능성에 직면하지 않아도 된다. 또한 나의 불행이 결점이나 잘못된 선택의 결과일지도 모른다고 생각할 필요도 없다. 자기 성찰은 어렵고 때로는 고통스러운 일이며, 사람들은 설령 자기 성찰을 하는 법을 배우더라도 제대로 배우는 경우는 거의 없다. 그런데 만약 당신이 다른 사람이 저지른 악행의 피해자라면, 그 악당을 자신이 실패한 원인으로 지목할 수 있다.

폭력적인 여성혐오주의자와 외로운 남자 사이의 경계는 생각만큼 뚜렷하지 않다. 많은 인셀이 정신 건강과 우울증, 어려운

생활 환경과 씨름하는 동시에 여성에 대해서 혐오스럽고 폭력적이며 역겨운 말을 내뱉는다.[233] 이들의 견해는 극단적이지만 이들을 모두 사이코패스로 단정지을 순 없다. 그리고 이들을 인생에서 힘든 시기를 보내는 '평범한 남자'로 치부하는 것 역시 잘못된 판단이다. 인간의 마음은 복잡한 공간이며 평범한 사람도 인터넷에서 길을 몇 번만 잘못 들면 기괴하고 혐오스러운 세계관에 빨려들 수 있다.

인셀 이야기는 사실 꽤 흔하다. 예를 들자면 연애 운이 지지리도 없는 외롭고 숫기 없는 한 남성이 있다.[234] 그는 아직 숫총각이거나 아주 오랫동안 여자 친구를 사귀지 못했다. 그는 관심 있는 여성들에게 실제로 또는 그저 상상 속에서 거절당한 적이 있다. 어느 순간 그는 자신과 같은 불만이 있는 다른 남성들의 온라인 커뮤니티를 우연히 발견하거나 찾아낸다. 그곳에서 그는 진화에 관한 쓰레기 과학과 자기 경험을 모두 설명해 주는 것처럼 보이는 '성 시장'을 접한다. 마침내 그는 자신이 겪는 일을 이해하는 사람들을 찾아내고 소속감을 느낀다. 그는 자신의 외로움에 대한 책임이 여성에게 있다고 확신한다. 여성은 악하고 벌을 받아 마땅하다. 인셀 이데올로기는 한 남성이 세상을 살아갈 수 있게 해주는데 그 세상에서 그는 작가 로라 베이츠의 표현대로 "부당하게 고통받는 순교자"[235]다.

당신은 인셀을 보고 그들은 과하게 분노한다고 생각하기 쉽다. 하지만 진짜 문제는 그들의 감정이 아니다. 진짜 문제는 그들이 그런 감정을 이용해 혐오 이데올로기를 구축하고 강화한다는 것이다. 인셀은 그냥 자신의 나쁜 감정을 견디고 상처받는 법을 배우는 대신, 여성을 자신의 정당한 '소유권'을 빼앗는 사악한 음모자로 만들어 자신을 위로하려 한다. 철학자 케이트 맨이 지적했듯이 로저는 여성이 자신에게 애정을 빚지고 있음에도 부당하게 자신에게 애정을 주지 않는다고 믿었다.[236] 그는 자신의 선언문에 여성이 "내게 행복한 삶을 허락하지 않았고 그 대가로 그들의 삶을 모두 빼앗아 가겠다. 이것은 공정한 일이다."[237]라고 썼다.

　　로저는 자신의 이야기에서 여성을 악당으로 만들었다. 여성은 그에게 부당하고 불공평한 존재였으며 그는 여성을 처벌할 모든 권리를 가지고 있다고 생각했다. 물론 이 모든 건 로저와 다른 인셀들이 현실을 직시하지 않으려고 만들어 낸 망상이다. 하지만 감정이 이데올로기를 만들어 내진 않는다. 분노는 로저에게 여성이 악당이라고 말하지 않았다. 로저가 자신의 분노를 정당화하기 위해, 그리고 자신이 나약하고 열등하며 외롭다는 느낌을 회피하기 위해 자신에게 그 이야기를 들려준 것이다.

　　인셀은 여성의 몸, 세상의 동정이나 공감 그 어떤 것도 가질 권리가 없다. 하지만 자기 삶이 원하는 대로 되지 않는다는 사실에 분노하는 건 용납된다. 자기 삶을 소중히 여기는 사람이라면 누구나 뜻대로 되지 않는 세상일에 화낼 수 있다. 물론 그렇다고 해서 자신을 성찰하며 수반되는 고통과 수고를 회피하기 위해 자신을 기만할 권리는 없다. 우리는 판타지 세계를 구축해서 나쁜 감정으로부터 자신을 보호할 권리가 없으며, 당연히 다른 사람에게 그 판타지 세계를 진지하게 받아들이라고 요구할 수도 없다. 하지만 안타깝게도 이것이 바로 많은 사람이 분노로 괴물을 만들어 내는 방식이다. 우리는 실패, 방황 또는 외로움을 맞닥뜨리기보다는 차라리 적을 만들기를 원한다. 적이 있으면 자기 의심으로부터 숨을 수 있기 때문이다.

분노로 괴물을 만들어 내지 않으려면 이 감정을 정직하게 탐구해야 한다. 분노는 당신이 부당한 대우를 받는다고 느낄 때 나타나지만, 실제로 누군가 부당하게 대우하고 있음을 뜻하진 않는다. 자신의 분노를 솔직하게 마주하는 다른 형태의 인셀을 상상해 보라. 이 사람은 분노의 책임을 물을 상대를 찾는 대신 그냥 분노를 끌어안고 왜 그런 감정을 느끼는지 자문한다. 그는 자신이 분노하는 건 자기 삶이 기대했던 대로 흘러가지 않았기 때문이지만, 그렇다고 해서 여성을 탓하면 안 된다는 걸 깨달을 것이다. 자신의 분노에 솔직히 귀 기울였다면 이런 깨달음을 얻었을 것이다.

우리는 일반적으로 부적절하거나 불합리한 감정을 느끼도록 자신을 방치하면 그런 감정이 더 커질 것이라고 생각한다. 이런 생각은 부정적인 감정은 중독성이 있어서 계속 느끼면 더 악화될 뿐이라고 가정하는 것이다. 하지만 인셀이 결국 그 지경에 이른 것은 자신이 분노하는 이유를 생각하고 그것을 솔직하게 받아들이는 대신, 분노를 성급하게 정당화하고 악당(여성)을 탓하기 때문이다. 그들은 화를 내고 나서 곧바로 자신은 화낼 권리가 있다고 생각한다. 여성 혐오, 쓰레기 과학 그리고 나약하다는 느낌을 회피하려는 욕망은 이런 정당성을 구축하기에 충분한 소재를 인셀에게 제공한다.

혐오 이데올로기의 핵심인 분노는 종종 또 다른 것을 감추기도 한다. 그것은 바로 내가 누구인지 모르겠다는 두려움이다. 듀보이스에 따르면 KKK단의 배후에는 세상이 자신을 위해 만들어진 게 아니고 자신은 설 자리를 잃을 거라는 두려움이 있다. 백인 미국인은 "모든 예방책을 동원해도 미국 흑인이 의회에 진출하고 월스트리트를 점령하고 백인 여성과 결혼할까 봐"²³⁸ 두려워한다. 물론 백인 미국인은 세상을 독차지할 권리가 없으며 인종 차별을 철폐하기 위한 투쟁은 월스트리트를 점령하기 위한 게 아니다. 하지만 듀보이스는 KKK단과 여타 백인 미국인이 실제로 두려워하는 게 바로 그것이라는 사실을 인정해야 한다고 한다.

그들은 왜 그걸 두려워할까? 자신을 우월한 사람으로 정의하였는데 자신보다 아래로 보았던, 열등한 사람이 더 이상 열등하지 않게 될 때 자아의식이 파괴되기 때문이다. 듀보이스에 따르면 이것이 두려움의 실체라는 사실을 깨닫고 나면 당신에겐 두 가지 선택지가 있다. 자신의 두려움을 공개적으로 솔직하게 성찰하고 표현하거나, 자신을 보호하기 위해 무언가에 의지하는 것이다. 그 무언가는 보통 힘과 폭력이다.²³⁹ 우리는 분노에 대해서도 같은 선택지에 직면한다. 많은 사람이 거울을 똑바로 들여다보기보다는 차라리 대체 현실 속에서 자신을 놓아 버리려 한다. 기괴하고 유치하지만 우리가 자신의 귀에다 거짓말을 속삭이는 것이다.

　분노는 견디기 힘든 나쁜 감정 중 하나다. 우리는 부당한 대우를 받았다고 느끼면 누군가를 비난하거나 적을 찾아내서 재빨리 자신을 방어한다. 때로는 정말로 누군가가 삶을 침해하지만, 때로는 우리가 그냥 그렇게 느낀다. 분노를 솔직하게 탐구하는 법을 배우지 않으면 그 차이를 구분하는 데 어려움을 겪을 것이다. 분노를 솔직하게 대한다는 건 반드시 바람직한 종류의 분노만 느껴야 한다거나 분노에 항상 정당한 이유가 있어야 한다는 뜻이 아니다. 좋은 분노도 나쁜 분노도 없다. 그저 분노가 있을 뿐이다. 분노를 억제하기 위해 자신을 다그치거나 분노를 길들여서 분노가 항상 얌전히 굴도록 만들 필요는 없다. 우리는 분노를 불의에 맞서 싸우는 도구나 적을 파괴하는 무기로 만들 수도 있고 그냥 분노를 느끼는 법을 배울 수도 있다.

5장. 시기와 질투

모든 부정적인 감정 중에서도 질투와 시기는 특히 위험하다고 정평이 나 있으며, 그래서 괴물로 묘사되기도 한다.[240] 셰익스피어의『오셀로』에서 이아고는 질투를 "먹잇감을 농락하며 잡아먹는 녹색 눈의 괴물"[241]이라고 표현했다. 물론 이아고는 오셀로의 대척점에 있으며 시기의 화신이자 질투로 인해 파멸에 이르는 인물이다. 고대 지중해에서 시기는 악마의 눈으로 묘사됐는데, '시기하다.'를 뜻하는 라틴어 '인비데레invidere'는 말 그대로 '적대적인 의도를 가지고 바라보다.'라는 뜻이다.[242] 사람들은 시기하는 악마의 눈을 막기 위해 집 입구에 모자이크를 설치하기도 했다. 가장 유명한 모자이크는 현재 튀르키예 하타이 박물관에 있는 '악마의 눈의 집'이다. 이 작품에는 삼지창과 검, 까마귀, 전갈, 지네, 뱀, 개, 흑표범의 공격을 받는 거대한 눈이 묘사돼 있다(시기를 물리치기 위해서는 아무리 조심해도 지나치지 않다는 뜻이다).[243]

기원전 1세기의 유명한 로마 시인 오비디우스는 시기를 짙고 컴컴한 안개로 둘러싸인 동굴에 사는 사악한 여자로 묘사했다.[244] 그녀는 피부가 창백하고 눈은 사시이며 이에는 곰팡이가 피었고 뱀을 먹기 때문에 혀에서 독이 흘러나온다[245]고 했다. 1304년 피렌체의 화가 조토 디 본도네는 파도바의 아레나 예배당에 질투를 주제로 프레스코화를 그렸다.[246] 작품 속 여성의 입에서는 뱀이 나와 자신의 이마를 물어뜯는데 이 여성에게는 뿔이 달렸고 귀는 뾰족한 모양을 하며 불의 고리에 둘러싸여 있다.

사람들은 시기와 질투라는 감정을 고백하기를 유독 꺼리는 경향이 있다. 앞서 보았듯 우리가 부정적인 감정을 어떻게든 허상으로 만들려 한다는 걸 고려하면 이는 당연한 일이다.[247] 누구도 이에 곰팡이가 피고 뿔이 난 것처럼 보이기를 원하지 않으니까. 하지만 시기와 질투는 괴물보다는 오히려 괴물의 먹이가 되는 독사에 가깝다. 독사는 생각보다 가까이에, 당신의 정원, 나무 그루터기 뒤 또는 나뭇잎 밑에 있다. 우리는 독사를 실제보다 더 위험하게, 그리고 그들이 우리를 노리고 있다고 생각한다. 우리가 그들을 그냥 내버려두는 법을 배울 수 있다면 물릴 확률이 훨씬 줄어들 것이다.

질투하는 여인의 상

영어(및 일부 다른 언어)에서 '시기envy'와 '질투jealousy'는 동의어지만 철학자들은 전통적으로 이들이 서로 다른 감정을 가리킨다고 주장한다.[248] 우리가 지금 어떤 감정을 이야기하고 있는지 파악하려 할 때는 그 감정이 주로 무엇 또는 누구에 관한 것인지 질문하면 도움이 된다.

우리는 다른 사람이 가진 것 때문에 '시기'한다. 예를 들면 아름다운 해변가 집, 뛰어난 노래 실력 또는 권위 있는 상 때문에 시기한다. 그리고 다른 사람이 가깝게 지내는 사람 때문에 '질투'한다. 절친의 친구, 배우자의 매력적인 직장 동료 또는 아버지의 의붓자식을 질투한다. 우리는 종종 "네가 하와이 여행을 간다니까 너무 질투가 나."라고 말하지만 사실 이건 시기다. 한편으로 질투를 마치 약한 형태의 시기처럼 여기기도 한다. "난 시기하는 게 아니라 질투하는 것뿐이야."라는 말을 들어 봤을 것이다.

하지만 시기와 질투는 둘 다 정도의 차이가 있다. 조금 시기할 수도 있고 아주 많이 질투할 수도 있다. 같은 사람에게 두 가지 감정을 모두 느낄 수도 있다. 나는 절친의 친구를 질투하면서 동시에 그 친구의 멋진 헤어스타일을 시기할 수도 있다. 그러나 당신이 질투와 시기를 같은 감정이라고 생각하건 말건, 질투와 시기는 모두 평판이 좋지 않다.

질투는 파괴적이거나 퇴행적 또는 둘 다라는 비난을 받아 왔다. 셰익스피어의 오셀로는 문학에서 질투를 대표하는 인물 중 하나지만, 기원전 5세기의 그리스 극작가 에우리피데스의 희곡에 등장하는 주인공 메데이아는 그보다 더 악랄한 녹색 눈의 괴물이다.[249] 메데이아는 신화 속 영웅 이아손과 사랑에 빠진다. 그녀는 마법에 능통하기에 황금 양털을 얻기 위한 이아손의 여정을 돕는다. 심지어 이아손과 함께하기 위해 아버지를 배신하고 오빠를 죽이고 고국에서 탈출해 코린토스로 향한다. 그렇게 그녀는 이아손과의 사이에서 두 아들을 낳는다.

하지만 메데이아가 이아손을 위해 해줄 일을 모두 마치자, 이아손은 메데이아를 떠나 자신의 정치적 야망을 실현시켜 줄 다른 (젊은) 여성과 결혼한다. "지옥에도 능멸당한 여인의 분노와 같은 것은 없다."라는 구절이 쓰이기 거의 2000년 전에 메데이아는 이렇게 선언한다. "여자는 대체로 소심한 존재이지만… 사랑에 상처받으면, 그녀의 마음보다 더 피를 부르는 것은 없다."[250] 그리고 메데이아는 피를 부른다. 그녀는 독이 든 드레스를 만들어 이아손의 새 신부에게 선물한다. 드레스는 신부를 산 채로 불태우고 고통에 몸부림치는 신부를 부둥켜안은 신부의 아버지도 죽인다. 그 다음으로 그녀는 이아손이 가장 아끼는 자식들을 데려간 뒤 자신의 두 아들을 죽이고, 마지막 연설에서 이아손에게 두 아들의 시신을 보여 준 뒤 시신을 가지고 전차를 타고 도망친다. 메데이아는 질투로 인한 분노를 이아손에게 복수함으로써 해소한 것이다.

그리스 비극 밖에서는 질투하는 연인이 이렇게 창의적인 경우가 거의 없지만, 그래도 우리는 여전히 그들을 위험한 존재로 여긴다. 질투심 많은 여성에 대한 이야기는 기원전 5세기의 메데이아를 훌쩍 지나 영화 「위험한 정사」부터 앨라니스 모리셋의 노래 「You Oughta Know」에 이르기까지 오랫동안 이어져 왔다. 이처럼 질투라는 감정은 질투하는 사람을 사로잡아 경쟁자뿐만 아니라 사랑하는 사람까지도 해치게 만드는 유난히 강력한 감정으로 여겨진다.

어디나 있지만 누구도 드러내지 않는 감정

질투는 위험하지 않을 때도 후진적이거나 미개한 것으로 여겨지곤 한다. 철학자 제롬 뉴Jerome Neu는 이렇게 말한다. "사회적 관계를 재구성함으로써 질투와 다른 고통스러운 '부르주아적' 격정을 없앨 수 있으리라는 것은 (여러 다른 시대와 마찬가지로) 60년대의 소망 중 하나였다."[251] 1960년대 로스앤젤레스 로렐 캐니언 지역의 삶은 그렇게 보였다.[252] 그 지역의 사람들은 문을 잠그는 일이 거의 없었고 파티가 수시로 열렸으며 음악가들은 밤낮을 가리지 않고 즉흥 연주를 했다. 그러나 공동체 생활에 대한 목가적 묘사가 으레 그렇듯이 모든 게 겉으로 보이는 것과는 달랐다. 로렐 캐니언의 남성 음악가는 일부일처제라는 부르주아적 관념에서 벗어나 원하는 여성과 얼마든지 잠자리를 가질 수 있었지만, 같은 규칙이 여성에게는 적용되지 않았다.

로렐 캐니언을 보면 타락 천사가 떠오른다. 만약 인간이 더 나은 존재라면, 즉 소유욕이 덜하고 사랑의 폭이 더 넓다면 이런 질투를 유발할 관계는 맺지 않았을 텐데 말이다. 질투는 연애 관계에서 찾아보기 쉬운데, 보통 연인과 경쟁자 사이의 삼각 관계에서 발생한다.[253] 연인은 서로 사랑을 주고받는 관계이며, 그 관계는 배타적이다.[254] 둘은 다른 누구와도 공유할 수 없는 친밀감, 즉 자신은 서로에게 특별한 사람이라는 믿음을 공유한다. 그러다가 연인 중 한 사람의 애정을 빼앗으려는 경쟁자가 등장한다. 경쟁자는 더욱 특별한 사람이 돼서 다른 연인을 쫓아내고 싶어 하거나 연인 중 한 사람이 누군가 (연인의 친구나 지인)를 경쟁자로 인식할 수도 있다. 다른 연인은 자기 연인과 경쟁자 사이에서 발전하기 시작하는 애정과 친밀감에 질투를 느끼기도 하는데 이런 애정과 친밀감은 실제일 수도, 상상일 수도 있으며 질투는 두 경우 모두 발생하기도 한다.

질투가 연인 관계에서만 일어나는 건 아니다. 아이들은 종종 새로 태어난 형제를 질투한다.[255] 부모 중 한 사람이 배우자와 자녀의 관계를 질투할 수도 있다. 친구는 자기 친구의 다른 친구를 질투할 수 있다. 학생은 좋아하는 선생님으로부터 특별한 관심을 받는 반 친구를 질투할 수 있다. 이 구조는 연애 관계에서와 똑같다. 우리는 특별한 관계를 맺고 싶은 사람의 관심을 끌기 위해 경쟁자로 보이는 사람을 질투한다.

　　사람들은 흔히 녹색 눈의 괴물이 나타나는 건 뭔가 잘못됐기 때문이라고 가정한다. 즉 관계가 건전하지 않거나 상대가 너무 불안정하기 때문이라는 것이다. 하지만 독점적인 관계를 맺고 있다면 질투의 가능성은 언제든 존재한다. 질투는 순수한 사랑을 더럽히는 게 아니라 사랑의 일부다. 누군가의 특별한 사람이 되고자 하는 건 전혀 잘못된 일이 아니다. 이기적이거나 소유욕이 강하다거나 병적인 게 아니다. 단지 사랑하는 사람에게 중요한 사람이 되고 싶은 것일 뿐이다. 질투를 퇴행적인 행위로 보는 사람은 이런 욕구를 미성숙한 것으로 여긴다. 이런 사고방식에 따르면 누군가의 유일한 사람이 되고 싶다는 건 이상화된 일부일처제 관계라는 관념에 의존하는 것이다. 질투를 회의하는 사람은 배타적인 연애 관계를 사랑의 정점으로 가정할 이유가 없다고 생각한다. 동시에 여러 상대를 사랑할 수 없는 이유가 뭔가?

　　회의론사의 수장처럼 사랑에 대한 낭만적 묘사는 극적이고 과장될 수 있으며 배타적인 일부일처제 관계만이 유일한 방식이라고 생각할 필요는 없다. 모든 사람에게 영혼의 동반자가 있을까? 아마 아닐 것이다. 지구상에는 수많은 사람이 살아가고 당신이 그들을 모두 만나 보지는 못했을 테니까. 설령 영혼의 동반자가 실제로 존재한다고 해도 같은 시기에 존재할지는 미지수다. 당신의 짝은 당신의 증조부모가 태어나기도 전에 바다에서 길을 잃은 15세기 선원일 수도 있다. 하지만 많은 사람이 결혼하지 않거나 평생을 함께할 단 한 명의 연인을 만나지 않고도 행복하고 만족스러운 삶을 산다. 이처럼 모두가 표준적이고 장기적인 일부일처제의 사랑을 원하는 건 아니다. 그러나 모두가 사랑받고 특별하다는 느낌을 받기를 원한다. 사랑받고 특별하다는 느낌을 받고 싶은 욕구 때문에, 다양한 형태의 사랑을 통해 이런 욕구를 충족할 수 있음에도 쉽게 질투에 빠진다. 연애와 관련이 없는 질투도 같은 방식으로 작용한다. 사람은 누군가가 자신을 좋아한다는 사실을 알고 싶어 한다.

사랑을 독차지하고 싶어서가 아니다

질투를 회의하는 사람들은 질투를 비이성적인 것으로 단정한다. 그들이 보기에 질투하는 사람은 사랑과 애정을 한정된 자원으로 여기는데, 부모님이 여동생을 사랑한다고 해서 나를 덜 사랑하는 건 아니며, 내 친구는 우리의 우정을 해치지 않으면서 다른 친구를 사귈 수 있다고 주장한다. 하지만 질투는 이렇게 어리석지 않다.

우리 정체성의 일부는 다른 사람과의 관계로 구성된다. 다시 말해 나는 관계를 통해 나를 정의한다. 나는 내 절친의 절친이다.

그런데 그녀가 갑자기 다른 사람을 절친이라고 부르기 시작하면 나는 이제 누구일까? 동생이 태어나기 전까지 당신은 부모님의 외동딸 또는 외동아들이었다. 그런데 이제 집에 새로운 아기가 생기니 찬밥 신세가 된 것 같다. 당신은 자신이 직장에서 재미있는 사람이라고 생각했는데, 새로 온 동료는 모든 사람을 웃게 만드는 재주가 있는 것 같다. 인간관계가 변하면 자신에 대한 인식도 함께 변한다. 때로는 이런 변화가 더 나은 방향으로 나아가게도 한다. 우리는 누군가를 잃고 나서 그 사람 없이 어떻게 자신을 재건할지 도무지 알 수 없을 때가 있다. 그럴 때 우리는 그저 한 조각을 잃어버린 채로 계속 살아갈 방법을 찾는다.

이처럼 우리는 인간관계를 통해 자신을 정의한다. 그중에도 유독 자아 인식에 더 중요한 역할을 하는 관계가 있다. 그리고 이들과 연관될 때 더욱 질투에 빠지기 쉽다. 다른 사람을 일부로 받아들이면 그 사람에게 취약해진다. 그 취약성은 관계가 아무리 안전하다고 해도 절대 사라지지 않는다. 누군가를 사랑한다는 건 상대방이 항상 나를 헤칠 수 있는 위치에 있다는 뜻이다. 물론 건전한 관계에서는 상대방이 그러길 원치 않겠지만 그렇다고 해서 상대방이 그럴 수 없는 건 아니다.

사람은 사랑하는 사람에게 특별한 사람이고 싶어 한다. 나는 당신의 비밀을 아는 유일한 사람, 당신이 힘들 때 찾는 사람, 다른 사람과 달리 당신을 웃게 해주는 사람, 당신 자신보다 당신을 더 잘 아는 사람, 또는 내가 없는 삶은 상상할 수 없는 사람이라는 걸 확인하고 싶어 한다. 사람들은 질투하지 않는 관계가 좋은 것이며, 그것이 관계가 건전하다는 걸 의미한다고 생각하는 경향이 있다. 하지만 연인들은 자기 연인이 질투해 주기를 바랄 때가 있다. 질투를 한다면, 그건 특별한 존재가 되고 싶다는 뜻이다. 또한 얼마나 매력적인 사람인지 알고 있다는 뜻이기도 하다. '당신의 애정을 원하지 않을 사람이 있을까?'라고 생각하는 것이다. 연인이 질투하지 않는다면, 그건 다른 사람이 나를 원할 수 있다고 생각하지 않거나 나의 애정을 잃는 게 그다지 큰 문제가 아니라고 생각하기 때문일 수도 있다. 즉, 관심이 없기 때문에 질투도 나지 않는 것이다.

유치해 보일 수도 있지만 사랑받고 싶다는 욕망은 사랑의 본질이다. 사람은 대체할 수 없는 존재다.[256] 당신이 그 사람을 사랑하는 이유를 모두 생각해 보자. 그 사람은 똑똑하고 통찰력 있고 다정하고 엉뚱하고 성실하다. 물론 이와 같은 장점을 지닌 사람이 많지만 당신은 자신의 특별한 사람을 같은 목록(또는 더 나은 목록)을 가진 다른 사람과 바꾸지 않을 것이다. 왜냐하면 사람은 단순히 특성만을 보고 그 사람을 사랑하는 게 아니기 때문이다.

당신은 그 사람을 있는 그대로 사랑한다.[257] 그가 지닌 모든 특성을 알기도 전에 그 사람과 사랑에 빠질 수 있고 그 사람이 변해도 계속 사랑할 수 있다. 당신이 그 사람을 사랑하는 이유는 바로 그 사람이기 때문이다. 사랑은 특수한 것이기 때문에 우리는 내 연인이 나를 사랑하는 것처럼 다른 사람을 사랑할 수는 없다고 믿고 싶어 한다. 어쩌면 그럴 수도 있지만, 그렇다고 해서 반드시 내 연인이 다른 사람과 사랑에 빠질 수 없는 건 아니다.

다른 나쁜 감정과 마찬가지로 질투는 고통스럽고 솔직하게 경험하기 어려운 감정이다. 내가 사랑하는 사람의 특별한 관심을 잃을까 봐 두려워한다는 사실을 인정하긴 어렵고, 나의 특별한 사람이 다른 사람의 품에 안겨 있는 모습을 상상하는 건 괴로운 일이다. 내가 질투하고 있다는 사실을 인정하면, 나는 과연 내가 바라는 만큼 사랑스러운 사람인지 의문이 들기 시작할 것이다.

질투는 위험하고 후진적인 감정이라는 낙인이 찍혀 있으므로 우리는 눈빛이 평소보다 살짝 더 녹색으로 변하기 시작할 때 질투를 인정하길 주저하게 마련이다. 질투를 받아들이는 건 사랑에 결함이 있다는 개념을 받아들이는 걸 의미하니까.[258] 우리는 도달할 수 없는 순수한 사랑을 상상한다. 요컨대 진정한 또는 진실한 사랑은 결코 상대를 의심하지도 따지지도 불안해하지도 않는 것이라 생각한다. 사랑은 갑옷과 같고 걱정이나 의심은 금속 갑옷에 생기는 균열과 같다는 식이다. 하지만 사랑은 갑옷처럼 견고하지 않다. 누군가를 사랑하는 건 자신을 계속 드러내는 걸 의미한다. 즉 상처와 배신의 가능성을 항상 열어 두되 그런 일이 일어나지 않으리라고 믿는 것이다.[259] 신뢰는 흔들리고 해질 수 있다. 내가 사랑하는 사람은 믿음직하고, 내가 필요로 하는 만큼 상대방도 나를 필요로 한다고 확신하고 싶어 하는 건 잘못된 일이 아니다. 우리는 사랑하는 사람을 믿으면서도 마음을 다치는 걸 두려워한다. 질투심은 이런 두려움의 일부일 뿐이다.

질투가 위험하고 병적인 감정이 되는 것은 질투가 사랑하는 사람에 대한 진심 어린 배려와 짝을 이루지 못할 때다. 사람은 연인의 애정을 잃을까 봐 두려울 때, 사랑하는 사람의 행복을 희생시켜서라도 그 두려움을 해소하려 할 수 있다. 때때로 질투에 수반되는 소유욕은 그 두려움에 대처하는 한 방편이다. 요컨대 그가 누굴 만나고 뭘 하는지를 내가 통제하면 할수록, 다른 사람이 그에게 특별한 사람이라는 걱정을 그만큼 덜게 된다. 하지만 질투심을 달래기 위해 상대의 행동을 통제하려는 사람은 나쁜 감정보다 더 큰 문제가 있는 것이다.

또한 우리는 곧잘 경쟁자를 해치거나 이김으로써 두려움을 떨쳐 버리려고 한다. 형제간의 질투는 이런 행동으로 이어지기 쉬우며, 어린아이들은 동생을 밀치거나 때릴 수 있다. 특히 정서적으로 성숙하지 않은 상태에서는 애정을 빼앗으려는 사람에게 화풀이하기가 고통을 참기보다 쉬운 법이다(성인도 마찬가지다). 다른 사람과 마찬가지로 아이도 자신이 특별하다고 느끼기를 원하며 새로운 아기가 태어나기 전까지는 자신이 특별하다고 믿는 게 당연하다. 부모들은 아들이 자연스럽게 형제를 사랑하기를 기대하지만 혈연이 사랑을 보장하진 않는다. 그리고 이는 단순히 사랑에만 국한되지 않는다.

아이는 가족 내에서 새로운 역할을 배워야 하고 낯선 아기와 삶을 공유하는 법을 알아내야 한다. 아이는 자아의식이 강하거나 복잡하진 않지만 그렇다고 해서 자아의식이 없는 건 아니다. 어떤 형제는 경쟁심에서 벗어나지 못하기도 하지만 병적으로 치닫지 않는 한 경쟁심은 전혀 잘못된 게 아니다.

부모에게 특별한 존재가 되고 싶다는 건 항상 자신이 가장 사랑받는 존재이기를 원한다는 뜻이다. 하지만 그게 형제를 미워하거나 해치고 싶다는 것은 아니다. 어머니가 동생의 성적에 대해 신나게 떠들 때 형은 마음이 상해서 "맨날 동생이 최고지."라고 투덜거릴 수 있다. 동생에 대한 사랑을 그대로 간직한 채로 말이다. 물론 형제간의 질투도 연인의 질투처럼 왜곡될 수 있다. 하지만 그럴 경우 아마도 형제 사이의 이야기에는 질투 이상의 뭔가가 더 있을 것이다. 어쩌면 부모가 형제간의 경쟁을 부추겼거나, 자녀를 인정해 주는 데 너무 인색했을 수도 있다. 어쩌면 형제가 그냥 미성숙해서 부모님 점수 따기에만 급급했을 수도 있다. 미성숙한 사람은 감정에 따라 미성숙한 행동을 한다.

질투가 해를 끼치는 건 질투가 통제와 불신, 불안, 의심, 조작, 부정직함과 같은 다른 균열로 스며들 때다. 우리는 질투를 녹색 눈의 괴물이라고 부르지만 애초에 질투가 어떻게 괴물이 되었는지 묻는 사람은 아무도 없다. 철학자 로버트 노직Robert Nozick은 사랑이 당신 밑에 "바닥을 깔아 준다."[260]라고 말한다. 그런데 때때로 그 바닥은 곧 무너질 것처럼 느껴진다. 질투가 생기는 까닭은 누군가를 사랑하는 것이 그 바닥이 무너질 가능성을 염두에 두고 살아가는 것을 의미하기 때문이다. 취약성은 우리가 사랑에 지불하는 대가다.

시기의 명과 암

6세기 교황 그레고리오 1세는 저서 『욥기 주해』의 7대 죄악 목록에 시기를 추가했다. 그레고리오 1세의 주요 죄악 목록에는 시기와 함께 허영과 분노, 우울, 탐욕, 폭식, 욕정이 포함된다.[261] 그레고리오에 따르면 모든 주요 죄악은 사탄이 아담과 하와를 유혹함으로써 세상에 들어온 교만에서 유래한다.[262] 이것들은 사악한 나무처럼 가지를 뻗어서 더 많은 죄악을 낳는다. 그중 교만은 7대 죄악으로 자라나는 뿌리다. 그리고 각각의 주요 죄악은 또 다른 죄악을 낳는다. 시기는 '미움, 소문, 비방, 이웃의 불행에 대한 기쁨 그리고 이웃의 성공에 대한 괴로움'을 유발한다.[263] 그레고리오 시대 이후 로마 가톨릭의 교리에서 허영은 교만과 통합됐고, 우울은 나태가 됐지만, 그 이후에도 시기는 여전히 목록에 남아 있다.

영국의 철학자이자 과학자인 프랜시스 베이컨은 저서『베이컨 수필집』에서 '시기'를 논한다.[264] 1561년에 태어난 베이컨은 엘리자베스 여왕과 제임스 1세 치하의 의회에서 일한 직업 정치인이었다.『베이컨 수필집』은 군주와 장관 같은 공직자에게 실질적인 조언을 제공하기 위해 쓰였다. 그가 시기에 관해 글을 쓴 목적은 이 감정이 어떻게 작동하는지 설명하고 이에 가장 취약한 사람이 누구인지 밝히며 시기의 표적이 되는 걸 피하는 방법을 알려주는 것이었다. 그에 따르면 시기는 다른 사람과 자신을 비교할 때 발생한다. 시기는 "항상 자기 자신과의 비교와 연관된다."[265] 그렇기에 비교를 많이 하는 사람이 시기에 가장 취약하며 베이컨에게 이들은 '매사에 남보다 뛰어나고자 하는' 사람과 '바쁘고 호기심이 많은' 사람을 의미한다.[266] 시기는 "방랑벽이 있는 감정이라 집에 붙어 있을 줄 모르고 거리를 쏘다닌다."[267] 만약 당신이 타인의 일에 신경을 쓰고 있다면 당신은 비교와 시기에 휩쓸릴 가능성이 크다.

베이컨은 사람들이 직위와 시위를 놓고 수시로 경쟁하는 정치판에서 시기를 많이 목격했다. 그가 보기에 사람들은 자신과 비슷한 사람을 시기하는 경향이 있다고 봤다. "왕을 시기하는 것은 왕뿐"[268]이며 '귀족으로 태어난 사람'은 '새롭게 입신한 사람'을 시기한다.[269] 입신한 사람은 신분이 빠르게 상승할수록 더 많은 시기를 받는다(베이컨 자신도 입신한 사람이었으므로 경험을 통해 이를 잘 알았을 것이다). 그러나 "커다란 노고와 고난, 위험을 감수한 끝에 명예를 얻은 사람은 시기를 덜 받는다. 왜냐하면 사람들은 그가 명예를 어렵게 얻었다고 생각하기 때문이다."[270] 만약 당신이 많은 고난을 겪고 극복해서 지금의 자리에 올랐다면, 시기를 받을 가능성은 작다. 그리고 시기의 표적이 되고 싶지 않다면 과시하지 않으려 애써야 하고 야심을 드러내는 행동을 삼가야 한다.

베이컨은 한 가지 종류의 시기는 유익할 수도 있다고 생각한다. 그는 이를 '공적인 시기'라고 부르며 이것은 "사람이 지나치게 강대해질 때 이들의 광채를 퇴색시킨다."[271]라고 보았다. 공적인 시기란 우리가 야망이 너무 큰 사람에게 느끼는 시기다. 베이컨은 이것이 왕실의 구성원이 너무 빨리 출세하려는 시도를 막는 데 도움이 된다고 생각했다. 왕실 전체가 자신을 시기할지도 모른다는 위협감을 느끼면 이름을 알리고 싶다는 마음을 고쳐먹게 된다는 것이다.

그러나 공적인 시기는 '건전한 것에 퍼져서 그것을 병들게 하는 전염병'과 같은 것이 될 수도 있다.[272] 공적인 시기는 사람들을 제자리에 묶어 놓기 때문에 결국 절실히 필요한 새로운 발상과 개혁을 억누르기도 한다. 또한 공적인 시기가 만연하다는 건 왕국 시민들 사이에 불만이 팽배해 있음을 반영하며 이는 정치적 안정을 위협한다. 베이컨은 시기의 긍정적 측면을 가볍게 옹호함에도, 시기를 '가장 사악한 애정이자 가장 타락한 감정'이라고 일컫는다.[273] 그는 시기를 16세기에는 가벼이 여겨지지 않았던 마법에 비유한다. 왜냐하면 시기는 우리가 마법에 걸려들게 하는 힘을 가지고 있기 때문이다. 그의 표현대로 시기는 "어둠 속에서 교활한 일을 꾸민다."[274]

시기에 대한 베이컨의 시각은 오늘날 우리와 크게 다르지 않다. 이웃의 새 차를 시기하는 것은 자신을 이웃과 비교하거나 적어도 자기 차를 이웃의 차와 비교하는 것이다. 시기는 비교를 수반하기 때문에, 우리는 일반적으로 자신을 가까운 사람(이웃, 동료, 가족)이나 지위가 비슷한 사람과 비교한다. 베이컨이 말했듯이 우리는 일반적으로 한 국가의 통치자를 시기하진 않는다. 당신이 자신의 지위를 의식하면 할수록 시기할 가능성은 그만큼 커진다. 이를테면 당신이 동네에서 가장 좋은 차와 가장 좋은 집, 가장 좋은 잔디밭을 가지려고 한다면 당신은 이웃이 하는 일에 촉각을 곤두세우게 될 것이다. 그러다가 이웃이 새 차를 사기 위해 몇 년 동안 허리띠를 졸라매고 저축했다는 사실을 알게 되면, 시기를 덜 느낄 것이다.

우리 시대의 공적인 시기는 왕실의 음모보다는 사무실 정치에서 찾아볼 수 있다. 누군가가 승진을 위해 아등바등하거나 고위직으로 이동하려고 할 때 이를 느끼곤 한다. 사무실 분위기가 야심을 공공연히 드러내는 사람에게 갑자기 냉랭해진다면 그 사람의 행동을 견제하는 것일 수 있다. 반면 공적인 시기는 현상을 유지하고 좋은 아이디어를 가진 사람을 막기도 한다. 공적인 시기가 만연한 사무실 환경은 일하기 좋은 곳이 아닐 가능성이 크다.

부러운데 어찌 마냥 웃나

대부분의 철학자가 시기를 주요 죄악 목록에 기꺼이 올려놓는다.[275] 시기는 심각한 죄악으로 다른 사람의 성공을 진심으로 기뻐할 수 없게 만든다. 시기는 다른 사람과의 관계를 경쟁적으로 바꾸어서 타인의 행운이 그 사람에게는 승리가 되고 내게는 패배가 되게 한다. 그리고 다른 사람의 성공을 보고 자괴감을 느끼는 당신은 불안정하고 자존감이 부족한 사람이 되어 버린다. 또한 시기는 시기를 불러일으키는 대상을 파괴하려는 욕구 또는 그 대상을 소유한 사람을 해치려는 욕구를 포함한다.

안타깝게도 시기는 치명적인 만큼이나 널리 퍼져 있는 것 같다. 다양한 문화와 언어에서도 시기 또는 이와 비슷한 감정이 발견되기 때문이다.[276] 그럼에도 시기를 좋게 생각하는 사람은 거의 없다. 저명한 사회학자 헬무트 쇠크Helmut Schoeck는 이렇게 말한다. "어떤 윤리 체계도, 어떤 종교도, 속담에 기록된 어떤 통속적 지혜도, 어떤 도덕 우화도 그리고 원시인들의 어떤 행동 규칙도 시기를 미덕으로 삼지 않는다."[277]

시기를 옹호하는 사람은 많지 않지만, 일부 철학자는 특정

유형의 시기는 유익할 수 있다는 베이컨의 의견에 동의한다. 때로는 시기를 동기로 삼아 자신을 발전시킬 수도 있기 때문이다. 만약 내가 이웃의 새 차를 시기한다면, 나는 새 차를 사기 위해 저축을 하기로 결심할 수 있다.[278] 또 일부 철학자는 정당한 시기가 있다고도 주장[279]하는데 베이컨의 말처럼 우리는 열심히 노력해서 원하는 걸 얻은 사람은 시기하지 않는 경향이 있다. 시기는 대체로 성공할 자격이 없는 사람들을 향한다. 만약 그들이 성공할 자격이 충분하다면 우리는 그들을 축하하거나 존경할 것이다.

또 시기는 우리가 처한 상황이 불공평해 보일 때도 촉발된다. 만약 사회가 원하는 걸 얻을 기회가 전혀 없도록 구성되었다면 시기는 부당한 사회적 열등함에 대한 항의다. 베이컨은 공적인 시기가 널리 퍼진다는 건 왕국이 모든 면에서 좋지 않다는 신호라고 주장한다. 마찬가지로 철학자들은 시기심이 많은 사회는 불공평함이 만연한 것일 수 있다고 주장한다.[280]

지금쯤이면 내가 '좋은 종류'의 시기에 대해 회의적이라는 걸 짐작할 수 있을 것이다. 좋은 시기가 있다는 주장에 따르면 시기를 속죄하기 위해 이것을 좋은 일에 사용해야 한다. 즉 우리는 시기를 자신을 발전시키기 위한 '연료'로 사용하거나 불평등이나 불공정을 해결하기 위한 '동기'로 사용해야 한다. 이런 기준에 부합하지 않으면, 우리는 시기를 뱀의 축제를 벌이는 오비디우스의 어두운 동굴로 추방한다.

하지만 시기를 없애지 않고서 충분히 함께 살아갈 수 있다. 우리는 모두 자기 삶에 대한 나름의 이상을 가지며 다른 사람이 그 이상을 누리는 모습을 보면 시기를 느낀다. 삶에 대한 이상은 매우 구체적인 걸 포함하기도 한다. 예컨대 당신이 어릴 적부터 캐딜락의 세련된 외관과 우아한 곡선, 장인 정신이 깃든 세밀함에 반했다고 해보자. 침실 벽에 캐딜락 포스터를 붙이고 언젠간 나도 캐딜락을 가질 것이라고 다짐한다. 그런데 어느 날 이웃이 당신이 가장 좋아하는 모델인 눈부신 1957년형 드빌을 타고 진입로에 들어선다. 당신이 시기를 느끼는 까닭은 당신이 캐딜락을 좋아하고 캐딜락을 갖고 싶기 때문이다. 다른 사람이 내가 원하는 걸 가지고 있을 때 시기를 느끼는 건 그 물건과 자신을 향한 관심을 표현하는 것이다. 우리는 원하지만 갖지 못한 걸 갈망하고 다른 사람이 그걸 누리는 모습을 볼 때 마냥 웃을 수만은 없다.

사실 시기가 평판이 나쁜 이유 중 하나는 우리는 대개 물질주의적 욕망을 비판하기 때문이다. 베이컨이 지적하듯이 시기는 흔히 지위와 관련되며 우리는 집과 돈, 자동차처럼 지위를 나타내는 것 때문에 다른 사람을 시기한다. 물질주의에 대한 비판은 타당하다. 다시 말해 진정한 행복은 많은 걸 소유하는 데 있지 않으며 가장 많은 걸 가진 사람이 가장 행복한 건 아니다.

하지만 우리가 항상 다른 사람이 가진 물건을 시기하는 건 아니다. 다른 사람의 재능, 예컨대 언어 습득 능력, 하모니카 연주

실력, 패션에 대한 안목 등을 시기하기도 한다. 또 물건에 관심을 갖거나 물질적인 것에 가치를 두는 게 항상 과하거나 천박한 일은 아니다. 좋아하는 휴가지에서 구입한 유리잔은 인생의 멋진 시간을 기억하게 해주는 매개체다. 아끼는 음반 수집품은 음악에 대한 나의 사랑을 표현하는 수단이고 1957년형 드빌은 내 꿈의 자동차다. 뭔가를 사랑하고 원한다면, 다른 사람이 그걸 누리는 모습을 그냥 지나치기 어렵기 마련이다.

시기가 평판이 나쁜 또다른 이유는 비교와 관련되기 때문이다. 사람들은 자신을 타인과 비교하지 말라고 충고하지만, 그건 희망 사항일 뿐이다. 심리학자 수전 피스케Susan Fiske는 암 환자들이 자신의 병과 회복을 가늠하기 위해 다른 암 환자와 자신을 비교하는 연구를 인용한다.[281] 법학자 돈 헤르조그Don Herzog는 이렇게 말한다. "자아를 형성한다는 것, 정체성을 갖는다는 것은 모든 종류의 서열에서 자신이 어디에 있는지 이미 알고 있음을 뜻한다."[282]

그리고 비교가 항상 사회적 지위를 차지하기 위한 미성숙한 다툼인 것은 아니다. 우리는 모두 달성하고 싶은 목표가 있고 성공을 원한다. 그렇다면 성공을 어떻게 측정할 수 있을까? 우리는 대체로 기준을 사용한다. 예를 들어 1km를 쉬지 않고 달릴 수 있는지, 집 계약금을 충분히 모았는지 또는 일주일 내내 담배를 피우지 않았는지 등을 기준으로 삼는다. 이런 기준에는 타인과 자신을 비교하는 행위도 포함된다. 비교할 기준점이 없다면, 자신이 잘하고 있는지 어떻게 알겠는가?

우리는 대체로 선을 지키며 살아간다

사람들은 시기를 느끼지 않는 사람이 더 성숙하고 덜 물질적이며 자신감이 넘친다고 생각하는 경향이 있다. 하지만 어쩌면 그들이 시기심을 느끼지 않는 건 무감각하거나 야망이 없거나 오만하기 때문일 수도 있다.[283] 타인과 비교하지 않는 건 자신의 실패나 결점을 직시하지 않으려는 방편으로 보이기도 한다. 비교가 항상 경쟁적이거나 치졸하거나 악의적인 것은 아니다. 때로는 자신이 잘하고 있는지, 자신에게 어떤 다른 가능성이 있는지 더 확실히 파악해야 할 때도 있다. (우리는 다른 사람이 가진 것과 갖지 못한 것에 지나치게 얽매일 수도 있지만) 이따금 이웃의 진입로를 살펴보면 우리집의 진입로에 무엇이 있어야 하는지를 파악하는 데 도움이 된다.

시기를 비판하는 사람은 그런 건 괜찮지만 차 때문에 이웃을 시샘하면 안 된다고 말한다. 그런데 내가 원하는 걸 누리는 사람을 보고 화를 내거나 짜증을 내거나 씁쓸해하면 안 되는 이유가 대체 뭔가? 지금쯤이면 당신은 내가 이런 나쁜 감정이 사라져야 할 이유가 없다고 말하리라는 걸 예상할 것이다. 사람들은 시기심 때문에 이웃을 해치거나 드빌에 치졸한 짓을 할까 봐 염려한다. 하지만 이런 사고방식이라면 시기를 느끼면 필연적으로 내가 원하는 걸 다른 사람이 갖지 못하길 바라거나 그걸 가진 사람을 해치고 싶어져야 한다.[284] 하지만 내가 보기에 이런 사고방식은 시기라는 감정과 우리가 그 감정에 대처하는 방식을 혼동하는 것이다. 시기를 느끼면 기분이 나쁘고, 우리가 시기를 느끼는 것은 내 삶이 원하는 대로 흘러가지 않아서 패배자처럼 느껴질 때다. 문제는 우리는 그 즉시 고통에 대응해 뭔가를 하려고 애쓸 때 생긴다.

3장에서 살펴본 것처럼 시기심에 대처하는 전략 중에 가장 유명한 것이 이솝우화『여우와 포도』에서 유래한 신 포도 전략이다. 여우는 포도에 손이 닿지 않기 때문에 저 포도는 시다고 자신을 설득한다. 스스로에게 저 물건은 탐낼 가치가 없는 것이라고 말하면, 그 물건을 갖지 못하는 고통을 덜 수 있기 때문이다.

대처 전략으로 볼 때 신 포도 수법이 최악은 아니다. 게다가 여기에 약간의 유머를 더하면 해롭지 않아지기도 한다. 예를 들어 이웃의 차를 보고 이런 농담을 던질 수 있다. "너무 반짝거려서 보기만 해도 눈이 아프겠네, 불쌍한 녀석."처럼 말이다. 일반적으로 신 포도 전략을 활용할 때 우리는 자신에게 거짓말을 한다. 실제로는 이웃의 차에 신경을 쓰면서, 속으로는 나는 정말로 저 차에 신경을 쓰지 않는다고 말하는 식이다. 하지만 신 포도 유머는 자신을 속이는 대신 살짝 비웃게 만들어 시기심의 고통에서 벗어나게 해준다.

경쟁자가 가진 걸 잃기를 바라거나 경쟁자(또는 그의 물건)를 해치고 싶어 하는 것도 대처 기제다. 예를 들어 이웃의 새 차 위로 나무가 쓰러지는 상상을 할 수도 있고 차 옆을 지나가면 야구 방망이로 앞 유리를 내려치고 싶은 생각이 들기도 한다. 시기를 비판하는 사람은 이런 상상을 비합리적인 것으로 단정한다. 이웃의 차에 나무가 쓰러진다고 해서 갑자기 나에게 새 자동차가 생기진 않으니까. 하지만 시기하는 사람도 이 사실을 안다. 그들은 망상에 빠지지 않았다. 그 차에 무슨 일이 생기면 더 이상 그 차를 볼 필요가 없고, 그러면 내 삶에서 부족한 부분을 떠올릴 일도 없기 때문에 상상하는 것이다. 물건을 망가뜨리고 싶을 때도 마찬가지다.

시기를 회의하는 사람은 원하는 걸 누리는 사람에게 적대적인 감정을 가지면 절대 안 된다고 생각하는 것 같다. 이웃이 내 꿈의 자동차를 몰고 다니니 얼마나 멋진 일이냐며, 미소 짓고 행복해해야 한다는 것이다.

그러나 내가 원하는 걸 누리는 사람을 시샘한다고 해서 그 사람이 원수가 되는 건 아니다. 이것은 악의가 없는 시기이며 악의 없는 시기는 사실상 시기가 아니다. 우리는 심지어 사랑하는 사람을 시기할 수도 있다.[285] 사람들은 사랑하는 사람에 대한 시기를 특별히 위험한 일로 생각한다. 마치 이런 감정이 관계를 영원히 해칠 것처럼. 하지만 사람은 응당 상반된 감정을 느끼며 살아간다. 예컨대 사랑하는 사람에게 몹시 화내면서도 동시에 그 사람을 사랑한 적이 분명히 있을 것이다. 화날 때는 상대방을 다정하게 대하기 힘들지만 분노가 시작되는 곳에서 사랑이 끝나지는 않는다.

시기도 마찬가지 아닐까? 사랑하는 사람을 시기한다고 해서 그 사람의 성공을 기뻐할 수 없는 건 아니다. 물론 축하한다는 말을 꺼내면서 마음이 아플 수는 있겠지만 말이다. 특히 사랑하는 사람의 성공을 조금도 기뻐할 수 없는 경우는 시기보다 더 깊은 문제의 증상으로 봐야 한다. 가끔 시기심을 느낀다고 해서 사랑이 식은 건 아니다. 사랑하는 사람이 당신이 원하는 걸 누리는 모습을 보며 괴로운 건 전혀 잘못된 일이 아니다. 당신이 다른 사람을 소중히 여긴다고 해서 자신을 소중히 여기는 마음이 저절로 사라지는 긴 아닌 것처럼 말이다. 사람들은 흔히 시기란 타인에게 나쁜 일이 생기길 바라는 것이라고 오해한다. 하지만 적대적인 감정은 사랑과 인간의 品位, 존중과 양립할 수 있다. 나는 이웃이 드빌과 함께 있는 모습을 보면, 이를 악물고 그의 이름을 저주하고 주먹을 마구 휘두른다(물론 그가 나를 볼 때는 그러지 않는다). 그런 다음 내 일상으로 돌아간다.

이처럼 시기로 인한 파괴적인 상상은 대체로 해롭지 않다. 부정적인 감정 자체와 마찬가지로 사람들은 대부분 이런 생각을 하지만 실행에 옮기진 않으니까. 대개는 잠시 상상의 나래를 펼치다가 곧 빠져나온다. 파괴적인 상상이 시기에 대처하는 솔깃한 전략인 까닭은 그것이 고통스러운 감정을 해소할 수단을 제공하기 때문이다. 자기 계발을 위해 동기를 부여하는 유익한 시기도 대처 전략인 것은 마찬가지다. 당신은 그저 경쟁자를 이기기 위해 목표를 추구할 수도 있다.[286] 나의 시기는 정의로운 것이라는 생각도 자기기만적인 대처 기제다. 예컨대 시기로 인한 고통을 달래기 위해 내 이웃은 캐딜락을 가질 자격이 없고 진가를 알아볼 줄도 모른다고, 그래서 시기하는 것이라고 되뇐다.

시기와 함께 살아갈 때 가장 힘든 부분은 대처 기제를 찾지 않고 시기를 느끼게 자신을 내버려두는 것이다. 시기에서 벗어나야 한다고 되뇌거나, 시기를 동기로 활용하거나, 드빌은 소유할 가치가 없다고 자신을 설득할 필요 없다. 패배감을 느끼고 싶은 사람은 아무도 없지만 그 고통을 피할 수는 없다는 것을 인정해야 한다. 삶이 소중한 만큼 자랑스러워할 수 있는 뭔가로 빚어내고 싶은 마음이 드는데 그것이 원하는 대로 흘러가지 않을 때 시기를 느낀다. 시기 자체는 괴물이 아니다. 시기가 괴물이 되는 건 삶이 생각과는 다르다는 고통스러운 깨달음을 견디며 살아가기를 거부할 때다. 그럴 때 우리는 자신을 연약해지게 내버려두기보다는 차라리 이웃을 해치거나 야구 방망이를 들고 드빌로 향한다. 만약 당신이 얼른 이를 악물고 드빌 예금에 돈을 더 저축한다면, 그건 자신에 대한 불만족을 잠시도 견딜 수 없기 때문일 것이다. 우리가 시기를 회피하는 이유는 실패를 회피하기 때문이다. 하지만 인간은 실패할 때가 있고 인생은 원래 그런 것이다.

6장. 양심과 쌤통

1949년 아카데미 단편 애니메이션상은 워너 브라더스의 루니 툰 만화 영화 「그대 향기 때문에For Scent-imental Reasons」에 돌아갔다.[287] 이 만화의 주인공은 애니메이터 척 존스와 마이클 몰티즈가 창조한 프랑스 바람둥이 스컹크 페페 르 퓨다. 존스와 몰티즈는 제작자 에디 셀저가 상을 받기 위해 무대에 오르자 소름이 돋았다. 워너 브라더스의 애니메이터들은 셀저와 업무적으로 관계가 몹시 나빴기 때문이다.[288] 셀저는 무뚝뚝하고 독단적이며 권위적이었다. 셀저는 애니메이터의 창작에 사사건건 간섭했고, 애니메이터는 항상 셀저의 명령을 어겼다. 셀저가 낙타에 관한 만화 영화는 더 이상 만들지 말라고 명령하자, 프리즈 프레잉은 낙타가 등장하는 벅스 버니 단편 「사하라 사막의 버니Sahara Hare」를 만들었다. 그 후 셀저는 투우에 관한 만화를 금지했다. 그러자 몰티즈와 존스는 벅스 버니가 투우사 역할을 하는 「투우사 벅스Bully for Bugs」를 만들어서 대응했다. 셀저는 페페 르 퓨를 싫어했고 그래서 존스와 몰티즈는 페페 르 퓨를 셀저가 오스카상을 수상하는 단편의 주인공으로 만들었다. 수많은 사람에게 웃음을 안겨 준 사랑받는 스컹크 페페 르 퓨는 앙심의 산물인 셈이다.

안타깝게도 다른 앙심의 산물은 만화 캐릭터만큼 무해하지 않다. 정신과 의사 조너선 메츨은 테네시주에 거주하는 백인 남성 집단을 대상으로 의료 서비스에 대해 인터뷰했다. 이 남성들은 모두 다양한 만성 질환을 앓고 있었고 일부는 미국 제대군인부나 저소득층 건강보험에 의존해 치료받고 있었다.[289] 그럼에도 남성들은 정부가 지원하는 보편적 의료 서비스를 '사회주의'로 매도했다. 그들은 자기가 낸 세금이 멕시코인과 '생활 보호 대상 어머니'를 위한 의료 서비스를 지원하는 데 쓰인다는 생각에 발끈했다.[290] 충분한 통계적 증거에 따르면 의료 서비스 확대는 소수 인종뿐만 아니라 백인 남성 집단에도 도움이 된다는 게 명백하다.[291] 메츨이 인터뷰한 남성들은 자신이 싫어하는 사람이 같은 혜택을 누리는 모습을 보느니 차라리 목숨이 달린 치료를 받지 않겠다고 하는 것처럼 보였다.[292] 이처럼 앙심은 페페 르 퓨를 만들어 내기도 하지만 당신을 죽일 수도 있다.

앙심과 쌤통(샤덴프로이데Schadenfreude라는 독일 용어를 번역한 것이다.)은 둘 다 타인의 고통을 즐기는 것이다. 감정적으로 사촌뻘인 이 두 가지 감정은 대단히 반사회적인 부정적 감정이며 그 때문에 17세기 철학자 바뤼흐 스피노자는 이것들을 심각한 문제로 여겼다.

스피노자와 미움의 감정

스피노자는 1632년 암스테르담의 포르투갈계 유대인 공동체에서 태어났다. 그는 총명한 학생이었으며, 형 이삭이 1649년에 사망하기 전까지 탈무드 토라 학교에 다녔다. 그 후 학교를 중퇴하고 아버지의 사업을 도왔지만 상인은 스피노자의 적성에 맞지 않았다.[293] 그는 1650년대에 라틴어를 공부하기 시작했고 암스테르담의 지성계에 참여했다. 그러다가 철학에 관심을 가지면서 곤경에 처했다. 1656년에 유대교 회당에서 파문당할 당시, 파문 선고문에는 나음과 같은 글이 적혀 있다. "이 율법서에 기록된 모든 저주가 그를 덮칠 것이며, 주님께서 그의 이름을 이 세상에서 지워 버리실 것이다."[294]

대체 스피노자가 무슨 말을 했길래 영원한 저주를 받은 걸까? 그의 대작이자 윤리학을 뜻하는 제목 『에티카』에는 신, 인간의 마음 그리고 우주의 전체 구조에 대한 스피노자의 사상이 담겨 있다. 또한 이 책은 공리와 명제, 정의로 구성되는 기하학적 증명 형식으로 쓰였다. 쉽게 말해 독특한 책이다.

스피노자는 간디나 스토아학파처럼 감정 통제형 성인이다. 『에티카』의 마지막 부분에서 스피노자는 자신이 생각하는 모범적인 인간상을 설명한다. 훌륭한 사람은 '누구도 미워하지 않고, 누구에게도 화내지 않으며, 누구도 시기하지 않고, 누구에게도 성질 내지 않으며, 누구도 멸시하지 않고, 전혀 오만하지 않은 사람'이며 '미움, 분노, 시기, 조소, 오만처럼 참된 인식을 가로막는 것들을 제거'하려고 노력하는 사람이다.[295]

이런 모범적인 삶을 위해서 우리는 신의 본질을 숙고하여 지성을 완성해야 한다. '(신의 본성의 필연성에서 비롯되는) 신의 속성과 신의 행동'을 이해하면, 우리는 마음의 평화를 얻어 나쁜 정욕에서 벗어날 수 있다.[296] 당신이 신을 믿는지 안 믿는지는 차치하고, 여기서 스피노자는 정확히 뭘 말하고 있는 걸까? 그가 말하는 신의 속성은 무엇이며 그걸 이해하면 내면의 감정적 평화를 얻는 이유가 뭘까?

스피노자가 말하는 신은 실체, 사실상 전 우주에서 유일한 실체다.[297] 17세기 철학에서 말하는 '실체'는 전문용어로, 스피노자는 '그 자체 안에 존재하며 그 자체에 의해 파악되는 것'으로 정의했다.[298] 다시 말해 실체는 자신의 존재를 다른 어떤 것에도 의존하지 않으며 당시 철학자들이 '양태' 또는 '속성'이라고 부르는 걸 포함한다.²⁹⁹ 완벽한 비유는 아니지만, 점토를 빚어서 뭔가를 만든다고 가정하자. 그럼 점토는 실체이고 점토는 다양한 크기와 모양, 색을 가질 수 있다. 이것이 바로 점토의 양태 또는 속성이다. 어떤 크기나 모양, 색을 취하든 점토는 존재하지만 크기와 모양, 색은 점토와 분리돼서 존재할 수 없다. 양태와 속성은 실체에 의존하지만 실체는 어떤 것에도 의존하지 않는다.

　스피노자에 따르면 세상의 모든 사물은 신에 의존해 존재한다. 즉 신이 없다면 그것들은 존재하지 않을 것이다. (불완전하지만) 점토 빚기 비유를 다시 들자면, 신은 모든 모양과 크기, 색을 동시에 포함하는 슈퍼 점토와 같다.³⁰⁰ 벌새부터 햄샌드위치에 이르기까지 존재하는 모든 것이 실체인 하나님의 양태 또는 속성이다. 전통적인 신학에서 신은 우주를 창조하고 질서를 부여하는 전능한 존재다.

　하지만 스피노자에 따르면 신은 별개의 존재가 아니라 우주와 질서 그 자체다. 이를 표현하는 그의 유명한 문구가 바로 '신이 곧 자연'이다. 이러한 신 개념은 필연론이라는 견해로 이어진다.³⁰¹ 스피노자에 따르면 신은 유일한 실체이고 우주의 모든 것이 신의 변형이므로 사물은 다른 방식으로 존재할 수 없다. 세상의 질서는 신과 마찬가지로 필연적이고 영원하며, 그 어떤 것도 그걸 바꿀 수 없다(이제 슬슬 파문당한 이유를 알 것이다. 신에 대한 스피노자의 견해는 정통이 아니다).

신은 유일한 실체이며 이 세상에는 신 이외의 어떤 것도 존재할 수 없으므로 인간은 이 영원한 구조의 일부일 뿐이다. 이는 우리의 감정이 다른 모든 것과 마찬가지로 자연의 일부임을 의미한다.[302] 감정은 우리를 돕거나 방해하는 자연의 힘과 같다[303]는 것이다. 기쁨과 같은 좋은 감정은 우리에게 힘과 에너지를 주지만, 슬픔과 같은 나쁜 감정은 우리의 힘과 에너지를 앗아간다.[304] 우리는 감정을 없앨 수 없다. 하지만 지성을 완성하면 감정이 작동하는 방식을 더 잘 이해할 수 있고, 그러면 자연스레 감정의 진정한 목적은 우리가 신의 질서 안에서 잘 살도록 돕는 것임을 깨달을 것이다. 즉, 세상의 질서를 바꿀 수는 없지만, 그 질서를 명확히 이해하면 그래도 좋은 삶을 살 수 있다. 스피노자의 말처럼 "진정한 자유는 신의 사랑이라는 사랑스러운 사슬에 묶인 채로 존재한다."[305] 사랑스러운 사슬에 묶여 있다는 것은 다른 인간과 조화롭게 사는 걸 의미하며, 우리는 모두가 협력하는 세상에서 더 잘 살 수 있다.[306]

우리가 느끼는 감정은 대부분 협력에 걸림돌이 되며 특히 부정적인 감정이 그렇다. 그중에서도 스피노자가 미움의 감정으로 분류한 모든 감정이 특히 나쁘다.[307] 이 목록에는 '조소'와 '경멸'도 포함되는데, 이것들은 현대판 앙심과 쌤통에 버금간다.[308] 스피노자에 따르면 인간은 항상 미워하는 것을 파괴하려 하며 미움의 감정을 더 큰 미움으로 되돌려주는 경향이 있다.[309] 그런데 이것은 악순환이다. 미움에서 비롯된 감정은 사람들 사이에 부조화를 일으키므로 항상 나쁘다. 하지만 우리가 신과 우주의 본질을 이해한다면 질투하지 않고 화내지 않으며 누구도 미워하지 않는다고 보았다. 어려운 주문처럼 보이지만 기하학 증명처럼 쓰인 300쪽 분량의 철학책을 읽다 보면, 스피노자가 그 요령을 익히는 법을 알려 준다.

스피노자의 관점에서 볼 때 앙심과 쌤통은 인간의 어리석음을 보여 주는 교과서적인 사례다. 어쩌면 모든 나쁜 감정 중에서 가장 미성숙한 감정일지도 모른다. 워너 브라더스의 애니메이터를 예로 들어 보자. 그들은 제작자와 업무적으로 관계가 좋지 않았다. 성숙한 행동은 어른답게 셸저와 대화해서 함께 일할 방법을 찾아내는 것이었다. 하지만 그들의 반항은 분명히 상황을 악화시켰다. 앙심은 치졸할 뿐만 아니라 무례한 행동이다. 누군가에게 앙심을 품으면 일부러 상대를 자극하거나 짜증나게 하거나 불쾌하게 만들기 마련이다. 존스와 몰티즈는 셸저가 자신들의 반항에 노발대발하기를 원했다. 그들은 셸저를 열받게 만들기를 즐겼고, 셸저 본인이 싫어하는 만화 영화로 오스카상을 받아야 한다는 사실에 흥분했다. 우리는 종종 다른 이유 없이, 오로지 타인의 고통과 좌절에서 쾌락을 얻기 위해 사람들을 고의로 괴롭힌다. 그리고 그들이 더 많이 고통받을수록 우리는 더 많이 웃는다.

앙심을 품고 행동하는 사람은 다른 사람을 이기기 위해 자신을 해치기도 한다. 앞서 언급했던 조너선 메츨의 의료 서비스 연구에서 이를 확인할 수 있다. 백인 남성들은 자신들의 심각한 건강 문제를 더 나은 의료 서비스로 개선할 수 있음에도, 그것이 자신들에게 불운이 될지언정 소수 인종이 혜택을 받지 못하게 하는 편이 낫다고 생각하는 것 같다. 앙심을 품은 사람은 이처럼 쓸데없이 타인과 자신을 해친다. 이쯤되니 스피노자의 거창한 철학 체계를 믿지 않더라도 당신은 스피노자의 말이 일리가 있다고 생각할 것이다. 이건 미친 짓이다.

심술궂은 인간

내 스포츠 인생에서 가장 영광스러운 순간은 2018년 펜웨이 파크에서 레드삭스와 양키스의 경기를 처음 관람했을 때다. 미국에서 가장 오래된 (그리고 가장 위대한) 야구장에 간다는 것만으로도 충분히 짜릿했지만, 레드삭스가 양키스를 15대 7로 이겼다는 사실에 더욱 기분이 좋았다. 레드삭스의 1루수 스티브 피어스는 3명의 투수에게서 3개의 홈런을 쳤다. 야구장에서 내가 앉은 구역이 유난히 응원 분위기가 좋았는데, 근처에 세로 줄무늬 유니폼을 입은 양키스 팬들이 앉아 있었기 때문이었다. 레드삭스가 득점할 때마다 "양키스 엿 먹어라!"라는 함성이 울려 퍼졌다. 양키스 팬들은 분통을 터뜨리며 비참해했고 우리는 매 순간을 즐겼다.

스포츠는 쌤통이 등장하는 수많은 장소 중 하나일 뿐이다. 꼴 보기 싫은 동료가 사무실 프린터기에 용지가 걸려서 곤란해하는 모습을 보는 것만큼 업무에 활기를 불어넣는 일은 없다. 교통 체증 상황에서 내 앞으로 끼어든 운전자가 앞쪽 빨간 신호에 걸려 기다리는 모습을 보면 기분이 좋아진다. 손재주를 뽐내는 이웃이 배관 공사를 직접 하다가 일을 망쳐 버리면 함박웃음이 터진다. 고교 시절 라이벌이 별로 곱게 늙지 않았다는 사실을 알았을 때 회심의 미소를 짓지 않을 사람이 있을까?

　　사람들은 대인배는 타인의 실패에 기뻐하지 않는다고 말한다. 대인배라면 동료가 아무리 짜증을 불러일으키더라도 그가 고통을 겪으면 항상 안타까워해야 마땅하다. 우리가 추구해야 할 이상은 어떤 이유로도 타인을 놀리지 않는 것이다. '하나님의 은혜가 아니었으면 나도 저렇게 됐겠지.' 또는 '똥 묻은 개가 겨 묻은 개 나무라는 격이다.'라고 생각해야 하는 것이다.[310] 타인이 나의 고통을 즐기지 않기를 바란다면 나 또한 타인의 고통을 보고 너무 기뻐하지 말아야 한다.

　　물론 대인배라면 쌤통 같은 감정을 느끼는 미성숙함은 넘어섰을 것이다. 하지만 쌤통이 과연 나쁜 걸까? 사실 쌤통이라는 감정의 가장 흔한 표적은 자신을 과신하는 사람이다. 교통 체증 상황에서 내 앞으로 끼어드는 남자는 갈 데가 있는 사람이 마치 자기 혼자인 양 행동한다. 손재주가 있는 이웃은 자신의 손재간을 너무 떠벌리고 과시한다. 이런 사람들은 모두 자기가 우리보다 우위에 있는 것처럼 행동한다. 그들의 태도와 행동은 자기가 우리보다 더 잘나고 더 중요하고 더 유능하다는 생각을 내비친다. 그들의 자신감은 우리를 희생시켜서 얻은 것처럼 느껴진다. 이런 그들의 사소한 실패에 쾌감을 느끼는 이유는 그들의 부풀려진 자아가 다시 원래 크기로 줄어들기 때문이다.

철학자들은 쌤통의 이런 특징을 두고 의견이 분분하다. 어떤 이들은 쌤통이 약한 자존감의 징후라고 주장한다.[311] 다시 말해 다른 사람의 태도와 행동이 우리의 자존감에 영향을 미치면 안 된다는 것이다. 손재주가 있는 거만한 이웃에 신경이 쓰인다면 그건 당신이 자존감이 낮기 때문이고 반드시 고쳐야 한다는 식이다. 반면 다른 철학자들은 쌤통이 정의로울 수 있다고 생각한다. 우리가 고통받아 마땅한 사람들에게 쌤통을 느끼기 때문이다.[312] 그들의 고통은 시적 정의poetic justice와 마찬가지며 우리는 단순히 그들이 교훈을 얻는 것에 찬성하는 것뿐이다.

정의로운 쌤통의 한 예로 1980년대에 텔레비전 설교로 엄청난 인기를 끌었던 목사 지미 스와가트의 이야기를 해보겠다. 스와가트는 동료 텔레비전 목사 짐 베이커의 성적性的 부도덕을 공개적으로 고발했다(아마도 그를 축출하고 그의 사역을 이어받으려는 의도였을 것이다). 그러나 얼마 지나지 않아 스와가트가 매춘부와 함께 호텔 방에 있는 사진이 공개됐다. 능글맞고 권력에 굶주린 TV

설교자가 다른 사람의 죄를 손가락질하다가 본인이 같은 죄를 저지른 것으로 밝혀지다니? 이 같은 위선자의 몰락을 보며[313] 쌤통을 느끼지 못하는 사람이 있을까?

하지만 모든 쌤통이 약한 자존감이나 시적 정의와 관련되는 건 아니다. 예를 들면 스포츠가 그렇다. 레드삭스 팬은 자존감이 낮다고 생각하는 사람은 레드삭스 팬을 만나 본 적이 없는 사람이다. 그들은 야구계가 보스턴을 중심으로 돌아간다고 생각한다. 스포츠 관련 쌤통은 정의와도 큰 관련이 없다. 레드삭스 팬이 양키스를 '악의 제국'이라고 부르길 좋아하긴 하지만, 그렇다고 양키스 선수가 나쁜 사람이라는 건 아니다. 아무리 열성적인 레드삭스 팬이라도 마리아노 리베라가 최고의 마무리 투수 중 한 명이자 멋진 선수였다는 사실은 인정할 것이다. 나는 양키스가 패배하면 정말 짜릿하긴 하지만 양키스가 마땅히 패배해야 한다고 생각하진 않는다.

쌤통의 일반적인 표적이 남보다 자신이 우월하다고 생각하는 사람이라는 건 사실이시만, 이것이 약한 자존감을 반영한다고 생각하는 건 오해다. 자신을 소중히 여긴다는 의미는 누군가가 자신을 얕잡아 볼 때 (대놓고는 아니더라도) 화내는 것을 말한다. 쌤통을 비판하는 사람들은 다른 사람이 거만하게 굴어도 대응하지 말아야 하며, 그에 대응하는 건 자신을 감싸는 장벽이 충분히 강하지 않기 때문이라고 생각한다.

하지만 장벽을 세워서 좋을 게 뭐가 있나? 다른 사람이 당신에게 영향을 미치는 이유는 당신이 그들과 함께 사회생활을 하는 걸 중요하게 여기기 때문이다. 당신은 자신을 다른 인간 사이에서 존재하는 인간으로 본다. 타인과의 관계에 관심을 기울인다면 설령 그 관계가 가벼운 것일지라도 타인의 태도가 당신에게 의미가 있을 수밖에 없다. 사회생활에 얽매여 있다는 건 사실은 타인의 생각과 행동에 취약하다는 걸 의미한다. 세상 속에서 하나의 자아를 유지한다는 건 유리 상자 안에서 인간의 사회적 관계를 바라보는 것과는 다르다. 자아는 구멍이 많고 그 안으로 타인이 스며든다. 다공성 자아를 보곤 자아가 약하다고 오해할 수 있지만 그건 우리가 인간이 영위하는 사회생활의 일부가 되기 위해 치르는 대가일 뿐이다.

대부분의 쌤통 사례는 정의를 들먹일 만큼 거창하지 않다. 쌤통은 교통 체증과 동네 파티, 엉망이 된 배관 공사처럼 사소한 일에 관한 것으로 악명이 높다. 심지어 우리는 사랑하는 사람의 고통을 비웃기도 한다. 예컨대 친구가 멋지고 세련된 척하며 파티장에 들어서다가 미닫이 유리문에 얼굴을 박는다고 상상해 보자. 친구가 벌을 받아야 할 이유는 없고 당신은 친구가 상처받길 바라지 않지만, 잘난 체하려다 실패한 친구의 모습에 웃음을 터뜨리지 않을 도리가 없다. 타인의 고통을 보고 느끼는 쾌락이 사실은 정의라고 말하는 건 우리의 잔인함을 합리화하는 한 가지 방식에 불과할지도 모른다.[314] 꼴 보기 싫은 동료는 사무실 프린터에 당해도 싸다고 자신을 설득한다면, 나는 동료의 좌절에 환호하는 게 정당하다고 자신에게 말할 수 있게 된다.

쌤통을 시적 정의와 관련된 것으로 만들면, 궁극적으로 쌤통을 모든 걸 깨끗이 정리하고 선함을 위해 일하는 지렁이 로리로 탈바꿈시키게 된다. 이것은 쌤통에서 심술궂은 부분을 제거한다. 이 심술이 바로 사람들이 비판하는 것이지만, 그건 사람들이 우리가 느끼는 기쁨이 실제보다 더 악의적이라고 생각하기 때문이다. 쌤통에 대해 경고하는 사람은 우리는 모두 결점이 있는 인간이기 때문에 다른 사람의 결점을 비웃으면 안 된다고 가정한다. 똥 묻은 개가 겨 묻은 개를 나무라는 것과 다름없다는 것이다. 하지만 우리는 공통적으로 결함이 있는 우리의 인간성에 대해 여러 가지 태도를 취할 수 있다. 그중 하나가 바로 해학이며, 몽테뉴는 해학의 대가였나.[315]

해학의 몽테뉴

몽테뉴의 유명한 에세이 중 하나가 「식인종에 관하여」다. 몽테뉴는 15~16세기의 신대륙(아메리카 대륙) 발견과 정복에 대해 알았다. 그는 스페인 식민지 개척자들이 아메리카 대륙을 여행하며 원주민에게 가한 끔찍한 일을 목격한 상인 지롤라모 벤조니의 책을 읽었다.[316] 그는 일부 유럽인이 원주민의 식인 풍습에 대한 보고에 경악하면서도 어찌 된 일인지 정복자가 저지른 학살에 대해선 경악하지 않는 게 모순적이라고 봤다. 그는 다음과 같이 말했다. "모든 사람은 자신이 익숙하지 않은 것을 야만적이라고 일컫는다."[317]

몽테뉴는 원주민에게는 유럽 사회가 가진 악습이 없다는 점, 즉 가난하거나 굶주리는 사람이 없다는 점을 지적한다.[318] 물론 원주민에게는 폭력과 살육이 있지만 몽테뉴는 이 사실을 문제 삼지 않는다. 몽테뉴가 문제 삼는 건 '그들의 잘못은 정확히 판단하면서, 우리 자신의 잘못은 제대로 보지 못하는 것'이다.[319] 몽테뉴는 묻는다. 사람을 죽인 후에 먹는 것과 유럽인처럼 사람을 고문대에서 고문하고 산 채로 불태우는 것 중 어떤 것이 더 야만적인가?[320]

「식인종에 관하여」의 몽테뉴는 나머지 부분에서 원주민이 하는 일의 상당 부분이 유럽인이 하는 일과 같거나 더 낫다고 주장한다. 그리고 농담으로 에세이를 마무리한다. "하지만 그들은 바지를 입지 않는다."[321] 원주민이 우리와 같을 수 없는 까닭은 바지를 입지 않기 때문이다.

이처럼 그는 에세이에서 유럽인이 오만함을 내려놓아야 한다는 걸 해학적으로 표현한다. 그는 모든 인간 사회에는 그 나름의 기벽과 퇴폐성이 존재하며 사회가 불완전한 건 인간이 불완전하기 때문이라고 보았다. 누구도 자신들의 관습이 인간이 성취한 것의 정점이고 다른 모든 것은 야만적이라고 주장할 수 없다. 만약 그렇게 생각한다면 자신을 과대평가하는 것이다. 몽테뉴가 이런 자기 과대평가에 대한 해독제로 제시하는 건 유머다. 자신을 비웃는 법을 배워야 하는 이유는 누구도 인간의 불완전함을 뛰어넘을 수 없기 때문이다. 모든 인간은 어리석음 안에서 함께 살아가고 있으며, 어떤 식으로든 거기서 깔끔하게 벗어났다고 생각하는 이가 있다면 스스로를 되돌아봐야 할 것이다.

쌤통을 비판하는 사람은 우리가 다른 사람을 비웃는 까닭이 자신도 똑같은 실수를 저지를 수 있다는 사실을 잊고 있기 때문이라고 가정한다. 하지만 쌤통은 자신을 향한 비웃음이 표출되는 한 방식이다. 나는 우리가 웃는 까닭은 자신도 같은 실수를 저지를 수 있기 때문이라고 생각한다. 쌤통의 표적은 자신이 모든 것 위에 있는 것처럼 행동하는 사람들이지만, 우리는 그들이 틀렸다는 걸 안다. 다시 말해 우리는 함께 진흙탕 속에 있다. 그들이 체면을 구길 때 우리가 느끼는 쌤통은 '그럼 그렇지.'라는 감정이다.

다른 사람이 자만한 대가를 치를 때 오로지 연민만을 느껴야 한다면 인간의 불완전함은 일종의 불행한 사고가 돼버린다. 질병에 걸리는 것처럼 말이다. 하지만 인간의 어리석음은 그런 식으로 작동하지 않는다. 누구도 불완전함에서 자유로울 수는 없고 때때로 스스로 엉망진창이 된다. 그리고 보통 나는 그럴 리가 없다고 생각하는 순간 가장 엉망진창이 된다. 누구도 불완전함을 뛰어넘을 수 없다. 쌤통을 비판하는 사람은 쌤통이란 같은 진흙탕에 있는 사람들이 서로 나무라는 것과 같다고 생각하지만, 나는 나 자신이 바보라는 걸 알면서도 바보들을 비웃을 수 있다. 쌤통은 모든 사람이 바보짓을 한다는 걸 받아들이는 한 방식이다.

"내 인생에서 물러서"

몽테뉴에 따르면 인간 본성의 별난 점 중 하나는 좌절에 의해 욕망이 강화되는 것이다. 쾌락이 쉽게 얻을 수 있고 흔한 것이라면 우리는 그걸 더는 원치 않을 것이다.[322] 냉장고 안의 음식은 절대 식당의 음식만큼 구미가 당기지 않고 책장에 꽂혀 있는 책은 서점에 있는 책만큼 흥미로워 보이지 않는다. 사람들이 남몰래 하는 낭만적인 밀회를 더욱 즐기는 이유는 금지된 행위를 한다는 느낌이 '소스에 풍미를 더해 주기' 때문이다.[323]

과신하는 사람 옆에서는 누구든 반대론자가 된다는 사실에 몽테뉴가 가장 먼저 동의할 것이다. 그는 "사람들이 그럴듯한 일을 틀림없는 일로 못 박으면, 나는 그것이 싫어진다."[324]라고 말했다. 어떤 주장을 의심의 여지가 없다고 말하는 행위는 그 주장을 의심하게 만드는 가장 확실한 방법이다. 몽테뉴는 프랑스 내전 당시 자신의 성이 공격으로부터 살아남을 수 있었던 건 바리케이드를 치지 않았기 때문일 것이라고 추측한다. "방어는 공격을 부른다."[325] 공개적으로 무기를 내려놓은 상대를 정복하는 건 짜릿한 일이 아니다.

인간에게는 반항적인 기질이 있고 앙심은 그 기질의 일부다. '쌤통'이 인간의 유대감에서 비롯된 감정이라면 '앙심'은 자신만의 공간도 필요하다는 걸 인식하는 감정이다. 우리는 대체로 갑질이나 간섭을 하는 사람에게 앙심을 품는다. 워너 브라더스의 애니메이터들은 에디 셀저가 어떤 것을 그리지 말라고 지시하자 셀저에게 앙심을 품었다. 척 존스는 셀저가 투우에 관한 만화를 그리지 말라고 하기 전까지는 투우에 관한 만화를 그릴 계획이 없었다. 애초에 투우에 관한 만화를 그리고 싶지도 않았는데 셀저의 금지령으로 갑자기 투우를 그릴 수 없게 된 것이다. 셀저가 무엇을 명령했는지는 중요하지 않았다. 존스는 셀저가 그리지 말라고 한 건 뭐든 그렸을 것이다. 왜냐하면 셀저가 그리지 말라고 했으니까. 그리고 존스는 자신이 일부러 셀저의 명령을 어기고 있다는 사실을 셀저가 알기를 원했다.

앙심이 비판받는 이유 중 하나는 경솔해지기 때문이다. 다시 말해 그저 다른 사람을 괴롭히기 위해 자신에게 해로운 일을 하고 만다는 것이다. 이를 테면 나는 당신이 하지 말라고 하는 건 뭐든 할 것이다. 심지어 당신이 하라고 하는 게 내게 이로운 일이라고 해도 말이다. 예컨대 당신이 내 건강을 진심으로 염려해서겠지만, 너무 강압적으로 디저트를 먹지 말라고 조언한다면 나는 콜레스테롤 수치가 올라가든 말든 디저트를 주문할 것이다. 스피노자는 자신에게 최선의 이익이 되지 않는 걸 알면서도 그대로 행하는 건 비합리성의 절정이라고 주장할 것이다. 그의 논리에 따르면 나는 자신을 아끼므로 항상 나에게 이로운 일을 하고 싶어 해야 한다. 하지만 자기애는 단순히 내 건강과 내 안녕에 대한 관심 이상의 것이다. 자신을 소중히 여긴다는 건 인생이 어떻게 흘러가는지까지 내가 책임지고 싶다는 뜻이다. 행복하고 건강한 것만으로는 충분하지 않다. 내 삶은 내 것이어야 하고 내 것이 되어야 한다.

몽테뉴의 『에세』에 주제가 있다고 한다면 그건 바로 자신을 지키며 사는 법을 배우는 것이다. 이건 쉬운 일이 아니다. 우리는 수천 가지 방향으로 끌려가면서 끊임없이 자신에게서 멀어진다. 몽테뉴는 정치에 관여하면서 야망이 사람을 끊임없는 지위 다툼의 굴레로 몰아가는 모습을 목격했다.[326] 정치에 관여하지만 않으면 모든 게 괜찮을 것이라고 생각할 수도 있지만 몽테뉴는 다시 생각해 보라고 말한다. 집안일은 덜 중요할지도 모르지만 시간과 관심이 덜 드는 일은 아니다.[327] 우리는 잔디 깎기와 축구 연습, 동네 소문과 같은 일상적인 가정사에 휘말려 야심 찬 정치인만큼이나 쉽게 자신을 잃어버린다. 당신은 삶의 요구로부터 숨을 수 없으며 환경을 바꾼다고 해서 상황이 마법처럼 나아지진 않는다.[328] 진짜 문제는 당신 안에 있으며 당신은 자신으로부터 도망칠 수 없다. 그렇다면 어떻게 해야 할까?

몽테뉴에 따르면 우리는 자신을 '다시 소유'하고 지금까지 끌려간 모든 곳에서 자신을 다시 끌어낼 방법을 찾아야 한다.[329] 이에 대한 그의 유명한 은유가 바로 '골방'이다. "우리는 자신만을 위한 골방을 따로 마련하고, 그곳을 완전히 자유롭게 유지하며 그곳에서 진정한 자유를 확립해야 한다."[330] 머릿속이나 영혼에 자신과 단둘이 지낼 장소가 있어야 한다. 모든 사람이 당신에게 소리를 지를 때도 자신의 목소리를 들을 수 있는 곳, 다른 사람의 목소리가 닿지 않는 곳, 그곳이 바로 골방이다. 골방을 갖는다는 게 삶에서 벗어나 완벽한 고독으로 빠져드는 걸 의미하진 않는다. 당신이 어디 가서 뭘 하든, 예컨대 학부모회에 가든 외교 사절단이 되든 야근을 하든 골방은 당신과 함께한다. 은둔자가 되라는 게 아니다. 자신이 누구인지 잊지 말라는 것이다.

우리가 앙심을 품게 되는 건 내 골방에 누군가가 불쑥 들어오려고 할 때다. 물론 건강한 음식을 먹는 것이 현명한 일이고 나도 자신을 위해 그렇게 하고 싶지만, 너무 많은 사람이 내게 고개를 가로젓기 시작하면 나는 정반대의 선택을 할 것이다. 단지 그 선택이 정말로 내 것임을 확인하기 위해서 말이다. 현명한 행동을 하는 것보다 스스로 뭔가를 결정하는 것이 내겐 더 중요하기 때문이다. 내 인생은 내가 사는 것이고 내가 누구인지 결정하는 건 나 자신임을 주장하는 한 방식이 앙심이다.

우리는 단순히 반대를 위한 반대를 할 때도 있지만 그런 행동이 항상 무의미한 어깃장은 아니다. 덕분에 내 마음이 여전히 내 것임을 확인하기도 한다. 즉 내게 의지가 있음을 내보이는 나름의 방식인 것이다. 다른 사람이 뭔가를 요구할 때 그걸 잘 받아들이지 않는 까닭은 자신과 삶을 소중히 여기기 때문이다. 그리고 앙심은 "당신은 내 상사가 아니야."라고 말하는 한 방법이다. 명령이나 잔소리를 거부하는 건 골방을 온전히 유지하는 한 방법일 수 있다. 우리가 일반적으로 사람들에게 앙심을 품게 되는 것은 위압적인 상사와 고개를 가로젓는 부모, 잘난 척하는 이웃과 같은 다른 사람이 내 공간을 침범하려는 것처럼 느껴질 때다. 내가 설정하려는 경계를 누군가가 너무 많이 침범하는 것처럼 느껴질 때 "물러서."라고 말하는 감정이 바로 앙심이다.

모든 감정이 그렇듯이 앙심과 쌤통은 파괴적이고 왜곡될 수 있지만, 일반적으로 문제의 원인은 아니다. 앙심과 쌤통의 추악한 측면을 더 쉽게 볼 수 있는 건 사회생활이 적대적일 때다.

먹이를 주는 손을 물어라

몽테뉴는 개신교와 가톨릭 사이에 벌어진 프랑스 내전의 시기를 살았다. 폭력은 산발적이었지만 심각했다.[331] 가장 유명한 사건 중 하나는 1572년 성 바르톨로메오 대학살인데, 사건 당시

개신교 귀족들은 초청을 받아 샤를 9세 누이의 가톨릭 왕실 결혼식에 참석했다. 결혼식이 끝난 후 왕은 귀족들을 처형했다. 살해 소식이 프랑스 전역에 퍼지면서 폭력의 물결이 일었다. 가톨릭 신자들은 개신교의 보복이 두려워 공세에 나섰다. 민간인으로 구성된 반개신교 폭도는 파리의 집집을 돌아다니며 개신교도를 거리로 끌고 나와 살해하고 시신을 센강에 버렸다. 폭력은 보르도와 툴루즈 같은 다른 프랑스 도시로 퍼져 나갔다. 몽테뉴는 이 모든 일에 경악을 금치 못했다.

> 나는 이 잔인한 악덕으로 말미암아 믿기 힘든 사례가 넘쳐나는 시절을 살고 있다…. 만약 내가 그것을 보지 못했다면, 증오나 이득을 위해서가 아니라, 오직 고통 속에 죽어 가는 사람의 가련한 몸짓과 경련, 그리고 비명과 신음을 구경하며 그 유쾌한 광경을 즐기겠다는 단 하나의 목적을 위해, 순수한 즐거움을 위해, 살인을 저지르고, 다른 사람의 사지를 난도질하고, 뇌를 곤봉으로 내리쳐서 결국 기이한 고문과 새로운 살인법을 발명해 내는 괴물 같은 영혼이 있다는 사실을 믿지 못했을 것이다.[332]

잔인함 외에도 이 전쟁의 곤란한 점은 사람들이 어느 편인지 전혀 알 수 없다는 것이었다. 몽테뉴는 이렇게 썼다. "이 전쟁의 가장 나쁜 점은 카드가 너무 뒤섞여 있어서, 언어나 태도라는 명확한 표지로 적과 아군을 구분할 수 없다는 것이다."[333] 개신교와 가톨릭은 제복을 입지 않았고 둘 다 프랑스어를 사용했다. 몽테뉴가 자주 그랬던 것처럼 전국을 여행할 때는 대화 상대가 갑자기 칼을 들이댈지 모르기 때문에 말을 조심해야 했다. 몽테뉴에 따르면 설상가상으로 양측은 적의 행동에 따라 입장을 바꿨다. 작년에는 신성 모독이었던 것이 오늘은 정통이 되었고 적이 더러운 전술을 구사하면 그들은 이단이지만, 내 편이 그렇게 하면 우리는 하나님의 명령을 따르는 것이었다. 그는 전쟁을 벌이는 파벌들이 내세우는 종교적 열의는 대부분 허황된 것이라고 생각했다. 그에게는 하나님의 뜻도 중요하지만 적을 검으로 베어 버릴 만큼 중요하진 않다고 보았기 때문이다.

몽테뉴의 관점에서 보면 현대의 양극화는 대수롭지 않아 보이겠지만, 핵심은 똑같이 적을 미워하는 것이다. 미국의 정치학자들은 오랫동안 정치 생활에서 당파성(정당에 대한 강한 동일시)의 역할에 대해 토론해 왔다.[334] 정치적 차이는 시간이 지남에 따라 더욱 당파적으로 변해 온 것으로 보인다. 정책을 기준으로 누구와 어디에 투표할지 결정하는 대신, 당원으로서의 정체성에 따라 투표하는 사람이 늘고 있다. 정치학자 릴리아나 메이슨은 이렇게 말한다. "우리의 갈등은 견해 차이보다는 주로 자신의 정체성과 관련이 있다."[335] 당파성은 정치에만 국한되지 않는다. 미국인들은 1980년대 펩시와 코카콜라 간의 콜라 전쟁에서 탄산음료를 당파

싸움으로 만들었다.[336] 우리는 할 수만 있다면 거의 모든 것에 대해서 팀을 만들 수 있다.

당파적 비방에 대한 일반적인 설명은 심리학자들이 '집단 간 역학'이라고 부르는 걸 포함한다.[337] 레드삭스 팬은 나의 '내집단' 이고 양키스 팬은 '외집단'이다.[338] 일부 심리학 연구에 따르면 집단 간 역학은 우리 안에 깊이 뿌리내리고 있다. 이는 소속감에 대한 욕구와 세상을 범주화하려는 경향과 같은 좀 더 기본적인 심리에서 비롯된 것으로 추정된다.[339] 연구자들은 레드삭스 팬과 양키스 팬을 대상으로 뇌 스캔을 시행하면서 그들에게 다양한 경기를 관람한 후 감정적 반응을 보고하라고 했다. 두 팬 모두 자기 팀이 이기는 모습을 봤을 때와 경쟁 팀이 지는 모습을 봤을 때 비슷한 즐거움을 느꼈다.[340] 또 다른 연구에서는 바늘에 손을 찔리는 장면이 나오는 영화를 본 피험자들이 교감적인 손 경련을 보이는 경우가 많았다. 화면 속 손이 자기 손과 피부색이 같을 경우에 말이다.[341]

이런 연구 결과를 보면 집단 간 적대감이 인간의 본성과 역사에 매우 깊숙이 자리 잡고 있다는 생각이 절로 든다. "양키스 엿 먹어라!"라는 구호는 사실 선사시대 부족 전쟁의 본능이 잔재해서 이고 양키스를 폄하하고 싶은 욕구도 뇌에 저장된 것이라 생각할 수 있다. 종종 우리는 인간의 행동이 혼란스러워 보일 때마다 선사시대나 진화론적 설명에 호소하는 경향이 있다. 빨간 모자를 쓴 사람들이 파란 모자를 쓴 사람들을 증오하는 이유를 도대체 알 수 없으니, 그것을 '부족주의'로 치부하는 것이다.[342] 이렇듯 진화나 인간의 심리를 알아보는 식의 이야기를 듣다 보면 집단 간 적대감은 본능적이고 따라서 비이성적이라는 착각을 불러일으킨다. 하지만 그와 동시에 부족주의는 일반적으로 비판의 대상이 된다. 즉 부족주의는 우리가 경계해야 할 행동이다.

우리가 뭔가를 부족주의라고 부를 때, 그것은 우리가 하는 일을 가리키는 경우는 거의 없다. 그것은 항상 다른 사람의 문제다. 저 사람들은 부족주의적이지만 마법이라도 부렸는지 우리는 그렇지 않다는 식이다. 인간이 소속감을 느끼고 세상을 범주화하려는 욕구가 있는 건 사실이다. 그렇다고 해서 이런 사례를 통해 이데올로기로서의 부족주의가 자동으로 도출되진 않는다. 인간은 거리 감각을 갖도록 진화했고 그걸 이용해 그림을 그리고 활쏘기를 해왔다. 그렇다고 해서 그림과 활쏘기가 거리 감각의 필연적인 결과인 것은 아닌 것처럼 말이다. 이처럼 부족주의에 대한 호소는 집단 간 적대감을 설명하기 위한 특별한 논제를 제공해 주지만 우리가 그런 적대감을 해소하는 데는 아무런 도움이 되지 않는다.

사회생활에서 점점 더 격렬하게 표출되는 비방을 부정적인 감정의 문제로 설명하기도 한다. 메이슨은 우리가 더 많은 집단으로 분류될수록 "일반적인 정치적 사건에 더 감정적으로 반응한다."라고 주장한다.[343] 이런 감정은 당파성을 유발하지는 않더라도 당파성을 유도하는 주요인으로 여겨진다. 우리는 상대편이 하는 일에 분노하고 상대편이 실패할 때 기쁨을 느끼는 것 같다. 케이블 뉴스와 소셜 미디어의 미친 듯이 빠른 속도 덕에 우리는 적의 다음 악행을 끊임없이 주시할 수 있다. 하지만 이 이야기는 나쁜 감정이 우리가 나쁜 짓을 하게 만드는 것보다 더 복잡하다.

앙심과 쌤통이 나타나는 건 사회생활에서의 자아가 다른 자아와 함께 어울릴 때다. 자아 형성은 순전히 사적인 일이 아니다. 자신을 안다는 건 다른 사람들로 둘러싸인 이 세상에서 내가 어디에 있는지 파악하는 걸 의미한다. 나는 이해받고 싶고 소속감을 느끼고 싶다. 다른 사람들이 나를 이해한다면, 내가 자신을 이해하는 데도 도움을 받을 수 있다. 물론 다른 자아와 교류하는 것이 항상 마음에 들 수는 없다. 나와 매우 다른 자아를 가진 사람을 만나면 좋은 쪽으로든 나쁜 쪽으로든 영향을 받는다. 특히 그 자아가 내 자아의식과 상충하는 방식으로 형성된 것으로 보이면 더욱 그렇다. 나는 누군가가 "철학자는 제 버릇 개 못 준다."라고 적힌 셔츠를 입은 모습을 보면 그냥 지나칠 수 없다. 웃을 수도 있고 화를 낼 수도 있고 당혹스러울 수도 있지만(누가 저런 셔츠를 만든 거지?) 어쨌든 나는 나 자신과 그 셔츠를 입은 사람에 대해 뭔가를 느낄 것이다.

자아는 이처럼 구멍이 숭숭 뚫려 있으므로 다른 사람이 내 자아를 침해한다고 느끼기 쉽다. 이런 현상이 발생하는 이유 중 하나는 사람들 앞에서 자신을 드러내는 방식 때문이다. 우리는 다른 사람에게 자신이 누구인지 보여 주고 싶어 한다. 그래서 세상을 돌아다니며 정체성을 드러낼 방법을 찾다가 범퍼 스티커와 같은 자기표현의 상징을 사용하게 된다.[344]

　범퍼 스티커는 자동차 뒷부분을 보는 모든 사람에게 나에 대한 정보를 알려 준다. 캠핑을 좋아한다거나 마라톤을 완주했다는 것을 말이다. 하지만 상징적인 표현에는 단점이 있다. 범퍼 스티커는 일종의 줄임말인 셈인데, 정체성의 일면을 그림이나 문구로 압축한 것이다. 따라서 보는 사람에 따라 해석의 여지가 많다. '나는 캠핑을 좋아해'라고 적힌 스티커를 보고 당신은 내가 (당신이 운전하는) 커다란 트럭을 싫어하는 열혈 히피 환경운동가라고 상상할지도 모른다. 범퍼 스티커는 당신이 자동차를 운전하는 복잡한 인간에 대해 생각해 보도록 유도하지 않는다. 대신 그 사람을 한 가지 유형이나 종류로 분류하도록 유도한다.

　상징적인 자기표현은 범퍼 스티커를 훨씬 넘어서는 것이다. 사람들은 우리가 어떤 차를 모는지, 어떤 동네에 사는지, 어떤 옷을 입는지, 어떤 TV 프로그램을 보는지 그리고 자녀가 어떤 학교에 다니는지에 따라 우리가 어떤 사람인지 결론 내린다. 어떤 때는 사람들이 내가 원하는 결론을 내려 주기도 한다. 예를 들어 나는 내 레드삭스 모자를 보고 당신이 내가 야구팬이며 레드삭스를 응원한다는 결론을 내리길 원한다. 또 어떤 때는 사람들이 내가 의도하지 않은 결론을 내리기도 한다. 이를테면 내가 붙인 '나는 캠핑을 좋아해' 스티커가 당신의 자아의식에 대한 일종의 도전으로 받아들여질 수 있다. 당신은 나를 당신의 만화책 수집을 우습게 여기는 캠핑족으로 또는 사람들에게 플라스틱을 너무 많이 사용하지 말라고 설교하는 독선적인 환경운동가로 볼 수도 있다.

상징적인 표현을 자신에 대한 도전으로 받아들일 때, 우리는 역으로 자신을 표현하기도 한다. '아, 그게 너라고? 그럼 내가 누구인지 말해 주지.'라고 생각하는 것처럼 말이다. 물론 다른 사람의 자기표현이 반드시 나의 자기표현을 위협하는 건 아니다. 내가 캠핑을 좋아한다고 해서 당신의 만화책 수집을 싫어하거나 당신의 입에 플라스틱 빨대대신 금속 빨대를 꽂고 싶어 하는 건 아닌 것처럼 말이다. 그러나 범퍼 스티커와 같은 자기표현 방식은 불필요한 적대감을 불러일으킬 수 있으며, 특히 사회적 관계가 이미 껄끄러운 경우엔 더욱 그렇다. 이처럼 앙심과 쌤통이 나타나는 건 자아들이 대립할 때다.

하지만 그게 직대감의 원인은 아니다. 메츨은 연구 집단인 백인 남성들의 이야기를 듣다가 자신이 승자와 패자의 세계에 갇힌 것처럼 느껴진다는 사람들을 발견했다.[345] 그들은 자신의 생활방식이 무너지고 있다고 생각했고 소속감을 느끼지 못했다. 사회학자 앨리 혹실드의 비유를 빌리자면 그들은 아메리칸 드림을 향해 인내심을 가지고 줄을 서서 차례를 기다리는데, 줄은 움직이지

않고 다른 사람이 새치기하는 것 같다고 느낀다.[346]

방향감각 상실과 불공평함은 고통스럽고 견디기 힘든 감정이다. 이 세상에서 내 자리가 어디인지 더는 모르겠다는 사실을 직시하는 것보다는 탓할 사람을 찾기가 더 쉽다. 그러니까 내가 불편해졌다면 나를 희생시켜서 편해지는 사람이 분명히 있을 거라는 말이다. 표를 노리는 정치인과 시청자 확보에 혈안이 된 케이블 뉴스 프로그램, 클릭 수에 목마른 소셜 미디어 플랫폼이 모두 당신의 의심을 기꺼이 확증해 준다. 그 결과 당신은 편집증이라는 필름을 통해 세상을 바라보기 시작한다. 저들이 당신의 마을로 이주해 와서 원래는 당신 것이어야 하는 기회를 빼앗아 가고 있다. 모두가 당신의 생활 방식을 침해하는 것 같고, 당신은 꼴찌를 하고 싶지 않다.

물론 미국 역사를 잘 살펴보면 여성과 소수 인종, 즉 결국 불편함에 대한 책임을 떠안게 되는 사람들이 자신의 편의를 희생했다는 걸 알 수 있다. 다른 사람들의 편의를 위해서 말이다. 그들은 새치기하는 게 아니라 내내 줄 밖에 있다가 마침내 줄 안에 들어갈 수 있게 됐다. 누구나 소속감을 느끼고 자신만의 삶을 구축할 공간을 갖고 싶어 한다. 사회생활에서 자신만의 공간을 확보하는 사람들이 많아졌다고 해서 그들이 당신을 짓밟는 건 아니다. 당신이 불편함을 느끼지 않기 위해 타인에게 자아를 당신 기준에 맞추라고 요구할 수는 없다. "철학자는 제 버릇 개 못 준다."라고 적힌 셔츠를 입은 사람이 자기 입맛에 맞는 세상을 만들기 위해 내가 철학자가 되는 걸 막을 수는 없다. 다른 사람들이 나와 다른 방식으로 자아를 형성한다고 해서 내가 지고 그들이 이기는 건 아니다. 자아 형성은 스포츠가 아니지만 사람들이 사회생활을 경쟁처럼 느끼면 경쟁이 될 수 있다. 편집증적 시각으로 세상을 바라보기 시작하면 나만의 자기표현은 내 세계에 침입한 것으로 보이는 사람들을 이기기 위한 수단이 된다.

몽테뉴가 보기에는 이것이 바로 당시 종교 전쟁에서 적을 증오하는 데 탁월한 기독교인에게 일어난 일이다. 양측 모두 스스로 선한 기독교인이 되려고 노력하기보다는 상대편을 선함과 진리를 파괴하는 자로 몰아붙이는 데 훨씬 더 집중했다. 그들은 선한 기독교인이 되려면 적을 물리쳐야 한다고 굳게 믿었다. 더 많은 이교도를 죽이거나 불구로 만들수록 더 나은 기독교인이 된다고 믿는 것 같았다.

이것이 바로 우리가 왜곡된 형태의 앙심과 쌤통을 품게 되는 방식이다. 자신이 누구인지에 대한 인식이, 자신을 반대하는 사람들을 꺾어 버리는 데 달려 있다면, 자신의 약속과 가치는 끊임없이 움직이는 표적이 된다. 프랑스 내전에서 한쪽의 신념은 다른 쪽의 신념과 정반대가 되는 것에 전적으로 달려 있었다. 하지만 이건 진정한 신념이 전혀 없다는 걸 의미한다. 상대편이 하늘이 파랗다고 말한다면 당신은 단지 그 의견에 동의하지 않기 위해 그걸 부정할 것이다. 그렇다면 당신의 신념은 실체가 없는 모순에 불과하다. 앙심과 쌤통에 기반한 정체성도 이와 마찬가지로 공허하다. 그저 다른 사람이 우는 모습을 보기 위해 사는 건 삶이라고 할 수 없다.

앙심과 쌤통을 느끼는 게 잘못된 일은 아니지만 이것들은 자아의 무게를 견디도록 만들어지지 않았다. 편 가르기가 나쁜 이유는 그것이 우리가 자신의 정체성을 무너뜨려 공허한 것으로 만들기 때문이다. 타인을 미워하는 걸 중심으로 자아를 형성하면, 자아 인식을 온전히 유지하기 위해 적이 패배하거나 실패하는 걸 확인해야 한다. 그러면 다음에는 어떤 고통이나 좌절을 즐길 수 있을지 항상 주시하게 될 것이다. 일단 갈등을 중심으로 자신을 구축했다면, 갈등을 지속시켜야 할 명분이 생긴다. 상대를 완전히 이기고 물리치면 어떻게 될까? 우리에겐 아무것도 남지 않는다. 살아갈 수가 없다. 자아는 내 적보다 더 강한 것으로 만들어져야 한다. 우리는 모두 범퍼 스티커 이상의 존재가 돼야 한다.

7장. 경멸

1913년 시카고에서 악마 아기가 태어났다.[347] 소문에 따르면 이 아기는 철학자이자 평화 운동가인 제인 애덤스가 운영하는 자선 단체 헐 하우스에 맡겨졌다. 애넘스와 직원들은 악마 아기에 대해 들어 본 적이 없었지만 헐 하우스에서 지내는 이탈리아 이민자 공동체 여성의 일부는 아마 이기가 그곳에 있나고 확신했다. 그들은 이렇게 말했다. "갈라진 발굽과 뾰족한 귀, 작은 꼬리가 있었다. 게다가 악마 아기는 태어나자마자 말을 할 수 있었고 깜짝 놀랄 만큼 불경했다."[348] 악마 아기가 존재한다는 소문이 퍼져 나갔다. 애덤스는 악마 아기가 실제로 존재한다는 소문을 거듭 부인했지만 방문객들이 6주 동안 계속해서 헐 하우스로 몰려드는 걸 막

을 수는 없었다. 각계각층의 사람들이 악마의 아기를 보고 싶어 했다.[349]

　애덤스의 직원들은 악마의 아기를 보여 달라고 하거나 어디에 숨겨 뒀는지 알려 달라는 사람들의 문의를 끊임없이 받았다. 직원들은 "'아니요. 그런 아기는 없어요.' '아니요. 여기엔 없어요.' '아니요. 50센트를 내셔도 볼 수 없어요.'와 같은 말을 하루에 백 번도 넘게 반복했다."[350] 애덤스는 사람은 선천적으로 호기심이 많다는 걸 인정했음에도 다음과 같은 심정을 토로했다. "공허한 소동이 매일 같이 계속되자, 나는 인간의 훌륭한 특성이 이렇게 허망하게 표출되는 것에 격한 반감을 느꼈다."[351] 악마 아기는 실재하지 않았지만 사람들은 증거처럼 사소한 것이 자신의 음모론을 방해하도록 내버려두지 않았다.

　악마 아기를 찾는 사람들에 대한 애덤스의 반응이 바로 경멸이라고 할 수 있다. 그가 또다시 문을 두드리는 소리에 진저리를 치며 한숨을 쉬는 모습이 그려진다. 직원들은 꼬리나 갈라진 발굽을 보려고 눈을 부릅뜬 방문객들을 보며 헛웃음을 지었을 것이다. 유난히 짜증이 나는 날에는 사람들에게 제발 한 번만이라도 두뇌를 사용해 달라고 간절히 애원했을 것이다. 경멸은 이 모든 표현에 담겨 있으며 다양한 모습으로 나타난다.

　비웃는 집사, 학교 식당의 건방지고 못된 여학생, 잘난 척하는 지식인 그리고 변덕쟁이 아이를 안쓰러워하면서도 반쯤은 조롱하는 부모의 얼굴에서 경멸을 볼 수 있다. 경멸은 눈총, 비웃음 그리고 콧방귀로 표출된다. 많은 사람이 경멸은 그 형태가 무엇이든 절대 드러내지 말아야 한다고 생각한다. 부정적인 감정 중에서도 경멸은 특히 부정적으로 여겨지는데, 철학자들은 경멸을 '심한 무시, 화해 가능성에 대한 부정, 대화가 끝났다는 신호'로 본다.[352] 하지만 모든 사람이 경멸을 그렇게 부정적으로 보는 건 아니다. 대화를 끝내야 할 때도 있지 않을까? 편협한 사람, 사기꾼 그리고 악마 아기를 믿는 사람을 계속 상대해야 할까? 그냥 손절하면 안 될까?

나쁜 감정에 대한 대부분의 고민과 마찬가지로 경멸에 관한 질문도 오래전부터 존재해 왔다. 그리고 그 논의가 절정에 달했던 시기는 18세기였다.

루소와 울스턴크래프트

프랑스의 사상가이자 소설가 장 자크 루소는 1712년 제네바에서 태어났다.[353] 고난은 그를 일찌감치 찾아왔다. 태어난 지 열흘 만에 어머니가 돌아가셔서 아버지와 고모의 보살핌을 받게 된 것이다. 아버지는 루소가 고작 10살 때 제네바를 떠났고 루소는 생계를 위해 다양한 견습직을 전전했다. 16세 때 그는 부유한 귀족 여성인 프랑수아즈 루이즈 드 라 투르 바랑 남작 부인에게 거뒤져 재정적 지원을 받았다. 남작 부인은 그가 교육을 마칠 수 있도록 보살폈고 나중에는 그의 연인이 되기도 했다. 루소는 파리로 이주해서 가정교사로 소박한 생활을 했다. 그는 동료 프랑스 철학자인 드니 디드로, 에티엔 보노 드 콩디야크, 그리고 볼테르(볼테르와는 평생 동안 지독한 불화를 빚었다.)와 함께 파리의 지성계에 참여했다.

루소의 고약하고 논쟁적인 성격과 더불어 그의 급진적인 저술은 자신을 곤경에 빠뜨렸다. 그의 소설 『에밀』과 정치철학 논문 『사회계약론』은 파리에서 비난받고 공개적으로 불태워졌다. 그는 제네바로 피신하려 했지만 그곳에서도 그의 작품이 비난받고 불태워졌다는 사실을 알게 됐다. 결국 스코틀랜드로 피신해서 동료 철학자 데이비드 흄과 함께 (짧은 기간 동안, 불행하게) 살았다. 그러다가 결국 다시 프랑스로 몰래 들어가 가명을 사용하며 숨어 살았으며 1778년 7월 갑작스럽게 사망했다.

루소의 동시대 철학자 중 대다수는 고급문화와 예술, 사회가 인간에게 긍정적인 영향을 미쳐서 인간을 세련되고 국제적이며 문명화된 존재로 만든다고 주장했다. 하지만 루소는 그와 정반대로 고급문화와 사회가 선천적으로 선한 인간의 성향을 타락시킨다고 주장했다. 특히 사회생활은 우리 안에 독특하고 위험한 감정인 이기심amour-propre을 만들어 내는데, 루소가 말하는 이기심은 나쁜 종류의 자기애 또는 허영심을 뜻한다.[354] 그는 이기심이 다른 사람과의 비교와 경쟁 속에서 자신을 생각하게 만든다고 보았다. 사회생활을 하며 우리는 인간이 "무수히 많은 새로운 필요로 인해 자연 전체, 그중에서도 같은 인간에게 종속되어 있음"[355]을 발견한다.

　　루소는 이런 문명인과 대비되는 인물을 '미개인'이라고 부르는데 이는 사회가 형성되기 전에 존재했던 이상화된 형태의 인간을 뜻한다. 미개인은 "허영도, 존중도, 존경도, 경멸도 알지 못한다."[356] 자신을 다른 사람과 비교하지도 자신을 사회적 계급의 측면에서 바라보지도 않는다. 하지만 일단 사회가 형성되고 나면 인간은 자신의 지위에 신경을 쓰기 시작한다. "인간이 서로를 평가하기 시작하고 인간의 마음속에 존경이라는 개념이 형성되자마자 각자가 존경받을 권리가 있다고 주장했다."[357] 일단 사회적 지위가 중요해지기 시작하면 우리는 부와 권력, 계급의 군비 경쟁에 얽매이게 된다. 루소가 보기에 이것은 퇴행이다. 명예나 존중을 위해 경쟁하지 않는다면 우리는 더 행복해지고 서로에게 더 친절해질 것이다. 비교하려는 욕구를 둘러싼 감정도 역시 퇴행이다. 경멸이라는 감정은 부자연스럽고 사악한 것이다.

　　루소와 동시대를 살았던 영국인 작가 메리 울스턴크래프트는 루소와 경멸에 관한 비관적 견해를 나눈 적이 없다. 그럼에도 비슷한 관점을 지닌다. 울스턴크래프트는 1759년 런던의 고달픈 중산층 가정에서 태어났다.[358] 그녀는 19세에 집을 나와 가정교사와 교사로 생계를 꾸려 가다가 급진적 잡지사 애널리티컬 리뷰에서 유급직을 얻었다. 그리고 동료 언론인이자 작가인 윌리엄 고드윈과 결혼했다(두 사람은 결혼에 반대하는 주장을 담아 출판물을 발행한 적이 있다). 결혼 생활은 행복하고 평등했으며, 두 사람 모두 사회적·경제적 독립성을 유지했다. 하지만 슬프게도 행복은 오래가지 못했다. 울스턴크래프트는 결혼한 지 5개월 만에 출산으로 인해 사망했다(그녀의 딸은 『프랑켄슈타인』을 쓴 유명 작가 메리 셸리다). 울스턴크래프트는 당대의 성별에 따른 요구에 거의 모든 방식으로 저항했다. 남성이 지배하는 출판계에서 일하며 생계를 꾸렸고 정치에 대해 거침없이 목소리를 냈으며 자신의 독립성을 무엇보다도 소중히 여겼다. 그녀는 불평등을 비판한 것으로 유명하며 여성의 권리를 열렬히 옹호했다. 영국 작가 호레이스 월폴은 그녀를 "페티코트를 입은 하이에나"[359]라고 불렀다. 나는 그녀가 이 말을 칭찬으로 받아들였을 것이라고 생각한다.

울스턴크래프트는 부와 지위를 향한 인간의 욕구에 대한 루소의 비판에 동의한다. "이 세상을 이토록 음울한 풍경으로 만드는 악과 악덕은 대부분 독이 든 샘과 같은 부에 대한 존경심에서 흘러나와 사색하는 마음으로 흘러든다."[360] 우리는 자신의 지위를 나타내 주는 것으로 사회에서 존경받길 원하고 결국 낮은 지위의 다른 사람을 경멸한다. 부와 재산을 얻는 데 혈안이 되면 정작 중요한 것에는 에너지를 쏟지 못하게 된다. 말을 돌려서 하는 법이 없는 울스턴크래프트는 부유층에 대한 우리의 모든 긍정적 관심은 "애정과 미덕이라는 여린 꽃을 시들게 하는 진정한 북동풍"[361]이라고 주장한다. 그녀는 '터무니없는 신분 구분'이 '이 세상을 방탕한 폭군과 교활하고 시기심 많은 종으로 나눔으로써 문명을 일종의 저주로 만들 것'이라고 주장한다.[362] 18세기 철학자들은 특히 가난한 사람에 대한 상류층의 태도에 우려를 표명했다. 가난한 사람에 대한 부유층의 경멸은 가난을 사회적 병폐로 보지 못하게 만들었다.

울스턴크래프트는 경멸이 가난한 사람을 영구적인 사회적 하층민으로 만들 수 있다고 우려했다. 18세기에는 사회적 계층 상승을 위한 기회가 거의 없었기 때문에 사회적 계층의 맨 밑바닥에서 시작하면 그 자리에 머물 가능성이 컸다. 사람은 누구나 존중받기를 원한다. 하지만 사회적 계층이 낮은 이들은 높은 이들에게 늘 존중받지는 못하는 것 같다. 현대로 돌아와 살펴보면 상류층 동료들은 내가 자신들과 오페라에 관해 논할 수 있기를 바라지만, 헤비메탈에 대한 나의 해박한 지식에는 별다른 감흥을 느끼지 못한다. 당신이 어떻게든 상류층으로 올라간다 해도 당신의 경험으로는 새로운 세계에 대비할 수 없다. 새로운 동료들에게 당신은 다른 행성에서 온 외계인처럼 보일 것이다. 그들은 당신의 사회적 무능을 가난한 사람은 어떤 면에서 근본적으로 다르다는 증거, 즉 가난한 사람은 부를 아무리 많이 쌓아도 상류사회에서 성공할 수 없다는 증거로 사용할 것이다.

울스턴크래프트는 여성이 바로 이런 역학 관계에 갇혀 있다고 생각했다. 여성은 자신들에게 적합한 영역이 좋은 가정을 꾸리는 것이라고 배웠기 때문에, 여기에 자신을 내던졌고 그 결과 다른 어떤 것도 할 수 없게 됐다. 여성은 정치나 철학과 같은 다른 걸 배우려 해도 그들의 배경 탓에 새로운 세계에 대비할 수 없었다. 그래서 결국 허둥대다 남성 동료들의 비웃음을 샀다. 그 결과 "여성은 경멸스러운 존재로 취급받던 것에서 정말로 경멸스러운 존재가 되어 버린다."[363] 울스턴크래프트는 이런 경멸의 악순환이 사회 전반의 건전성을 해친다고 본다.

거만한 얼간이에게 쏟는 감정

경멸에 대한 울스턴크래프트의 비판을 고려하면 그녀가 경멸을 완전히 없애 버리자고 주장했을 것 같지만 오산이다.[364] 그녀는 경멸이 정당화될 수 있다고 생각했고 저작 『인권의 옹호』(그녀의 명저 『여권의 옹호』와 짝을 이루는 전작)보다 이를 잘 보여 주는 건 없다. 이 에세이는 철학자 에드먼드 버크가 1789년 프랑스 혁명에 대해 쓴 1790년 에세이 『프랑스 혁명에 대한 성찰』에 대한 응답이다.

버크는 자신의 에세이에서 울스턴크래프트의 절친인 리처드 프라이스를 공격하고 울스턴크래프트가 천착한 개인의 권리와 자유에 회의적인 입장을 표명했다. 울스턴크래프트는 에세이의 시작부터 버크의 글에 대한 경멸을 드러낼 계획임을 분명히 했다. 그녀는 이렇게 경고한다. "그러므로 만약 내가 이 서한을 쓰는 과정에서 경멸을 표현할 기회가 있다면… 그것은 상상의 나래를 펼치는 것이 아님을 독자 여러분이 믿어 주기를 간청한다."[365] 다시 말해 당신의 울스턴크래프트의 글에서 경멸을 읽었다면 그것은 오해가 아니라 진짜다.

울스턴크래프트는 버크의 에세이에 나오는 주장을 그의 응석받이 감성에서 비롯된 귀여운 비약이라고 일컬으며, 버크는 감정이 이성의 냉철한 제안을 쫓아내게 했다고 주장한다.[366] 그녀는 "60년 동안 숙성된 판단력"(버크는 60세였다.)이 버크의 넘치는 공상을 길들이지 못했다는 사실에 놀라움을 금치 못했다.[367] 그녀는 '전투를 위해 선택한 무기를 한 번도 사용해 본 적이 없는 사람과 싸우는 것은 비겁한 짓'이기 때문에 버크의 모든 주장을 반박하는 데 시간을 할애하지는 않겠다고 말한다.[368] 해석하자면 만약 두 사람이 결투를 벌인다면 울스턴크래프트는 대검을, 버크는 젖은 국수를 들고 있을 텐데 이건 불공평할 수밖에 없다는 것이다.

울스턴크래프트는 경멸이 위험하다고 우려를 표했으면서도 왜 그것으로 버크를 베어 버리려 한 걸까? 사실 울스턴크래프트가 경멸을 두고 한탄하는 까닭은 우리가 경멸을 느끼기 때문이 아니라 잘못된 것에 경멸을 느끼기 때문이다. 우리는 악덕과 어리석음을 경멸해야 한다.[369] 울스턴크래프트는 버크가 경멸받아 마땅하다고 생각한다. 이유는 버크의 에세이가 경멸과 조롱으로 가득 차 있기 때문이다. 거만한 얼간이는 부드러운 응답을 받을 자격이 없다. 울스턴크래프트는 지위 추구가 우리의 감정을 타락시킨다는 루소의 의견에 동의하지만, 경멸을 없애는 대신 그걸 바로잡아야 한다고 생각한다.

　루소와 울스턴크래프트는 경멸의 기본 특성 중 일부에 의견이 일치한다. 경멸은 시기처럼 비교를 수반하는 감정이며, 경멸당하는 사람은 뭔가 부족하다는 것이다.[370] 우리는 자신이 경멸하는 사람을 자신 또는 자신이 비교 대상으로 삼는 기준보다 아래에 존재한다고 본다. 경멸을 표현하는 행위는 경멸당하는 사람이 낮은 지위를 가졌다고 말하는 것이다. 우리는 자기가 경멸하는 사람을 내려다보거나, 그에게 쓰는 시간이 아깝다고 말하거나, 아니면 그냥 돌아서서 가버린다.

　하지만 루소와 울스턴크래프트는 경멸하기에 적절한 대상이 무엇인지, 즉 우리가 무엇을 경멸해야 하는지에 대해서는 의견이 갈린다. 비록 우리의 감정이 지위 추구로 인해 타락할 때도 있지만, 울스턴크래프트는 경멸하기에 적절한 대상은 버크의 글에서 보이는 것과 같은 악덕이나 어리석음이라고 생각한다. 그녀의 견해에 따르면 버크는 정중함과 진정성이라는 기준을 충족하지 못했다. 버크가 그렇게 저급한 수준까지 내려가고자 한다면 우리는 그를 경멸받아 마땅한 사람으로 봐야 한다.

일부 현대 철학자들은 울스턴크래프트처럼 정의로운 형태의 경멸을 옹호하기도 한다.[371] 정의로운 경멸은 인격의 기본적 기준을 충족하지 못하거나 원칙이 없는 사람들을 향한 것이다. 줏대 없는 아첨꾼, 무자비한 기회주의자 그리고 가식적인 사기꾼은 모두 진정성이 없기 때문에 경멸의 정당한 표적이 된다. 비열한 자는 경멸받아 마땅하다.

특히 경멸이 정당화되는 것으로 보이는 경우는 다른 사람이 먼저 나를 경멸할 때다. 철학자 매칼리스터 벨은 그녀가 '대항 경멸'이라고 부르는 걸 옹호하는데, 특히 인종차별에 대한 대응으로 이를 주장한다.[372] 안나 줄리아 쿠퍼가 기차에서 내릴 때 열차 차장이 팔짱을 끼고 돕기를 거부함으로써 인종차별적 경멸을 드러낸 사건을 기억할 것이다. 정의로운 경멸을 옹호하는 사람은 쿠퍼가 그에 대한 대응으로 차장에게 경멸을 표출할 권리가 충분히 있다고 말한다. 차장이 쿠퍼를 하찮게 취급한 건 잘못이므로 쿠퍼는 차장을 존중하거나 예의를 갖춰야 할 의무가 없다는 것이다. 차장은 정중한 대접을 받을 자격이 없다.

반면 루소는 이 모든 것에 반대한다(적어도 이론적으로는 그렇다. 실제로 루소는 경멸을 잘만 드러냈다). 그는 경멸은 결코 정의로운 감정이 될 수 없다고 생각했다. 루소는 우리가 악덕과는 전혀 상관없는 온갖 이유로 사람들을 경멸한다는 사실을 지적한다. 악이 아니라 열등하다는 이유로 경멸하며 이는 결국 타인에 대한 우월감의 표시다. 옷이 허름해? 춤을 못 춰? 외모가 좀 우스꽝스러워? 이 모든 게 경멸의 표적이다. 경멸은 계급과 관련된 것이며 사회는 온갖 것으로부터 계급을 만들어 낼 수 있다. 우리는 인격이나 진정성이 부족한 사람에게 경멸을 느낄 수도 있지만, 못생기고 가난하고 멍청한 사람에게도 경멸을 느끼는데 이것들은 쉽게 바꿀 수 없는 속성이다.

18세기 철학자들이 말했듯이 부자들이 가난한 사람들을 경멸했다고 해서 가난한 사람들이 경멸을 받아 마땅한 건 아니었다. 울스턴크래프트는 이런 경멸은 잘못된 것이며 악에 대한 경멸만이 정당하다고 말했다. 하지만 루소는 경멸은 미덕이 아니라 허영심과 관련된 것이기 때문에 결코 정당화될 수 없다고 생각했다. 울스턴크래프트에게 경멸은 소방 호스와 같아서, 올바른 것을 향하면 괜찮지만, 잘못된 것을 향하면 피해를 줄 수 있다. 반면 루소에게 경멸은 해일과도 같다. 올바른 사용법은 없고 파괴만 있을 뿐이다.

저 사람보다는 내가 낫다는 마음

나는 늘 요가를 조금 하다가 그만둔다. 지금까지 몇 번이나 꾸준히 해보려 했지만 번번이 실패했다. 나는 우아하지도 유연하지도 않고, 솔직히 차분하다고 할 수도 없다. 물론 바로 그 점 때문에 요가가 내게 유익할 것이다. 이 책을 쓰는 동안 과연 요가에 전념할 수 있는지 알아보기 위해 마지막으로 지역 요가원에 등록했다. 대학교에 인접한 곳이라 수강생 대부분이 대학생이나 대학원생이었는데 그들은 나보다 20살은 어렸다. 요가 강사는 수업 시간에 다른 사람이 뭘 하는지 신경 쓰지 말라고 당부하곤 했다. "그냥 자기 수련에 집중하고 자신에게 필요한 걸 얻으세요." 도움이 되는 말씀이지만 옆 사람이 꽈배기처럼 몸을 비틀고 한쪽 팔로 균형을 잡는데 정작 나는 손이 발에 닿지도 않는다면, 그런 말은 쉽게 잊히기 마련이다.

수강생 중에 간혹 요가를 어려워하는 사람들이 있었다. 그들의 존재에 항상 감사함을 느꼈는데 그들 덕에 보잘것없는 내 실력으로 인한 좌절감을 덜 수 있었기 때문이다. 자세를 나보다 못 잡는다면 훨씬 좋았다. 땀을 더 흘리고 자세가 더 흔들리면 '나도 그렇게 못하진 않네.'라고 생각하며 스스로를 위로할 수 있었다. 내가 대부분의 수강생보다 못한다는 걸 알았지만, 적어도 누구보다는 낫다는 것도 알았다. 유연성이 없는 동료 수강생을 향한 내 태도는 경멸이었다. 아주 악의적이지는 않은 가벼운 형태였지만 어쨌거나 경멸이었다.

대부분의 사람이 비슷한 경멸을 경험한 적이 있겠지만 이를 인정하기는 꺼릴 것이다. 경멸은 2장에서 언급한 극단적인 사례 문제의 희생양이 되는 부정적인 감정 중 하나다. 우리는 부정적인 감정을 이아고의 시기처럼 가장 심각하고 해로운 사례로 정의하는 경향이 있다. 마찬가지로 경멸이라고 하면 다른 인종이나 민족에게 느끼는 것과 같이 심각한 사례를 떠올리곤 한다. 가끔은 다른 사람을 인간 이하로 볼 때 드러나는 태도로 보이기도 한다. 실제로 우리는 가벼운 형태의 경멸을 훨씬 더 많이 경험하는데도 그것을 먼저 생각해 보는 경우는 거의 없다.

경멸은 사람을 깔보는 행위이며 이는 어디에나 존재한다.[373] 내가 요가 수업에서 경멸을 느낀 건 우연이 아니다. 모여 운동을 하는 곳은 경멸로 가득 차 있다. 유일하게 꾸준히 해온 운동인 달리기를 시작했을 때 나는 온라인 달리기 동호회를 방문해 조언을 구하곤 했다. 그곳에는 초보자와 실력을 키우기 위해 고군분투하는 사람을 위한 조언이 참 많았다. 그중에는 "당신은 소파에 앉아 있는 모든 사람을 앞서고 있다."라는 좌우명도 보였다. 원하는 만큼 달리기를 잘하지는 못하더라도 늘 소파에 앉아 있는 사람보다는 낫다는 뜻이다. 아침 요가 수업에서 강사는 가끔 이런 말을 한다. "어떤 사람들은 아직 침대에서 일어나지도 않았는데 여러분은 여기서 요가를 하고 있습니다." 힘들지만 우리는 다른 사람보다 더 열심히 노력하고 있다는 걸 상기시키기 위한 말이다.

경멸은 육아에도 존재한다. 이를테면 우리는 자신도 이유식을 매일 손수 만들진 않으면서, 다른 부모가 아이에게 즉석식품을 먹이는 모습을 보면 혼자 우쭐해한다. 경멸은 당신의 이웃에도 살고 있다. 나는 우리 집 진입로에 완전히 복원된 1957년형 캐딜락 드빌을 가지진 못했지만 적어도 저 아랫집의 낙오자처럼 볼품없는 고물 승용차를 몰진 않는다. 경멸은 직장에서도 나타난다. 꼴보기 싫은 동료가 회의에서 또다시 자신만의 '기발한' 아이디어를 발표하기 시작하면 우리는 '저런 멍청이가 있나.'라고 생각한다. 나도 직장에서 완벽하진 않지만 그래도 저런 짓은 하지 않는다고 말이다.

경멸의 핵심에는 다른 사람을 깔볼 때 느끼는 자신감이 위치한다. 나는 너희와 다르다는 자만심 말이다.[374] 나는 이것을 경멸의 "푸른 하늘"이라고 부르는데 W. E. B. 듀보이스가 쓴 『흑인의 영혼』의 한 구절에서 따온 것이다. 그는 에세이 중 한 편에서 같은 반 백인 친구들의 인종차별적 경멸을 처음 알아챈 순간을 이야기한다. 아이들이 명함(기업이 아닌 개인의 명함 같은 것)을 주고받고 있었는데 한 백인 여학생이 그의 명함을 단박에 거절했다. 그 순간 이후 듀보이스는 자신의 인종 때문에 자신이 "거대한 장막에 의해 그들의 세계로부터 차단돼 있다."[375]라는 사실을 깨닫기 시작했다. 장막은 자신과 백인들의 세계 사이에서 느끼는 단절감을 은유적으로 표현한 것이다. 그는 이 장막을 "즐거운 경멸과 동정의 시선으로 바라보는 세상의 잣대로 자신의 영혼을 재단하는 것"[376]으로 느꼈다고 말한다. 듀보이스는 자신의 깨달음에 이렇게 응답한다.

> 그 후로 나는 그 장막을 허물고 그 안으로 기어들어 가고 싶은 마음
> 이 전혀 없었고, 그 너머의 모든 것을 하나같이 경멸하며, 그 위의
> 푸른 하늘과 방랑하는 커다란 그림자의 지역에서 살았다. 그 하늘
> 은 내가 반 친구들을 시험 시간에 이기고, 달리기 경기에서 이기고,
> 심지어 그들의 떡진 머리를 때릴 수 있을 때 가장 파랗게 빛났다.[377]

듀보이스는 자신을 향한 백인 세계의 경멸에 경멸로 대응한다. 그는 모든 경쟁에서 백인 동급생을 이김으로써 자신의 가치를 확인한다. 듀보이스는 어린 시절 장막의 무게를 느낄 때마다 이 전략을 사용했다. 그는 자신이 "더 높은 공간으로 끌어올려져 더 강력한 사명의 일부가 됐다."[378]라고 상상했다. 때로는 "주님의 기름 부음을 받지 못하고 꿈속에서 황금 양털을 향한 멋진 여정을 보지 못한"[379] 백인 동급생을 동정하기도 했다. 그는 자신이 백인 세계의 일부가 아닌 이유는 자신이 더 높은 곳, 더 나은 곳에 속했기 때문이라고 확신했다. 백인이 그를 인정하지 않는다면 그건 단순히 그들이 그의 위대함을 보지 못했기 때문이라고 생각했다. "내 삶에 서서히 스며든 인종적 감정이 무엇이든 간에, 어린 시절에 그것이 내게 미친 영향은 오히려 고양과 강한 경멸이었다. 패배자는 내가 아니라, 내게 열렬히 구애하지 않은 그들이었다."[380]

듀보이스의 푸른 하늘은 경멸의 핵심 특징을 보여 준다. 우리는 경멸감을 느낄 때 다른 사람과 자신을 비교하면서 스스로가 더 나아 보인다는 자기 만족감을 느낀다. 경멸이 이런 우월감과 비교를 포함한다는 사실은 사람들을 불안하게 한다. 5장에서 살펴본 것처럼 시기도 같은 문제를 지닌다. 우리는 걸핏하면 자신을 다른 사람과 비교하지만, 또 입을 맞춘듯 모두가 그래선 안 된다고 말한다. 그리고 다른 사람의 어려움을 이용해 자신의 기분을 좋게 만드는 것은 바람직하지 못하다고 한다.

그런데 자신감은 어디서 오는 걸까? 자신감을 어떻게 얻을 수 있을까? 우리는 최종 결과가 무엇이어야 하는지 안다. 예컨대 우리는 자신의 요가 매트에 시선을 고정하고 수련에 집중해야 한다. 그런데 어떻게 하면 그렇게 할 수 있을까? 우리가 자아를 만들어 가야 하는 것이라면 자신감도 마찬가지로 만들어지는 것이다. 이게 바로 듀보이스가 하는 일이다. 장막 뒤에 있는 듀보이스는 자신의 가치를 궁금해하지 않을 수 없다. 동급생이 내 명함을 단칼에 거절하다니 나는 도대체 누구인가? 이런 사건에 직면한 듀보이스는 대부분이 할 법한 행동을 한다. 즉 자기 의심에 대응하기 위해 자신이 어떤 분야에서 탁월한 성과를 낸다는 증거를 찾으려 한다. 학업이나 체육 대회에서 반 친구들을 이긴다면 분명히 뭔가 잘한다는 뜻이다. 그는 자신을 다른 사람과 비교해서 자신에게 어떤 강점이 있는지 알아낸다. 경쟁에서 이긴 후 성취한 바를 사회가 자신의 진가를 제대로 인정하지 않는다는 증거로 여긴다. 그의 경멸은 그가 새롭게 발견한 자신감의 표현이다.

듀보이스가 자신의 푸른 하늘을 발견했을 때 그는 청소년이었으니 괜찮다고 생각하는가? 청소년기는 가장 얄팍하고 피상적인 지표에 따라 끊임없이 순위를 매기는 상어가 득실거리는 바다다. 만약 당신의 자아가 10대라면 당신은 '나는 중학교 3학년인데 어떻게 이런 배낭을 메고 다닐 수 있나.'라고 했을 것이다. 하지만 더 잔잔한 바다로 항해해 온 우리는 더는 이런 종류의 비교를 하지 않는다는 사실에 안도의 한숨을 내쉴 것이다. 자아의식이 흔들리고 거의 형성되지 않았을 때는 또래가 하는 모든 일을 관찰하고 그게 내게 어떤 의미가 있는지 알아내려 애쓰기 마련이다. 하지만 일단 자아의식이 어느 정도 자리를 잡으면 주변 사람이 하는 일에 그다지 관심을 기울이지 않게 된다. 자신과 자신의 삶에 적합한 것을 알아내는 데, 그리고 자신의 성공을 다양한 방식으로 측정하는 데 더 집중하기 시작한다. 그러다가 결국에는 비교 게임에서 벗어나게 된다. 이것이 바로 우리 모두가 추구해야 할 목표가 아닐까?

문제는 인생에서 단번에 자신을 확신하게 되는 마법 같은 순간은 없다는 것이다. 물론 우리는(적어도 우리 중 일부는) 사춘기를 벗어나고 자신의 요가 매트에 시선을 고정하기가 더 수월해진다. 하지만 그렇다고 해서 자아의식이 다시는 흔들리지 않는 건 아니다. 인생의 새로운 단계에 접어들면 새로운 의구심이 들기 마련이다. 새로운 일을 시작하거나 승진하면 갑자기 다시 신입이 된 듯한 느낌이 든다. 새로운 도시로 이사하면 마트에 갈 때마다 길을 헤매는 건 물론이고 새로운 사람을 사귈 생각조차 하지 못한다. 아기를 낳으면 존재하는지도 몰랐던 질문에 대한 답을 찾기 위해 책을 뒤지게 된다. 부모님이 아프면 약과 서류, 병원 복도의 미로 속에서 길을 잃은 기분이 든다.

자신감은 한 발짝 물러서서 경치를 즐길 수 있는 정상에 도달하는 것과는 다르다. 자신감은 집을 소유하는 것과 같아서 유지와 관리가 필요하다. 때로는 모든 게 잘 돌아가서 할 일이 별로 없을 때도 있다. 하지만 때로는 새 지붕을 다 올렸는데 무언가의 하자를 발견할 때도 있다. 인생의 새로운 단계에 도달하거나, 새로운 활동을 시작하거나, 예상치 못한 일을 겪을 때마다, 내가 과연 잘하고 있는 건지 궁금해진다. 그러다 보면 자신의 발전 정도를 가늠하기 위해 비교를 하게 되고 그와 더불어 경멸이라는 감정이 찾아올 것이다.

간혹 '비교란 과거의 나와 현재의 내가 하는 것'이라는 조언을 들을 테다. 어제보다 더 잘하고 있다면 그것으로 충분하다는 의미다. 이런 말은 고상하게 들리지만 한편으로는 나르시시즘적으로 보이기도 한다. 오로지 과거의 자신과 경쟁하겠다는 건 비판을 피하기 위한 방편일 수 있기 때문이다. 이 세상의 다른 자아들과 소통하면 내가 서 있는 곳에서는 보이지 않는 가능성이 펼쳐진다. 자신의 삶을 타인의 삶과 비교하면 어떤 측면에선 반드시 변해야 한다는 사실을 깨닫게 된다. 하지만 과거의 나와 현재의 나에만 집중하면 저 밖에서 기다리는 더 좋은 일을 볼 기회가 줄어든다.

사람들은 보통 위로할 때 자신을 타인과 비교하지 말라고 조언한다. 요가 수업에서 옆자리의 20대가 발을 머리 뒤로 뻗어도 걱정하지 말라는 것이다. 자신을 다른 사람과 비교하지 말라는 말은, 당신이 비교하여 자책하거나 자신의 노력을 충분히 인정하지 않는 성향이라면 건강한 조언이 된다. 하지만 다른 사람은 그냥 무시할 수 있는 주변의 소음이 아니다. 자아를 형성하는 건 힘든 일이다. 우리는 작업이 진행 중인 작품이며 우리가 걸작을 만들고 있는지 망작을 만들고 있는지는 알 수 없다. 그렇기 때문에 타인과 나를 비교하는 것은 진행 상황을 측정하는 데 도움이 되고, 자신이 얼마나 잘하고 있는지에 대한 단서가 되기도 한다.

사람들이 경멸을 경계하는 이유는 단지 비교 때문이 아니라 결국엔 다른 누구보다 자신이 우월하다고 느끼기 때문이다. 즉 다른 사람을 깔보게 된다는 것이다. 사람을 깔보는 건 우리가 같은 인간으로서 함께 지녀야 할 평등과 공동체 의식을 위반하는 행위다. 누군가가 나를 깔보길 원치 않는다면 나도 다른 사람을 깔보지 말아야 한다. 그런데 비교가 항상 이렇듯 치졸하거나 악의적일까? 우리는 종종 비교에서 동지애를 발견한다. 나는 다른 사람이 요가를 하느라 몸부림치는 모습을 보면 기분이 좋지만 프레첼을 같이 즐기는 이웃보다 그들과 더 많은 공통점이 있다고 느낀다. 자신이 뭘 하고 있는지 잘 모르겠다고 느낄 때 자신을 타인과 비교하면 방향성을 잡을 수 있다. 좀 더 일상적인 형태의 경멸은 같은 인간을 동등하게 대하는 것과 양립할 수 있다. 인간의 사회 생활은 비교로 가득 차 있지만 그건 모두가 함께 자아를 형성하기 위해 노력하는 중이기 때문이다.

다만 자신이 항상 비교의 좋은 쪽에 있는 건 아니라는 점을 기억해야 한다. 내가 지금 깔보는 사람의 입장에 처할지도 모르는 일이다. 지금 저 사람과 다른 상황이라 해서 앞으로도 절대 저렇게 되지 않는다는 법은 없다. 이처럼 우리는 비교를 균형 잡힌 시각으로 바라봐야 한다. 하지만 그렇다고 해서 경멸을 극복해야 히는 긴 아니다. 그저 건전한 자아 인식을 가지고 경멸을 느끼면 된다.

물론 때로는 경멸이라는 감정이 우리를 비판적이고 혼자만 고결한 척하는 사람으로 만들기도 한다. 경멸은 분명 악의적일 수 있지만, 보통 더 큰 문제는 그 경멸을 유발하는 판단이다. 인종차별주의자의 문제는 경멸을 느끼는 것일까, 아니면 다른 인종이 자신보다 열등하다고 생각하는 것일까? 인종차별주의 신념은 어떤 감정이 수반되든 나쁜 것이다. 경멸이건 분노건 자존심이건 말이다. 경멸이 문제가 되는 건 절대 경멸의 대상이 되지 않을 거라고 확신하기 위해 경멸을 사용할 때다. 내가 다른 사람을 깔볼 때마다 아마 다른 사람도 나를 깔볼 것이다. 프레첼을 같이 즐기는 이웃도 자신이 힘든 날에 자신감을 높이기 위해 나의 고충을 이용했을 것이고 나도 내 기분을 좋게 만들려고 다른 사람의 고충을 이용한다는 사실을 잊지 말아야 한다.

경멸은 내면에서 자신감을 찾을 수 없을 때, 절실히 필요한 자신감을 얻게 해준다. 하지만 다른 모든 부정적인 감정과 마찬가지로 경멸도 정체성의 무게를 견디지 못한다. 다른 사람을 깔보는 걸 중심으로 자아를 형성하면 상어가 득실거리는 청소년기의 바다에 갇혀 다른 사람이 뭘 하고 있는지 보기 위해 끊임없이 곁눈질하게 된다. 경멸은 나침반이 되어 방향을 잡는 방법을 알려 준다. 하지만 경멸이 필요 없는 빛나는 순간은 오지 않을 것이다. 우리 인생에서 자아의식이 영원히 흔들리지 않게 되는 시기는 없다. 인생의 새로운 단계가 우리를 불안하게 만들 테고 우리는 다시 방향을 잃을 것이다.

정의로운 경멸은 있는가

더 심각한 형태의 경멸은 어떤가? 즉 어떤 사람을 나보다 못한 사람으로 규정하고 그들에게 시간을 낭비하지 않기로 할 때 느끼는 경멸은 어떤가? 손을 내저으며 "됐어, 너랑은 끝이야."라고 말하는 지경에 이를 수도 있다. 사람들이 말도 안 되는 악마 아기를 계속 믿는다면 어느 시점에 감정의 한계에 다다를지도 모른다.

악마 아기에 대한 애덤스의 에세이에는 사실 속임수가 있다. 교양 있는 상류층 시카고 시민은 지역 내 이민자 공동체를 깔봤다. 애덤스는 이 공동체를 도우려 했지만 지역 사회는 그들을 도울 필요가 없다고 생각했다. 그녀는 '우리'는 '그런 사람들'을 원치 않는다는 말을 귀가 아프게 들었다. 애덤스는 독자가 악마 아기 이야기에 경멸적인 반응을 보일 것임을 알기 때문에 처음에는 자신도 같은 감정을 느끼는 척한다.

하지만 에세이가 진행됨에 따라 그녀는 서서히 독자가 악마 아기를 궁금해하는 이민자의 관점을 취하도록 유도한다. 그녀는 이민자 공동체의 나이 든 여성들이 이 사건에서 얼마나 큰 영향을 받았는지 관찰한다. 그들은 자기 삶을 털어놓기 시작하고 애덤스는 그들의 이야기에 귀를 기울인다. 애덤스는 그들 중 상당수가 비극적인 일을 겪어야 했다는 사실을 알게 된다. "잔인함과 공포의 힘이 그들의 삶 전체를 지배했으며 그들은 오랫동안 재난과 죽음을 접해 왔다."[381] 이 여성들은 직장도 없고 말도 통하지 않는 나라에 온 사람들이었다. 그들은 결혼 생활 중 학대를 당했고 힘겹게 아이들을 키우고 있었다. 또한 의료 혜택을 받지 못하는 상황에서 병든 친척을 돌봤다. 그들은 "자신을 둘러싼 세상의 무시

무시함을 제압할"[382] 힘이 거의 없다는 게 어떤 건지 잘 알았다.

애덤스는 여성들의 이야기를 다시 들려주면서 악마 아기에 대한 그들의 관심에는 미신 이상의 것이 있음을 깨닫는다. 그녀는 악마 아기가 실제로 무엇을 상징하는지 이해하기 시작하고 사람들이 왜 악마 아기를 믿는지 알게 된다. 악마 아기는 상징적인 존재였다. 그것은 여성들이 자신의 삶을 거의 통제할 수 없다는 사실을 일깨웠다. 악마 아기를 믿는 사람의 눈으로 세상을 보기 시작하자 애덤스는 경멸의 감정이 가라앉는다.

정의로운 경멸을 옹호하는 사람은 다음과 같이 질문할 것이다. "왜 이런 종류의 공감적인 이해를 사람들에게, 특히 이해받을 자격이 없는 사람들(편협한 사람과 사기꾼)에게까지 베풀어야 하는가?" 우리는 일상에서 증오와 무지로 가득 찬 사람들이 옹호하는 터무니없는 견해에 직면한다. 타인을 존중하지 않는 그들에게 콧방귀를 날려주면 안 되는 걸까? 어떤 사람에게는 경멸을 표출하는 게 정당하지 않을까?

애덤스와 듀보이스는 (2장에서 만난 윌리엄 제임스와 함께) 미국 실용주의로 알려진 철학적 운동의 일원이었다. 모든 철학 사조가 그렇듯이 실용주의자도 의견이 전부 일치하지는 않지만 그들의 사상에서 공통으로 나타나는 주제 중 하나는 민주주의의 중요성이다. 실용주의자가 생각하는 민주주의는 단순히 대의제와 선거를 기반으로 하는 정부 형태가 아니다. 민주주의는 삶의 방식이다. 즉 모든 사람의 인간성을 인정하는 방식으로, 함께 살아가겠다는, 우리 자신과 서로에 대한 약속이다. 실용주의자의 민주주의는 타인의 다양한 경험을 이해하려고 노력할 것을 요구한다. 애덤스는 민주주의가 사회생활을 하는 모든 사람의 "공통점에 대한 공감"[383]을 요구한다고 생각했다. 우리는 서로의 삶을 진정으로 이해하려 노력할 때만 공감할 수 있다. 애덤스는 사람을 경멸할수록 많은 이들의 헌신으로 이룬 민주주의를 위협하는 방식으로 우리 삶의 범위는 엄청나게 제한될 것이라고 경고한다.[384] 애덤스에 따르면 누군가를 내려다보면 우리는 그 사람의 눈을 통해 세상을 볼 수 없게 된다.

듀보이스도 정의로운 경멸이라는 개념에 회의적이었다.[385] 그는 자신의 푸른 하늘을 이야기한 뒤 이렇게 말한다. "아아, 시간이 흐르면서 이 모든 훌륭한 경멸이 희미해지기 시작했다. 내가 갈망하는 세계와 눈부신 기회는 그들(백인 동급생)의 것이지 나의 것이 아니기 때문이다."[386] 그는 자신을 위축된 다른 흑인 소년들과 대조한다. 그들은 "자신을 냉대하는 창백한 세상에 대한 조용한 증오와 모든 하얀 것에 대한 조롱 섞인 불신에 빠져들었다."[387]

후기 작품에서 듀보이스는 하버드 대학원에 진학한 후에도 동일한 경멸의 태도를 유지하려 했다고 말한다. 그는 캠퍼스 내 사교 생활에 참여하지 않았고 "고등학교 때처럼 내가 아니라 나를 모르는 사람들이 패배자라고 상상할 만큼 여전히 오만했다."[388]

그러나 그는 캠퍼스 사교 생활을 접은 건 거절에 대한 두려움 때문이었음을 인정했다. "나는 사람들이 원치 않는 존재가 되는 것… 나를 원치 않는 사람들과 어울리고 싶어 하는 것처럼 보이는 것이 몹시 두려웠다."[389]

『흑인의 영혼』이 출간된 지 17년 후, 듀보이스는 『다크워터』라는 책을 썼다. 이 책에는 「백인의 영혼」이라는 에세이가 수록되어 있는데 이것은 듀보이스의 경멸의 푸른 하늘이 등장하는 에세이와 짝을 이루는 작품이다.[390] 「백인의 영혼」은 시끄럽게 불평하는 인간의 바다 위, 높은 탑에 있는 듀보이스의 이미지로 시작한다.[391] 그는 자신이 백인의 영혼을 들여다볼 수 있는 특별한 위치에 있다고 말한다. "나는 이 영혼들이 벌거벗은 모습을 뒤와 옆에서 본다. 나는 그들의 내장이 작동하는 것을 본다. 나는 그들의 생각을 알고 그들은 내가 안다는 것을 안다."[392]

그럼에도 백인들은 듀보이스의 시선으로부터 자신을 숨기려 한다. "그들은 설교하고 뽐내고 소리치고 위협하며, 웅크린 채로 사실과 공상의 누더기를 움켜쥐고 자신의 벌거벗음을 감추려 한다."[393] 듀보이스가 그들을 꿰뚫어 볼 수 있음에도 그들은 "신의 모든 색 중에서 오직 하얀색만이 본질적으로 그리고 명백하게 더 낫다."[394]라는 가정을 고수한다. 그는 탑에서 그들을 "피곤한 눈"[395]으로 바라본다. 에세이의 서두에 백인들은 우스꽝스럽고 어리석은 모습으로 묘사된다. 『흑인의 영혼』에서 백인들이 '즐거운 경멸과 동정의 시선'으로 그를 바라본 것과 같은 방식으로, 이제는 듀보이스가 백인들을 경멸의 대상으로 바라본다.

하지만 백인이 단순히 어리석은 존재가 아닌 이유는 "수많은 재밌는 표현 뒤에… 더욱 교묘하고 어두운 행동이 뒤따르기"[396] 때문이다. 백인은 백인이 아닌 사람이 자신의 종속적 지위를 감사히 받아들이기를 바란다. 흑인이 백인의 우월성에 의문을 제기할 때, 즉 흑인이 "거들먹거리고 욕하고 낭비할 인권"[397]을 주장할 때, 백인은 모욕과 증오, 폭력으로 대응한다. 듀보이스는 자신이 증오의 표적이 되어 겪는 고통에 분노하지만, 동시에 "엄청난 대의, 엄청난 공상 때문에 감옥에 가고 마음을 빼앗기고 억압받고 비참해진 사람들에게 굉장한 동정심"[398]을 느낀다.

듀보이스는 다시 탑에 있는 자신의 모습으로 에세이를 마무리한다. 그는 증오와 피, 잔인함으로 이루어진 거대하고 추악한 회오리바람을 지켜보면서도, 그것을 피할 수 없는 것이라고 믿기를 거부한다. "나는 이것이 모두 필연적인 일이라고 믿지 않을 것이다. 과거의 그 모든 수치스러운 일들이, 오늘 햇빛이 은빛 바다를 휩쓸기 전에, 다시 벌어질 것이라고 믿지 않을 것이다."[399]

듀보이스가 백인 세계를 경멸했다는 건 의심의 여지가 없다. 인생 초반에는 푸른 하늘이 그에게 큰 도움이 됐다. 자신감이 절실히 필요한 시기에 자신감을 유지할 수 있게 해줬다. 하지만 자신감만으로는 자신이 원하는 방식으로 세상에 온전히 참여할 진정한 기회를 얻을 수 없다는 사실을 깨달았다. 경멸로는 백인 세계가 그를 배척하려 한다는 사실을 바꿀 수 없었다.

백인 세계는 실용적 측면과 실존적 측면 모두에서 피할 수 없는 곳이었다. 실용적 측면에서 보면 듀보이스는 백인이 일시적이지만 실질적인 힘으로 지구를 합병해서 지배하고 있다는 사실을 분명히 알았다.[400] 백인의 패권에서 완전히 벗어날 수 있는 곳은 어디에도 없었다. 실존적 측면에서 보면 그의 운명과 백인의 운명은 서로 얽혀 있었다. 듀보이스는 이렇게 말한다. "나는 그들과 관련이 있고 그들은 내게 속한 것을 많이 가지고 있다… 나는 그들의 죄를 공유한다."[401] 백인 세계를 경멸한다는 건 백인 세계를 멀리하고 밀어내려 노력하는 걸 의미했다. 그러나 듀보이스의 삶은 그들이 인정하든 인정하지 않든 백인들의 삶과 얽혀 있었다. 듀보이스는 거기서 그냥 빠져나갈 수는 없었고, 그건 백인도 마찬가지였다.

경멸은 삶의 일부가 된다

앞서 살펴보았듯 가벼운 형태의 경멸은 자신감을 키우고, 조금 더 무거운 형태의 경멸은 피해나 비난에서 자신을 보호하는 수단이 된다. 우리는 사람들과 관계를 맺으며 인내심이 한계에 도달하는 경험을 해보았을 것이다. 자존감을 끊임없이 공격하는 사람과 관계를 유지하려면 너무 큰 대가를 치러야 하기에 때로는 아예 차단하는 게 더 이상의 피해를 막는 유일한 방법이기도 하다. 이를테면 수년간의 고통스러운 갈등 끝에 가족 중 한 사람과 연을 끊어야 할 수도, 몇 달 동안 무례한 태도를 보인 동료와 더는 말을 섞지 않을 수도 있다. 우리는 종종 다른 감정의 우물이 말라버렸을 때 경멸을 느낀다. 소리를 지르고 눈물을 흘리고 나면 그 사람에게 더는 내 인생을 빼앗기지 않겠다는 굳은 결심 외에는 아무것도 남지 않는다.

하지만 이런 경멸이 정당하거나 정의롭다고 생각할 수는 없다. 때로는 그게 자신을 보호하기 위한 유일한 선택일 수도 있지만 그런 감정을 느끼는 자신을 토닥여선 안 된다. 비록 자신을 보호하기 위해 필요한 선택이었다고 해도, 다른 사람과 자신을 분리하는 건 바람직한 일이 아니다. 듀보이스가 정확히 파악한 점이 있다면 경멸의 순환은 비극이라는 것이다. 그는 과거의 수치스러운 일들을 반복하지 않기 위해 그 악순환에서 벗어날 방법을 찾아야 한다고 생각한다. 듀보이스는 인종차별의 문제 중 하나는 백인이 스스로에게 흑인에 관한 거짓말을 하는 것이라고 말한다. 그가 볼 때 백인 우월주의는 망상에 가까운 '환상'이며 흑인을 향한 경멸은 그 거짓말을 뒷받침하려는 시도였다. 그럼에도 안타깝지만 이런 역학은 생각보다 널리 퍼져 있다.

이 모든 것은 사람들이… 서로에 대해 참담할 만큼 무지하다는 사실을 보여 준다. 우리는 자신처럼 생각하는 사람을 발견하면 언제나 깜짝 놀란다. 우리는 사실 서로 함께하지 못하고, 서로에 대한 자신의 생각과 함께하며, 자신의 생각에 의문을 제기할 능력이나 용기를 가진 사람은 거의 없다.[402]

경멸은 자신감을 키우고 자신을 보호하는 데 도움이 된다. 그렇다고 해서 사회생활을 하며 타인과의 관계를 단절하는 걸 기뻐할 수는 없다. 듀보이스와 애덤스가 말하는 민주주의에 대한 헌신은 우리가 타인에 대해 만들어 낸 이미지를 넘어서려는 노력을 의미한다. 애덤스는 20세기 초반 많은 미국인이 이민자를 자신보다 열등한 존재로 생각한다는 사실을 알았고, 듀보이스는 백인 미국인이 흑인에 대해 인종차별적 경멸심을 품고 있다는 사실을 알았다. 애덤스와 듀보이스는 모두 자신이 사회가 경멸하는 집단을 대변한다고 생각하며 같은 메시지를 전달하려 노력한다. 그 메시지는 다음과 같다. '무시하지 말고, 이해하려 하라.'

오늘날의 사회에서 경멸할 만한 사람은 누구일까? 울스턴크래프트의 주장을 참고하면 정의로운 경멸을 옹호하는 사람은 악랄한 사람만이 경멸의 대상이 된다고 답할 것이다. 애덤스와 듀보이스가 말한 집단과 달리 악랄한 사람은 동정이나 이해를 받을 자격이 없다는 것이다. 하지만 문제는 악랄한 사람을 판단하는 기준이 사람에 따라 달라진다는 점이다. 인정하고 싶지 않을 만큼 많은 미국인이 나 같은 헛똑똑이 교수가 사회의 구조를 파괴한다고 믿는다. 정의로운 경멸을 옹호하는 사람은 이런 사람들이 틀렸다고 말할 테고, 나도 동의하고 싶지만, 진짜 악당이 누구인지 판별하는 건 선택된 소수에게만 맡겨 둘 일이 아니다. 사회는 그런 식으로 돌아가지 않는다. 우리는 모두 서로를 판단할 수 있다.

누가 악당인지에 대한 정답이 있는 건 절대 아니지만, 인류는 과거에 집단적으로 실수를 저질렀고 엉뚱한 사람을 악당으로 낙인찍어 왔다. 우리가 항상 옳은 건 아니며 '나는 저렇지 않아.'라는 자기 확신에 찬 경멸이 정의롭다는 생각으로 이어질 때 위험해진다. 그리고 종종 자신이 우위에 있다고 확신할 때 최악이 된다. 그리고 이게 우리의 현실이라면 적어도 자신이 내리는 판단이 정보에 입각한 것인지 확인해야 하며 그 판단을 면밀히 검토한 후 옹호하려 노력해야 한다. 요컨대 우리는 자신이 판단하고 있는 사람을 이해해야 한다. 그 사람이 헛똑똑이 교수라 해도 말이다.

실용주의자에 따르면 민주주의에 대한 헌신은 이해를 필요로 하지만, 이해가 곧 묵인으로 이어지는 건 아니다. 애덤스는 이민자 공동체의 나이 든 여성들이 악마 아기에게 사로잡힌 이유를 이해하려 노력하지만, 그렇다고 해서 그녀가 갑자기 악마 아기를 믿거나 악마 아기를 보여 달라고 하는 사람에게 짜증을 내지 않는 건 아니다. 사람들이 증거를 통해 자신의 믿음을 뒷받침하고 거짓임을 아는 믿음에 매달리지 않기를 바라는 건 당연한 일이다. 사람들이 피부색 때문에 다른 사람을 업신여기지 않기를 바라는 것 또한 당연한 일이다. 그러나 우리가 운명을 함께한다는 사실을 깨닫는다고 해서 서로를 판단하지 않게 되진 않는다. 하지만 듀보이스가 정확히 파악했듯이, 이건 우리가 아무리 원해도 서로를 완전히 배제할 수는 없다는 의미이기도 하다.

우리는 자신이 최고의 위치에 있다고 확신할 때, 즉 자신은 절대 편협한 사람이나 사기꾼과 같은 범주에 속하지 않는다고 확신할 때만 안심하고 사람들을 내려다본다. 그리고 '그런 사람들'과 어울리지 않는다는 것에 자부심을 느낀다. 하지만 문제는 누군가의 눈에는 우리 모두가 잠재적으로 '그런 사람들'이라는 것이다. 정의로운 경멸을 옹호할 때면 보통 자신이 남을 비웃는 사람이라고 가정한다. 하지만 반대로 당신이 정의로운 경멸을 당하는 사람이라고 가정해 보라. 사람들이 당신을 어떻게 대하길 원하나? 사람들이 당신과 관계를 끊고 나서 스스로 참 잘했다고 생각하길 원하나? 사람들이 당신을 이해하려 하지 않고 먼저 판단부터 하길 원하나?

만약 정의로운 경멸 같은 게 존재하지 않는 것이라면, 우리는 경멸을 느끼지 않아야 한다고 생각하는 사람들도 있다. 하지만 그건 옳지 않다. 경멸도 다른 나쁜 감정과 마찬가지다. 다시 말해 정의로운 감정만이 가치 있는 감정인 것은 아니다. 경멸이 우리 삶의 일부인 까닭은 우리가 자신을 타인과 비교하기 때문이다. 비교는 자아 형성의 일부이며 경멸은 자신감을 키우는 데 도움이 된다. 내가 다른 사람보다 더 잘하고 있다는 걸 알면 내가 완전히 엉망은 아니라는 걸 스스로 확신할 수 있다. 이것은 특히 자기 의심으로 가득 차 있을 때 도움이 된다. 그리고 자기 의심은 인간이 이 세상을 살아가면서 끊임없이 보이는 특성이다. 인생의 새로운 단계마다 새로운 불확실성이 찾아오고, 올바른 방향으로 나아가고 있는지 확신할 수 없다. 그럴 때 "나는 저렇지 않아."라고 말하며 방향을 잡을 수 있다. 때로는 경멸이 더 큰 피해로부터 자신을 보호할 수 있는 유일한 수단이 되기도 한다. 예컨대 학대와 무례, 조종으로 인해 심신이 너덜너덜해졌을 때, 경멸은 아직 남아 있는 것을 지킬 피난처를 제공한다. 하지만 그렇다고 해서 경멸이 정당화되거나 정의로운 것이 되진 않는다.

다른 모든 나쁜 감정과 마찬가지로 경멸도 왜곡된다. 사람은 자신이 최고의 위치인 것을 확인하기 위해 경멸을 활용하기도 한다. 때때로 경멸심으로 가득 찬 사람은 가장 좋은 동네에 있는 집이나 명문 대학에서 받은 학위로 최고임을 확인한다. 꼭 순위가 아니더라도 타인을 경멸하는 사람은 대개 '나는 저렇지 않아.'를 중심으로 자신의 총체적 자아를 형성하려 한다. 하지만 어떤 사람을 기준으로 자신을 규정하면, 자신이 누구인지 절대 알 수 없다. 경멸은 결코 정체성의 핵심이 될 수 없다. 그러나 삶의 일부로 존재할 수는 있다. 경멸은 단지 우리가 자신을 온전하게 유지하기 위해 필요하다. 우리는 누군가를 경멸하는 자신을 자화자찬하지 않으면서 경멸이 이처럼 중요한 역할을 한다는 사실을 받아들일 수 있다. 다리를 불태워서 자신을 구할 수도 있겠지만, 그러면 남는 것이라고는 자신과 잿더미뿐일 테니까.

결론

지렁이를 사랑하라

우리는 그동안 정원에 있는 지렁이를 자세히 살펴보고 더 잘 알기 위해 노력했다. 지렁이를 직접 만나 봤으니 이제 결정을 내려야 한다. 지렁이를 어떻게 힐 건가? 내가 지렁이는 없애서도 안 되고 길들이려 해서도 안 된다는 걸 납득시켰다면, 당신은 이제 지렁이를 받아들일 수밖에 없다고 생각하게 됐을 것이다. 지렁이와 싸우는 건 쓸데없는 일이며 득보다 실이 더 많다. 그러니 우리는 그들을 굴복시키려는 시도를 멈추어야 하고 그럼 그들도 우리 삶에 큰 피해를 주지 않을 것이다. 정말 그런가?

하지만 여기서 한 걸음 더 나아가야 한다. 부정적인 감정은 무조건 직시해야 하는 불행한 사실이 아니다. 니체의 사상 아모르 파티Amor Fati가 '운명에 대한 사랑'으로 번역된다는 걸 잊지 말라. 당신은 정원의 지렁이를 단순히 용납하는 게 아니라 사랑해야 한다. 나쁜 감정과 싸우기를 그만두면, 지렁이가 얌전하고 예의 바르게 굴 거라는 기대는 접어야 한다. 지렁이를 사랑한다는건 지렁이를 있는 그대로 사랑하는 것을 의미한다. 즉 흙과 점액질을 비롯한 모든 걸 사랑하는 것이다. 니체의 말처럼 우리는 "인류의 정열을 전부 즐거움으로 바꾸는 일을 위해 힘을 합쳐 성실히 노력"[403]해야 한다. 그러려면 어떻게 해야 할까? 나쁜 감정과의 관계를 바꾸려면, 우리가 규정하는 자신과 삶의 이상적 모습에 대해 몇 가지 가정을 드러내야 한다.

취사선택이 안 되는 것이 삶이다

19세기 미국 철학자 헨리 데이비드 소로는 1845년 7월 4일 월든 호수 근처의 숲속으로 들어갔다.[404] 그는 직접 지하실을 파고 오래된 목재를 사용해 집을 짓고 나무를 베어 가구를 만들었다. 사냥과 낚시를 하고 콩과 옥수수, 완두콩, 순무, 감자를 심어 정원을 가꿨다. 인근 마을인 매사추세츠주 콩코드에서 사회생활을 이어가긴 했지만 이후 2년을 대부분 숲에서 보냈다. 소로는 월든 호수에서 보낸 시간을 '실험'이라고 불렀다.[405] 처음 시작은 되도록 방해받지 않으면서 개인적인 일을 수행하기 위함이었지만

곧 훨씬 더 큰 실험이 됐다.[406]

　소로는 살아가는 법을 배우기 위해 숲으로 들어 왔음을 깨달았다. 그는 콩코드에서 경험한 문명화된 마을 생활의 가치를 심각하게 의심했고 자신의 삶을 사소한 일로 허비하지 않고 주도적으로 살고 싶었다.[407] 그는 하버드를 졸업했고 작가가 되겠다는 열망이 있었다. 하지만 랄프 왈도 에머슨과 같은 유명한 친구들이 있었음에도 별다른 성과를 거두지 못했다. 소로는 이상한 태도와 거친 행동으로 마을 사람들을 화나게 했는데 이를테면 투표나 마을 회의 참석, 세금 납부를 거부[408]했다. 숲속으로 들어가 살기 시작할 무렵부터 콩코드 사람들 사이에서 그는 게으르고 무능하며 괴팍한 건달로 통했다.[409]

　하지만 소로는 콩코드의 사회생활에 편입되는 데 관심이 없었다. 당시는 성장과 경제적 번영이 두드러지는 시기였으며 이를 통해 사회적 지위를 나타내는 방식이 새롭게 탄생했다.[410] 소로의 눈에는 모든 사람이 돈을 더 많이 벌어서 물건을 더 사려고 애쓰는 것처럼 보였다. 그는 다음과 같이 우려를 표했다. "인간은 자신이 만든 도구의 도구가 돼버렸다."[411] 더 멋진 옷이나 더 큰 집을 갖기 위해 점점 더 열심히 일하는 게 삶의 전부일까? 소로는 그 이상을 원했다. "나는 깊이 있게 살며 삶의 골수를 전부 빨아들이고 싶었다."[412] 그래서 오로지 자신만을 위해 일하고 살기 위해 숲으로 갔다.

소로는 이 실험을 통해 야생, 즉 주변의 자연 세계뿐만 아니라 자기 내면의 야생에 대한 새로운 인식을 갖게 됐다. 소로는 사람들이 지루한 일상에서 벗어나고 싶을 때 "머나먼 우주 한구석에 있는 희귀하고 매력적인 장소"[413]를 상상한다고 말한다. 하지만 소로는 월든 호수가 상상의 나래를 펼치기에 "충분한 초원"[414]임을 알게 됐다. 그의 오두막은 주변을 둘러싸고 있는 숲의 일부였다. 새들이 이웃이 됐고 호수 자체도 그 나름의 삶이 있었다. 계절에 따라 물이 변하는 모습, 가을이 되면 물이 너무나 잔잔해져서 "숲을 완벽하게 비추는 거울"[415]이 되는 광경을 봤다. 새벽이 되면 호수는 "밤의 안개 옷"을 벗고 "은은한 잔물결 또는 빛을 반사하는 매끄러운 수면을 드러냈다."[416]

소로는 숲에 살면서 환상적이고 정신적인 것이 저 멀리 광활한 우주에 있는 게 아니라는 사실을 깨달았다. 그것은 바로 여기, 우리 주변에 있다. 사람들은 의미를 '우주의 외곽에서, 가장 먼 별의 뒤에서' 찾으려는 경향이 있지만, 소로는 진정한 의미는 '우리를 둘러싼 현실을 끊임없이 흡수하고 그 안에 흠뻑 젖어 드는 것'에 있다고 생각한다.[417] 『월든』의 유명한 구절에서 소로는 숲에 살면서 자신의 두 가지 다른 부분을 발견하게 됐다고 말한다.

나는 호숫가에서 사는 동안 한두 번 정도, 마치 굶주린 사냥개처럼, 묘한 자포자기 심정으로, 숲속을 배회하며 먹어 치울 만한 들짐승

같은 것을 찾아다녔는데, 어떤 짐승의 살점도 야만적으로 느껴지지 않을 것 같았다. 이미 가장 야생적인 광경에 기이할 만큼 익숙해져 있었다. 나는 대부분의 사람과 마찬가지로 내 안에서 더 높은 삶, 이른바 정신적 삶을 향한 본능과 원시적이고 야만적인 삶을 향한 또 다른 본능을 느꼈고, 지금도 느끼며, 나는 이 두 가지 본능을 모두 숭배한다. 나는 선한 것 못지않게 야생적인 것을 사랑한다.[418]

소로는 자신의 야생적인 부분을 단순히 받아들이거나 용인하는 데 그치지 않는다. 그는 그걸 사랑한다. 왜냐하면 자기 내면과 외면의 야생을 모두 새로운 시각으로 바라보게 됐기 때문이다. 그는 숲에서 사는 동안 야생을 진정으로 알게 됐고, 야생의 리듬을 배웠으며, 야생이 사람들이 두려워하는 것만큼 위험하지 않다는 사실을 알게 됐다. 또한 내면의 야생성은 두려워해야 할 대상이 아니라 더 높은 정신적 측면과 마찬가지로 자아의 핵심이라는 사실을 깨달았다. 소로의 주장이 그 자신뿐만 아니라 우리 모두에게 해당된다면 어떨까?

누구나 내면에 야생적인 부분이 존재한다. 그곳이 바로 나쁜 감정이 살아가는 장소다. 우리가 그걸 소로처럼 사랑하려면 어떻게 해야 할까? 먼저 감정 성인이 되려는 열망을 버려야 한다. 불가능해서가 아니라 추구할 가치가 없기 때문이다. 감정 성인에 따르면, 당신이 나쁜 감정을 버리면 인간사의 사소하고, 비열하고, 옹졸한 걱정에서 벗어나게 된다. 그 결과 그 어떤 것도 당신의 신경을 건드리지 못하는 일종의 행복한 평화 상태를 누리게 된다. 이 행복한 평화를 얻으면 당신의 삶은 새로운 또는 다른 종류의 의미를 갖게 될 것이다.

하지만 그것은 한 종류의 의미 있는 삶과 다른 종류의 의미 있는 삶을 맞바꾸는 게 아니라, 온전하고 인간적인 삶을 포기하고 그렇지 않은 삶을 선택하는 것이다. 감정 성인이 약속하는 행복한 평화는 이런 인간적인 삶을 희생하는 대가로 주어지는 것이다. 하지만 삶을 잘 살려면 아니 그저 살아가려면, 지금 여기 있는 그대로의 삶에 관심을 가져야 한다. 즉 인간 세상에 완전히 몰입해 비극적인 일과 기쁜 일, 이상한 일, 평범한 일과 같은 인간사의 모든 부분에 민감하게 반응해야 한다. 그리고 당신의 삶이 당신에게 중요하다면 나쁜 감정도 삶의 일부가 될 것이다.

감정 성인은 나쁜 감정을 극복하는 동시에 삶을 사랑할 수 있다고 주장할 것이다. 하지만 현실에서 온전히 살아가기를 선택하는 건 취사선택을 허용하지 않는 일괄 거래다. 사소한 일에서 기쁨을 찾으면서, 사소한 일에서 분노하지 않을 수는 없다. 부정적인 감정은 자신의 삶을 소중히 여기는 수단이다. 당신은 삶을 소중히 여기며 정원의 지렁이를 환영할 것인가, 아니면 삶을 덜 소중히 여기며 지렁이를 쫓아낼 것인가.

이제 어떻게 살아갈 것인가

내 설득이 통했다면 당신은 감정 성인을 거부하게 됐을 것이다. 그렇다면 이제 우리는 내면의 야생성을 사랑하기 위해 해야 할 일이 있다. 나쁜 감정과 함께 잘 살아가려 할 때 직면하는 큰 어려움 중 하나는 나쁜 감정이 자신과 타인에게 어떤 영향을 미칠지 두려워하는 것이다. 나는 나쁜 감정을 길들일 필요가 없다고 주장했고 소로도 자신의 야생적인 부분을 길들이려 하지 않았다.

소로는 이렇게 말한다. "우리는 우리 안에서 한 마리 동물을 의식한다. (…) 그것은 파충류적이고 감각적이며, 아마도 완전히 쫓아낼 수는 없을 것이다. (…) 유감스럽게도 그것은 나름의 건강을 누리는 것 같다. 그렇다면 우리는 건강해질 수는 있어도 순수해질 수는 없을 것이다."[419] 하지만 순수하지 않다는 건 부정적인 감정과 함께 잘 살아가는 걸 완벽히 설명해 준다. 감정 성인을 포기하는 건 곧 순수함이 더 낫다는 생각을 포기하는 것이다.

잘 살면 그만이다. 나쁜 감정은 좋은 삶을 방해하지 않는다. 나쁜 감성은 당신에게 문제가 있음을 나타내는 신호가 아니다. 이것들은 정확히 자기가 해야 할 일을 하는 것뿐이다. 즉 당신이 자신의 삶에 애착을 가지고 있다는 신호를 보내는 것이다. 그러므로 부정적인 감정을 느끼면 두려운 마음이 들더라도 그대로 내버려두어라.

때로는 당신도 자신이 들짐승을 찾아 헤매는 굶주린 사냥개가 된 것처럼 느껴질 수 있지만, 그렇게 느끼면 안 되는 이유는 뭔가? 우리가 나쁜 감정을 나쁘다고 생각하는 이유는 나쁜 감정이 의미하지 않는 뭔가를 의미한다고 생각하기 때문이다. 예컨대 앙심이나 질투를 느끼는 건 내가 악인이기 때문이라는 것이다. 하지만 감정은 나름의 삶을 지니기에 때로는 자신도 모르게 앙심과 질투를 느낄 수 있다. 그리고 이것은 전혀 잘못된 일이 아니다. 나쁜 감정은 다루기 어려울 순 있어도 괴물이 아니기 때문이다. 이것은 그저 야생적인 것일 뿐이다.

이 세상을 충분히 인간적으로 살아간다면 마음이 항상 평온하고 평화로울 수 없다. 그건 순수함을 바라는 것이다. 순수하지 않은 채 잘 살아간다는 건 이 세상에 부대끼며 복잡하고 어려운 감정적 경험을 엄청나게 많이 하게 된다는 사실을 깨닫는 걸 의미한다. 감정은 항상 긍정적인 것만은 아니며 때로는 우리에게 충격을 주고 우리를 압도한다. 그런데 이게 왜 문제가 될까? 삶에 시간과 노력을 들인다면, 감정은 삶에서 일어나는 모든 일에 반응하기 마련이다.

삶은 복잡하다. 삶은 항상 긍정적이지만은 않고 충격적이며 압도적이다. 우리의 감정이 이를 반영하는 게 놀라운 일인가? 무언가를 진심으로 아끼면 강한 감정에 휩싸이기 마련이다. 누군가 또는 무언가를 너무 사랑해서 두려웠던 적이 있나? 자신이 얼마나 연약하고 충동적인지를 느껴서 두려웠을 수도 있지만, 한편으로는 짜릿함과 활기를 느꼈을 수도 있다. 사랑조차도 위험하게 느껴진다면 부정적인 감정을 똑같이 느끼면 안 되는 이유가 뭔가? (감정의 이중 잣대에 의하면) 사랑은 해를 끼치지 않지만 나쁜 감정은 해를 끼친다.

하지만 대부분의 야생적인 것과 마찬가지로 부정적인 감정이 문제를 일으키는 이유는 우리가 그걸 가만히 내버려두지 않기 때문이다. 분노는 당신이 무시당했거나 해를 입었다고 느낀다는 사실을 알려 주는 것 외에는 아무 일도 하지 않는다. 분노는 그 이상의 어떤 것일 필요가 없다. 그런데 사람들은 분노를 있는 그대로 받아들이지 않고 성급하게 분노에 대한 결론을 내리거나 분노를 다른 것으로 바꾸려 한다.

혹자는 분노가 자신의 성격에 결함이 있다는 신호가 아닌지 걱정하고 혹은 버럭 화를 낼까 봐 두려워한다. 또는 즉시 화를 풀지 않으면 영원히 화를 낼 것 같다고 생각한다. 때로는 분노를 남을 비난하기 위한 정당성, 다른 사람이 나의 적이라는 증거 또는 내가 우월하다는 근거로 만든다. 부정적인 감정이 크고 강력할 때도 당황할 필요가 없다. 부정적인 감정에 대처하고 싶은 충동을 억제하라. 그냥 느끼는 법을 배워라.

그냥 느껴라. 물론 생각보다 어려운 일이다. 감정을 그대로 놔두기 위해서는 감정이 독자적인 삶을 영위한다는 사실을 받아들여야 한다. 감정의 독립성은 우리가 항상 자신을 통제할 수 있다는 신념에 이의를 제기한다. 예를 들어 우리는 일찌감치 내적·외적으로 미래 계획에 대한 압박을 받는다. 아이들에게는 "커서 뭐가 되고 싶어?"라고 묻고 학업을 끝마치면 사람들이 직업이 뭐냐고 물어볼 것이다. 직업을 구하면 연애는 하냐 물을 것이고 배우자를 찾으면 자녀에 관해 묻기 시작한다. 이처럼 나이가 들면 인생 계획을 구체화하고 계획을 실현하기 위한 단계를 밟아야 한다. 이뿐 아니라 평범한 일상조차도 저녁에 무엇을 먹을지, 어떤 쓰레기봉투를 살지와 같은 수백 가지의 작은 결정으로 이루어져 있다. 우리는 이런 끊임없는 선택 과정을 통해 나는 누구인지, 어떻게 살아야 하는지를 전적으로 자신이 결정한다고 생각하게 된다.

하지만 그건 사실이 아니다. 우리는 특정한 선택을 강요받을 때가 있다. 예컨대 회사에서 전근을 요구하는데 직장을 그만두기 싫어서 어쩔 수 없이 전근을 가야 할 때도 있다. 또 우리는 특정한 사람이나 활동에 그냥 끌린다. 나의 경우 남편과 사랑에 빠지기로 결심하지 않고도 그냥 그렇게 됐다. 우리의 관계가 발전하면서 남편이 내 세상의 중심이 됐고 이제는 남편이 없는 삶을 상상할 수 없다. 하지만 이를 두고 남편을 내 인생의 일부로 만들기로 선택했다고 할 수는 없다. 물론 그와 결혼하기를 선택했고, 그와 함께하기를 선택했지만, 그를 사랑하기로 선택했다고 할 수는 없다. 내가 철학자가 됐을 때도 마찬가지였다. 박사 학위를 받고 대학에서 일자리를 구하기로 선택했지만 철학을 사랑하기로 결심하지는 않았다. 그냥 철학에 사로잡혔다. 첫 수업을 들을 때부터 철학의 매력에 푹 빠졌다. 어떤 대상에서 의미를 찾는 행위는 선택과 감정이 복잡하게 조합된 과정이다.[420] 우리는 가족과 연인, 친구, 자녀, 취미, 열정과 같은 것에 전념하기로 결심하지만 동시에 그것에 마음을 빼앗기기도 한다.

감정의 독립성을 인정하면, 내가 누구인지와 내게 중요한 것이 무엇인지를 결정하는 핵심 요소가 전적으로 자신에게 달린 건 아니라는 사실을 받아들여야 한다. 하지만 그건 너무 불안정해 보일 것이다. 감정은 덧없고 변덕스럽기 때문이다. 하루아침에 철학에 대한 내 사랑이 사라지는 건 아닐까? 무서운 답은 물론 그럴 수도 있다는 것이다. 이런 일은 생각보다 자주 일어난다. 이를테면 사람들은 오랫동안 결혼 생활을 이어가다가 어느 날 자신이 더 이상 상대방을 사랑하지 않는다는 사실을 깨닫는다. 어느 날 직업에 대한 열정이 예전 같지 않다는 사실을 발견하기도 한다. 예비 부모는 자녀를 사랑하지 않을까 봐 진심으로 걱정한다.

이런 생각은 끔찍하므로 우리는 그런 생각을 마주하기를 꺼린다. 우리는 삶의 의미가 (부분적일지라도) 내가 통제할 수 없는 것에 달려 있다는 사실을 받아들이려 하지 않는다. 우리는 이런 생각을 떨쳐버리기 위해 많은 시간(때로는 돈)을 소비한다. '이 기발한 기계를 활용해 집안일을 손쉽게 하라.'라는 문구에 끌려 가전을 구매하고 '이 앱이 사랑을 찾는 방법을 알려 줄 것이다.'라는 슬로건에 혹해 마음챙김 앱을 다운로드한다. 하지만 이 모든 것의 전제는 당신의 삶이 정확히 당신이 원하는 대로 돌아가게 해주는 암호가 있다는 것이다. 당신은 그 암호를 풀면 되고, 이 암호를 풀면 어떤 것이든 당신의 통제하에 둘 수 있다.

하지만 감정은 자체적인 규칙을 가지고 있기 때문에 우리의 통제를 벗어난다. 그럴수록 우리는 내면의 암호를 풀려고 애쓴다. 그리고 만약 나쁜 감정이 생길 때마다 자책을 한다면 항상 통제권을 행사할 수 있을 것이다. 하지만 이는 비극이다. 통제력을 절대로 잃기 싫다고 생각하면 삶의 풍요로움을 제대로 만끽하지 못한다. 흙이 무서워서 아예 정원을 피하는 꼴이 되는 것이다.

인간의 감정생활은 복잡한 것이다. 무엇을 느끼는지 우리가 항상 아는 것은 아니며, 항상 자신이 생각하는 대로 느끼는 것도 아니다. 되레 감정에 사로잡힐 때도 있다. 감정이 느껴지지 않아서 감정을 갈구할 때도 있다. 하지만 소로의 말처럼 감정은 우리를 건강하게 만들지만 순수하지는 않다.

우리가 고통과 비탄, 분노, 질투를 느끼는 까닭은 우리가 연약하고 예측할 수 없는 인간의 삶에 관심을 가지기 때문이다. 정원에 있는 지렁이를 사랑한다는 건 지렁이를 있는 그대로 내버려두는 걸 의미한다. 우리는 사실 이런 방식을 알고 있다. 다른 사람을 사랑하는 방식을 생각해 보라. 당신은 다른 사람을 사랑할 때 그 사람을 있는 그대로 사랑한다. 상대방에게 내가 원하는 사람이 되라고 강요하지 않고 마음을 연다. 두렵더라도 방어벽을 허물고 상대방을 받아들인다. 내면의 야생을 같은 방식으로 사랑해 보면 어떨까?

초대장

1. 철학자 주: 이 책을 읽는 철학자들은 내가 도입부에서 감정에 대한 내 나름의 이론을 제시하기를 기대하겠지만, 나는 그들을 실망시켜야 할 것 같다(이번이 처음도 마지막도 아닐 것이다). 내가 어떤 특정한 감정 이론을 의식적으로 따르는 것은 아니지만, 나의 출발점은 감정생활에 대한 일인칭적 성찰에 의존한다. 여기서 논의하는 내용은 분명히 내가 이론적으로 동조하는 몇몇 철학자의 이론을 거스를 것이며, 그 이론은 대체로 로버트 솔로몬과 A. O. 로티, 마이클 스토커, 제프리 머피, 데이비드 퍼그마이어, 패트리샤 그린스펀, 피터 골디, 로버트 로버츠, 제롬 뉴, 마사 누스바움과 같은 철학자들과 관련이 있다(특별한 순서는 없음).

2. Anna Julia Cooper, *A Voice from the South*, ed. Charles Lemert and Esme Bahn (Lanham, MD: Rowman & Littlefield, 1998), p. 92.

3. *A Voice from the South*, p. 93.

4. 철학자 주: 나는 여기서 감정에 대한 엄격한 지각적 설명을 주장하는 것이 아니다. 나는 지각적 설명의 특정 측면에 동의하지만, 전부 동의하지는 않는다. 나는 앨리슨 재거와 메릴린 프라이가 주장하는 감정의 인식론적 기능, 그리고 로버트 솔로몬의 감정과 세계 참여에 대한 주장을 더 면밀히 들여다볼 것이다. 다음을 참고하라. Alison Jaggar "Love and Knowledge: Emotion in Feminist Epistemology" *Inquiry* 32, no. 2 (1989): 151-176; Marilyn Frye, "A Note on Anger," in *The Politics of Reality: Essays in Feminist Theory* (Trumansburg, NY: Crossing Press, 1983), and Robert C. Solomon, *True to Our Feelings: What Our Emotions Are Really Telling Us* (New York: Oxford University Press, 2007).

5. 철학자 주: 나는 이 부분에서 최선의 판단에 반하는 행동에 관한 노미 아르팔리의 연구로부터 큰 도움을 받았다. 다음을 참고하라. Nomy Arpaly, "On Rationally Acting against One's Best Judgment," *Ethics* 110 (2000): 488-513.

6. Krista K. Thomason, *Naked: The Dark Side of Shame and Moral Life* (New York: Oxford University Press, 2018), pp. 145-147.

7. 철학자 주: 낭만주의는 분명 복잡한 사조다. 예를 들어 영국의 낭만주의가 독일의 낭만주의와 똑같지는 않다. 나는 그들의 주장 중 일부에 상당히 공감한다. 낭만주의 학자 중 일부는 내가 여기서 설명하는 부분에 대해 이의를 제기할 것이고, 그건 정당한 일이다. 그들은 다음에 학회에서 나를 만났을 때 반론을 제기할 수 있다. 낭만주의와 현대의 "이성 대 감정" 주장을 이런 식으로 연계한 건 솔로몬이다. 다음을 참고하라. Robert Solomon, *The Passions* (Indianapolis, IN: Hackett Publishing, 1993), pp. 52-66.

8. William Wordsworth, "Observations Prefixed to Lyrical Ballads," in *Classic Writings on Poetry*, ed. William Harmon, pp. 279-296 (Ithaca, NY: Columbia University Press, 2005), p. 281.

9. "Observations," p. 288.

10. 철학자 주: 로버트 솔로몬과 마이클 스토커의 연구가 이 부분에 특히 영향을 미쳤다.

11. The Passions, p. 58.

12. 철학자 주: 스펠먼은 이를 감정에 대한 "멍청한 관점"이라고 부른다. 다음을 참고하라. Elizabeth V. Spelman, "Anger and Insubordination," in *Women, Knowledge, and Reality: Explorations in Feminist Philosophy*, pp. 263-274, ed. Ann Garry and Marilyn Pearsall (Winchester, MA: Unwin Hyman, 1989), p. 265.

13. Aristotle, De Anima, translated by David Bolotin (Macon, GA: Mercer University Press, 2018), lines 403a30- 403b, pp. 9-10. 한국어판은 오지은 옮김, 『영혼에 관하여』(아카넷, 2018).

14. Antonio Damasio, *Looking for Spinoza: Joy, Sorrow, and the Feeling Brain* (Orlando, FL: Harcourt Books, 2003), pp. 30-33. 한국어판은 임지원 옮김, 『스피노자의 뇌: 기쁨, 슬픔, 느낌의 뇌과학』(사이언스북스, 2007).

15. 철학자 주: 이와 같은 환원적 설명은 철학 문헌에서 흔치 않지만, 감정에 관한 대중적 논의에서는 상당히 흔하게 볼 수 있다. 특히 자기계발서에서 감정을 "뇌 상태"로 취급하는 설명을 자주 접할 수 있다. 많은 철학자가 감정의 출발점을 이 세상의 자연적 대상으로 가정하는데, 제시 프린츠와 니코 프리다, 오언 플래너건의 저작에서 이를 볼 수 있다. 이와 같은 설명은 자연화된 것이지만 반드시 환원적인 것은 아니다.

16. William James, "The Sentiment of Rationality," in *The Will to Believe und Other Essays in Popular Philosophy* (Auckland, New Zealand: The Floating Press, 2010) (ebook), p. 95.

17. 철학자 주: 통념의 정의와 아리스토텔레스의 변증법 사용에 대해서는 논쟁이 계속되고 있다. 이 둘의 관계와 아리스토텔레스가 그것들을 언제 어디서 사용했는지에 대해 다양한 의견이 있다. 여기서 내가 논의한 내용은 다음에 기초한다. Charlotte Witt, "Dialectic, Motion, and Perception in De Anima: Book I," *in Essays on Aristotle's De Anima*, eds. Martha C. Nussbaum and Amelie Rorty, pp. 169-183 (Oxford: Oxford University Press, 1992), p. 169.

18. Bertrand Russell, The Scientific Outlook (London: George Allen & Unwin Ltd., 1931), p. 277. 한국어판은 석기용 옮김, 『과학의 미래』(열린책들, 2011).

19. A. M. Abdualkader et al., "Leech Therapeutic Applications," *Indian Journal of Pharmaceutical Sciences*, 75, no. 2 (2013): 127-137.

20. 1963년 5월 24일, 잡지 『라이프』와의 인터뷰.

21. 다음 몇 단락의 전기 정보는 다음에 근거한다. Sarah Bakewell, *How to Live or A Life of Montaigne in One Question and Twenty Attempts at an Answer* (New York: Other Press, 2010), Phillipe Desan, Montaigne: A Life (Princeton, NJ: Princeton University Press, 2017) and the introduction of Screech's translation of the Essays; see Michel de Montaigne, The Complete Essays, trans. by M. A. Screech (New York: Penguin Random House, 2003). 한국어판은 심민화·최권행 옮김, 『에세』(민음사, 2020).

22. *The Complete Essays*, I:26, p. 180.

23. *The Complete Essays*, I:26, p. 181.

24. *The Complete Essays*, p. lxiii.

1장. 감정을 통제하려는 사람들

25. George Orwell, "Reflections on Gandhi," in *A Collection of Essays* (New York: Doubleday Press, 1954), p. 177. 해당 에세이의 한국어판은 허진 옮김, 『조지 오웰 산문선』(열린책들, 2020)에 수록. 이 에세이는 다음의 각주에 인용된다. Susan Wolf, "Moral Saints," The Journal of Philosophy 79, no. 8 (1982): 419–439, p. 436.

26. Rajmohan Gandhi, *Gandhi: The Man, His People, and the Empire* (Berkeley: University of California Press, 2007), pp. 153–154.

27. Mahatma Gandhi, *An Autobiography: The Story of My Experience with Truth* (Boston, MA: Beacon Press, 1957), p. 317. 한국어판은 함석헌 옮김, 『간디 자서전: 나의 진리 실험 이야기』(한길사, 2002).

28. "Reflections on Gandhi," p. 183.

29. "Reflections on Gandhi," p. 182.

30. 철학자 주: 다음 단락의 논의는 Wolf의 "Moral Saints" 외에도 다음 저작을 바탕으로 한다. Bernard Williams, *Ethics and the Limits of Philosophy* (Cambridge, MA: Harvard University Press, 1985). 한국어판은 이민열 옮김, 『윤리학과 철학의 한계』(필로소픽, 2022); Susan Wolf, *The Variety of Values: Essays on Morality, Meaning, and Love* (New York: Oxford University Press, 2015); Cheshire Calhoun, *Doing Valuable Time: The Present, The Future, and a Meaningful Life* (New York: Oxford University Press, 2018).

31. 철학자 주: 나는 여기서 특히 울프의 의미에 대한 논의를 참고했다. Susan Wolf, "Meaning and Morality" in *The Variety of Values*, pp. 127–140.

32. Jacob Rosenberg, "Why Silicon Valley Fell in Love with an Ancient Philosophy of Austerity," *Mother Jones*, January/February 2020, https://www.motherjones.com/media/2020/01/silicon-val ley-stoicism-holiday.

33. Nancy Sherman, *Stoic Wisdom: Ancient Lessons for Modern Resilience* (New York: Oxford University Press, 2021), pp. 155-156. 한국어판은 나경세 옮김, 『오늘날 스토아주의 자로 살아간다는 것』(해피한가, 2023).

34. 이 현상에 대한 자세한 논의를 알고 싶다면, 다음을 참고하라. 특히 8장. Joseph M. Reagle, *Hacking Life: Systemized Living and Its Discontents* (Cambridge, MA: MIT Press, 2019).

35. Evan Thompson, *Why I Am Not a Buddhist* (New Haven, CT: Yale University Press, 2020), p. 118.

36. Charlotte Lieberman, "What Wellness Programs Won't Do for Workers," *Harvard Business Review*, August 14, 2019, https://hbr.org/2019/08/what-wellness-programs-dont-do-for-workers.

37. Peter Adamson, *Philosophy in the Hellenistic and Roman Worlds* (New York: Oxford University Press, 2015), p. 52.

38. A. A. Long and D. N. Sedley, *The Hellenistic Philosophers*, Vol. 1 (New York: Cambridge University Press, 1987), pp. 2-3.

39. 철학자 주: 스토아주의에 대한 내 설명이 여러모로 논쟁의 여지가 있다는 것은 의심의 여지가 없다. 나중에 더 분명해지겠지만, 내 나름의 견해 중 일부는 스토아주의와 여러 측면에서 공통점이 있다. 논란의 여지가 없는 것은 아니지만, 내가 여기서 제시하는 것은 적어도 스토아주의의 기초에 대한 그럴듯한 해석 중 하나다. 학회에서 내게 이의를 제기하러 와도 되지만, 당신 앞에는 이미 낭만주의 학자들이 줄을 서 있을 것이다.

40. Simo Knuuttila, *Emotions in Ancient and Medieval Philosophy* (New York: Oxford University Press, 2004), pp. 47-49.

41. *Philosophy in the Hellenistic and Roman Worlds*, pp. 66-67.

42. *Philosophy in the Hellenistic and Roman Worlds*, pp. 68-69; Margaret Graver, *Stoicism and Emotion* (Chicago: University of Chicago Press, 2007), pp. 50-51.

43. *Stoicism and Emotion*, pp. 39-41.

44. 스토아주의의 견해 차이에 대해서는 다음을 참고하라. Richard Sorabji, *Emotion and Peace of Mind: From Stoic Agitation to Christian Temptation* (New York: Oxford University Press, 2000).

45. *Stoicism and Emotion*, p. 48; Martha C. Nussbaum, *Therapy of Desire: Theory and Practice in Hellenistic Ethics* (Princeton, NJ: Princeton University Press, 1994), p. 366.

46. *Emotion and Stoicism*, p. 55; *Emotion and Peace of Mind*, pp. 169-170; Therapy of Desire, p. 361.

47. Epictetus, *Discourses, in How to Be Free: An Ancient Guide to the Stoic Life*, trans. Anthony Long (Princeton, NJ: Princeton University Press, 2018), Book 4.1, lines 54–60, p. 113. 한국어판은 김재홍 옮김, 『에픽테토스 강의3·4, 엥케이리디온, 단편』(그린비, 2023).

48. *Discourses*, Book 4.1, lines 64–80, pp. 117–123.

49. Epictetus, *The Encheiridon, in How to Be Free: An Ancient Guide to the Stoic Life*, trans. Anthony Long (Princeton, NJ: Princeton University Press, 2018), Book 1.3, p. 9. 한국어판은 김재홍 옮김, 『에픽테토스 강의3·4, 엥케이리디온, 단편』(그린비, 2023).

50. 철학자 주: 일부 스토아학파는 에우파테이아eupatheia 즉 "좋은 감정"을 주장한다. 현자가 어떤 종류의 기쁨을 느끼는 것 같다고 말하는 건 타당하다. 하지만 이를 근거로 현자가 정상적인 감정생활을 한다고 결론 내리는 것은 잘못이라고 생각한다.

51. *Emotion and Peace of Mind*, pp. 169–173.

52. 이 부분의 전기 정보는 다음에 근거한다. *Autobiography, The Man, His People, and the Empire and Veena R. Howard, Gandhi's Ascetic Activism: Renunciation and Social Action* (Albany: State University of New York Press, 2013).

53. Richard Davis, *The Bhagavad Gita: A Biography* (Princeton, NJ: Princeton University Press, 2015), pp. 6–12.

54. *The Bhagavad Gita*, 3rd edition, translated by Winthrop Sargeant and ed. Christopher Chapple (Albany: State University of New York Press, 2009), Book 1, 34, p. 72. 한국어판은 길희성 옮김, 『바가바드 기타』(동연출판사, 2022).

55. Book 1, 37; p. 75.

56. 철학자 주: 간디의 『기타』 해석은 어떤 면에서는 독특하다. 다음을 참고하라. *Autobiography*, pp. 66–68; Gandhi's Ascetic Activism, pp. 43–46.

57. Mahatma Gandhi, *The Bhagavad Gita According to Gandhi* (New Delhi: Orient Publishing, 2014), pp. 21–22. 한국어판은 이현주 옮김, 『바가바드기타: 평범한 사람들을 위해 간디가 해설한』(당대, 2001).

58. *According to Gandhi*, pp. 14–15.

59. *According to Gandhi*, pp. 37–41.

60. 철학자 주: 감정에 관한 간디의 『기타』 해석은 논쟁의 여지가 있다. 다른 관점을 알고 싶다면, 다음을 참고하라. Kathryn Ann Johnson, "The Social Construction of Emotions in the Bhagavad Gita," *Journal of Religious Ethics* 35, no. 4 (2007): 655–679 and Purushottama Bilimoria, "Ethics of Emotion: Some Indian Reflections," in *Emotions in Asian Thought: A Dialogue in Comparative Philosophy*, ed. Joel Marks and Roger Ames (Albany, NY: SUNY Press, 1995).

61. *The Bhagavad Gita*, Book II, 56, p. 141; Book II, 58, p. 143; Book II, 62–63, pp.

147-148.

62. *The Bhagavad Gita*, Book II, 14, p. 99.

63. *According to Gandhi*, p. 34.

64. *According to Gandhi*, p. 39.

65. *According to Gandhi*, pp. 54-55.

66. *True to Our Feelings*, pp. 180-182.

67. *According to Gandhi*, p. 33.

68. 철학자 주: 엘리엇은 스피노자에 대해 아는 것이 매우 많았다(그녀는 그의 일부 저작을 번역했다). 스토아학파가 스피노자에게 미친 영향을 고려할 때, 엘리엇은 스피노자를 감정 성인으로 여긴 것 같다.

69. 철학자 주: 실제로, 특히 로마 스토아학파 중 일부는 우주론을 그다지 강조하지 않았다. 키케로와 세네카가 이 범주에 속한다고 할 수 있다.

70. 긍정 운동의 연대기를 알고 싶다면,, 다음을 참고하라. Barbara Ehrenreich, *Bright-Sided: How the Relentless Promotion of Positive Thinking Has Undermined America* (New York: Metropolitan Books, 2009). 한국어판은 전미영 옮김, 『긍정의 배신: 긍정적 사고는 어떻게 우리의 발등을 찍는가』(부키, 2011).

71. 번영복음의 역사를 알고 싶다면, 다음을 참고하라. Kate Bowler, *Blessed: A History of the American Prosperity Gospel* (New York: Oxford University Press, 2013).

72. Rhonda Byrne, *The Secret* (New York: Atria Books, 2006), p. 4. 한국어판은 김우열 옮김, 『시크릿』(살림Biz, 2007).

73. Katie O'Malley, "How to Manifest: A Guide to Willing Your Goals into Existence in 2023," Elle, 5 January 2023, https://www.elle.com/uk/life-and-culture/culture/a38802302/how-to-manifest/.

74. Todd Kashdan and Robert Biswas-Diener, *The Upside of Your Darkside* (New York: Hudson Street Press, 2014), p. 24.

75. 네가 이전에 쓴 나름 논문의 요점을 바탕으로 한다. "Forgiveness or Fairness?" *Philosophical Papers* 44, no. 2 (2015): 233-260.

2장. 감정을 길들이려는 사람들

76. 이 모든 내용이 다음 책에 나온다. Richard Scarry, *The Adventures of Lowly Worm* (New York: Sterling Press, 1995).

77. 이 분야의 선구자 중 한 명인 J. J. 그로스가 관련 문헌에 대한 훌륭한 개관을 제공한다. James J. Gross, "Emotion Regulation: Current Status and Future Prospects,"

Psychological Inquiry 26, no. 1 (2015): 1-26.

78. Nancy Sherman, *Making a Necessity of Virtue: Aristotle and Kant on Virtue* (New York: Cambridge University Press, 1997), p. 170.

79. 이 연구를 검토하고 싶다면, 다음을 참고하라. A. M. Wood, J. J. Froh, and A. W. Geraghty, "Gratitude and Well-Being: A Review and Theoretical Integration," *Clinical Psychology Review* 30, no. 7 (2010): 890-905.

80. 다음 단락의 전기와 배경 정보는 다음에 근거한다. Confucius, *Analects*, trans. Edward Slingerland (Indianapolis, IN: Hackett Publishing, 2003), 한국어판은 오세진 옮김, 『논어』(홍익, 2022); Philip Ivanhoe, *Confucian Moral Self-Cultivation* (Indianapolis, IN: Hackett Publishing, 2000), 한국어판은 신정근 옮김, 『유학, 우리 삶의 철학』(동아시아, 2008) and Confucian Reflections: Ancient Wisdom for Modern Times (New York: Routledge, 2013); and Curie Virág, The Emotions in Early Chinese Philosophy (New York: Oxford University Press, 2017).

81. *Analects*, xxi.

82. 도교와 유교의 혼동은 일부 도교 문헌에 공자가 등장한다는 사실 때문에 더욱 심각해진다. 유교와 도교의 차이에 대한 자세한 역사는 다음을 참고하라. David Shepherd Nivison, "The Classical Philosophical Writings," in *The Cambridge History of Ancient China: From Origins of Civilization to 221 BC*, ed. Michal Loewe and Edward Shaughnessy, pp. 745-812 (Cambridge: Cambridge University Press, 1999).

83. 철학자 주: 이 목록은 다음을 참고했다. Kwong-loi Shun, "Ren and Li in the Analects," in *Confucius and the Analects: New Essays*, ed. Bryan van Norden, pp. 53-72 (New York: Oxford University Press, 2002); Hagop Sarkissian, "Ritual and Rightness in the Analects," in *Dao Companion to the Analects*, ed. Amy Olberding, pp. 95-116 (New York: Springer, 2014); and Amy Olberding, *The Wrong of Rudeness: Learning Modern Civility from Ancient Chinese Philosophy* (New York: Oxford University Press, 2019), 특히 5~6장.

84. *Analects*, 2.5, p. 9 and 5.18, p. 46.

85. 철학자 주: 예가 자기 수양과 정확히 어떻게 연관되는지에 대해서는 꽤 많은 논쟁이 있다. 예를 들어 퀑로이슌은 도구주의 해석과 정의주의 해석을 모두 받아들인다("Ren and Li," p. 56). 필립 아이반호는 자신이 "습득 모델"이라고 부르는 것을 주장한다(Confucian Moral Self-Cultivation, p. 2). 여기서 나의 해석은 비라그의 논의에 빚을 지고 있다(Emotions in Chinese Philosophy, pp. 32-37).

86. 철학자 주: 나는 무위와 인 모두 슬링거랜드의 번역에 의존하고 있다(Analects, Appendix 1, pp. 238-243).

87. *Analects*, 4.3, p. 30.

88. *Analects*, 11.21, p. 119.

89. *Analects*, 11.9, p. 114.

90. *Analects*, 11.10, p. 114.

91. 이 단락의 전기 정보는 다음을 참고했다. Aristotle, *Nicomachean Ethics*, trans. Christopher Rowe with commentary by Sarah Broadie (New York: Oxford University Press, 2002), 한국어판은 김재홍·강상진·이창우 옮김, 『니코마코스 윤리학』(길, 2011) and Aristotle, *Rhetoric*, trans. George A. Kennedy (New York: Oxford University Press, 2007) 한국어판은 박문재 옮김, 『아리스토텔레스 수사학』(현대지성, 2020).

92. 철학자 주: 에우다이모니아는 자기 수양 외에 다른 것(이를테면, 외적으로 좋은 것)을 요구하는데, 이는 아리스토텔레스와 스토아학파를 구분하는 요소 중 하나다. 이에 대해 질문해 준 애런 하퍼에게 감사한다.

93. *Nicomachean Ethics*, II.1, line 1103a15, p. 111.

94. *Nicomachean Ethics*, II.1, line 1103a18, p. 111.

95. *Nicomachean Ethics*, II.1, lines 1103b14–26, pp. 111–112.

96. *Nicomachean Ethics*, IV.5, lines 1125b27–b31, p. 152.

97. *Rhetoric*, II.2, lines 1378a36–38, p. 116.

98. *Nicomachean Ethics*, IV.5, lines 1126a5–a9, pp. 152–153.

99. 철학자 주: 『수사학』과 『니코마코스 윤리학』에 나오는 감정에 대한 논의를 종합적으로 해석하는 방식에 대해서는 논쟁이 좀 있다. 내가 여기서 말하고자 하는 바의 핵심은 아니지만, 더 알고 싶다면, 다음을 참고하라. *Therapy of Desire*, Chapter 3; *Emotions in Ancient and Medieval Philosophy*, Chapter 1.4; Anthony Price, "Emotions in Plato and Aristotle," in *Oxford Handbook of Philosophy of Emotions*, ed. Peter Goldie, pp. 121–142 (New York: Oxford University Press, 2010). Jamie Dow "Aristotle's Theory of Emotions: Emotions as Pleasures and Pains," in *Moral Psychology and Human Action in Aristotle*, ed. Michael Pakaluk and Giles Pearson (New York: Oxford University Press, 2011), pp. 47–74.

100. *Nicomachean Ethics*, VI.5, pp. 179–180.

101. *Analects*, 4.17, p. 35.

102. *Rhetoric*, 2.8, line 1387a, p. 142에 따르면, 시기는 악의에서 나온다. *Nicomachean Ethics*, II.6, line 1107a10–11, p. 117에서 아리스토텔레스는 악의는 원천적으로 나쁘다고 주장한다.

103. 나는 이 에세이를 소개해 준 그레고리 파파스에게 죽을 때까지 감사할 것이다. 이것은 내가 가장 좋아하는 철학 글 중 하나가 됐다.

104. Dinitia Smith "A Utopia Awakens and Shakes Itself; Chautauqua, Once a Have for Religion Teachers, Survives," *The New York Times*, August 17, 1998, https://www.nytimes.com/1998/ 08/17/arts/utopia-awakens-shakes-itself-chautauqua-once-cultural-haven-for-relig ion.html.

105. William James, *Talks to Teachers on Psychology* (Cambridge, MA: Harvard University Press, 1983), p. 152. 한국어판은 정명진 옮김, 『선생님이 꼭 알아야 할 심리학 지식』(부글북스, 2016).

106. *Talks to Teachers*, p. 152.

107. *Talks to Teachers*, pp. 152–153.

108. W. E. B. Du Bois, *The Souls of Black Folk* (New York: W. W. Norton, 1903), p. 132.

109. *Souls*, p. 133.

110. *Souls*, p. 133.

111. *Souls*, p. 134.

112. 철학자 주: 여기에 나오는 내 생각은 다음을 참고했다. "Love and Knowledge," "On Rationally Acting against One's Best Judgment," and David Pugmire, *Rediscovering Emotion* (Edinburgh: Edinburgh University Press, 1998) (특히 8장).

113. 슬픔의 감정적 복잡성에 대한 자세한 논의는 다음을 참고하라. Michael Cholbi, *Grief: A Philosophical Guide* (Princeton, NJ: Princeton University Press, 2021).

114. Aaron Ben-Ze'ev and Ruhama Goussinsky, *In the Name of Love: Romantic Ideology and Its Victims* (New York: Oxford University Press, 2008), p. 2.

115. *In the Name of Love*, p. 4.

116. 사랑의 단점에 대한 사례와 포괄적 논의는 다음을 참고하라. *In the Name of Love*, Chapter 3.

117. 나는 이 용어를 내가 만들었다고 생각했는데, 다음 출처에 나오는 "정신 위생"을 응용한 것이었다. Norvin Richards, "Forgiveness," *Ethics* 99, no. 1 (1988): 77–97, p. 79. 그런데 이후 달라이 라마가 2016년 8월 29일 연설에서 이 용어를 만들었다는 사실을 알게 됐다. 다음을 참고하라. "Education on emotional hygiene is in great need: Dalai Lama," https://www.dalailama.com/news/2016/educat ion-on-emotional-hygiene-is-in-great-need-dalai-lama.

118. 철학자 주: 감정 철학자들은 이를 "부정적 감정가"(부정적인 감정은 나쁘게 느껴진다)라는 용어로 설명한다. 감정가 개념은 솔직히 이를 명료하게 해주기보다는 오히려 왜곡한다. 솔로몬은 감정가 문제를 다음에서 설명한다. *True to Our Feelings*, Chapter 15.

119. 이 문헌에 대한 회의적 견해는 다음을 참고하라. *Bright-Sided*, pp. 155–172.

120. *The Upside of Your Dark Side*, pp. 97–98.

121. *The Upside of Your Dark Side*, pp. 101-105.

122. *The Upside of Your Dark Side*, pp. 69-72.

123. Daniel Goleman, *Emotional Intelligence: Why It Can Matter More than IQ* (London: Bloomsbury, 1995), p. 6. 한국어판은 한창호 옮김, 『EQ 감성지능』(웅진지식하우스, 2008).

124. Deena Skolnick Weisberg, Frank C. Keil, Joshua Goodstein, Elizabeth Rawson, and Jeremy R. Gray, "The Seductive Allure of Neuroscience Explanations," *Journal of Cognitive Neuroscience* 20, no. 3 (2008): 470-477.

125. 철학자 주: 인간 심리에 대해 진화론적 주장을 펼치는 데 따르는 어려움에 대해선 다음을 참고하라. Subrena Smith, "Is Evolutionary Psychology Possible?" *Biological Theory* 15 (2020): 39-49.

3장. 악마를 위한 공간을 만들라

126. 이 단락의 지렁이에 관한 다윈의 연구와 사실에 관한 요약은 다음을 참고했다. *The Earth Moved: On the Remarkable Achievements of Earth Worms* (Chapel Hill, NC: Algonquin Books, 2004). 한국어판은 이한중 옮김, 『지렁이, 소리 없이 땅을 일구는 일꾼』(달팽이, 2005).

127. Charles Darwin, *The Formation of Vegetable Mould*, The Works of Charles Darwin, Vol. 28, ed. Paul H. Barrett and R. B. Freeman (London: William Pickering, 1989), p. 14. 한국어판은 최훈근 옮김, 『지렁이의 활동과 분변토의 형성』(지식을만드는지식, 2014).

128. *The Formation of Vegetable Mould*, pp. 29-40.

129. *The Formation of Vegetable Mould*, p. 43.

130. *The Formation of Vegetable Mould*, p. 139.

131. 밀턴의 사탄에 관한 방대한 문헌에 대한 개관은 다음을 참고하라. Neil Forsyth, *The Satanic Epic* (Princeton, NJ: Princeton University Press, 2003), pp. 64-76.

132. John Milton, *Paradise Lost*, ed. Gordon (Teskey, NY: W. W. Norton, 2020), 1.34-37, p. 6. 한국어판은 박문재 옮김, 『실낙원』(CH북스, 2019).

133. *Paradise Lost* 5.662-665, p. 128.

134. *Paradise Lost*, 1.601-603, p. 22.

135. *Paradise Lost*, 1.605, p. 22.

136. *Paradise Lost*, 1.620, p. 23.

137. *Paradise Lost*, 4.66-83, p. 82.

138. *Paradise Lost*, 4.114-115, p. 83.

139. *Paradise Lost*, 4.506-508, p. 94,

140. *Paradise Lost*, 5.790-796, pp. 131-132.

141. 사탄에 대한 이런 해석은 사탄을 "아집이 의인화된 존재"로 본 윌리엄 해즐릿의 해석에서 비롯한다. William Hazlitt, *Lectures on English Poets*, "Of Milton and Shakespeare" (Philadelphia: Thomas Dobson and Son, 1818) (ebook).

142. Paradise Lost, 1.263, p. 12.

143. 철학자 주: 자기애와 이기주의에 관한 논의는 수전 울프와 해리 프랭크퍼트, 벨 훅스의 글을 참고했다. Susan Wolf, "Morality and the View from Here," in *The Variety of Values*: Harry Frankfurt, The Reasons of Love (Princeton, NJ: Princeton University Press, 2004), 특히 3장, 한국어판은 박찬영 옮김, 『사랑의 이유』(씨아이알, 2017); and bell hooks, *All About Love: New Visions* (New York: William Morrow, 2018), 특히 7장, 한국어판은 이영기 옮김, 『올 어바웃 러브』(책읽는수요일, 2012). 애착에 대해서는 다음을 참고하라. Monique Wonderly, "On Being Attached," Philosophical Studies 173 (2016): 223-244.

144. 철학자 주: 솔로몬은 이것이 어느 정도는 모든 감정에 해당된다고 생각한다. 다음을 참고하라. *The Passions*, pp. 128-130. 제프리 머피는 분노에 대한 그의 논의에서 이와 비슷한 생각을 제시한다. 그는 분노가 "자아의 특정 가치를… 방어하기 위해" 작용한다고 말했다. 그는 도덕적 의미에서의 자아 존중을 말하지만, 내가 호소하는 "자아의 가치"는 그렇게 구체적이지 않다. 다음을 참고하라. Jeffrie Murphy and Jean Hampton, *Forgiveness and Mercy* (New York: Oxford University Press, 1988), p. 16.

145. 철학자 주: 불교 철학자들은 부정적인 감정에 대해 다양한 견해를 가지고 있다. 일부 불교도들이 강한 감정을 거부하지 않는다는 주장에 대해서는 다음을 참고하라. Emily McRae, "A Passionate Buddhist Life," *The Journal of Religious Ethics* 40, no. 1 (2012): 99-121.

146. 철학자 주: 의견 차이의 한 가지 원인은 불교의 진리관이 윤리적 실천과 정확히 어떻게 연관되는지와 관련된다. 다음을 참고하라. The Cowherds, *Moonpaths: Ethics and Emptiness* (New York: Oxford University Press, 2016), 특히 5, 7, 11장.

147. *Moonpaths*, p. 2.

148. Nicolas Bommarito, *Seeing Clearly: A Buddhist Guide to Life* (New York: Oxford University Press, 2020), p. 13.

149. *Moonpaths*, p. 2.

150. *Moonpaths*, pp. 47-48; Seeing Clearly, pp. 93-95.

151. 일부 불교 학파는 자아의 존재를 받아들인다. 예를 들면, 니야야 학파가 그렇다.

152. 철학자 주: 불교에서 자아와 개인의 차이에 대한 더 자세한 설명은 다음을 참고하라. Mark Siderits, *How Things Are: An Introduction to Buddhist Metaphysics* (New York:

Oxford University Press, 2022), Chapters 2 and 3.

153. Nāgājuna, Rātnavalī, in *Buddhist Advice for Living and Liberation*, trans. by Jeffery Hopkins (Ithaca, NY: Snow Lion Press, 1998), I.29, p. 97. 한국어판은 신상환 옮김, 『보행왕정론』(도서출판b, 2018).

154. *Rātnavalī*, III.271, p. 129.

155. 철학자 주: 몇 가지 사례는 다음을 참고하라. Derek Parfit, *Reasons and Persons* (New York: Oxford University Press, 1984); Iris Murdoch, The Sovereignty of the Good (New York: Routledge, 2001) 한국어판은 이병익 옮김, 『선의 군림』(이숲, 2020); Owen Flanagan, The Bodhisattva's Brain (Cambridge, MA: MIT Press, 2011).

156. *Sovereignty of the Good*, p. 51.

157. *Sovereignty of the Good*, p. 66.

158. 철학자 주: 이 문제는 대승 불교를 제외한 불교에서 더 두드러지게 나타난다. 대승 불교도는 세상에 고통받는 존재가 있는 한 수행자는 생사의 순환에 머물러야 한다고 믿기 때문에, 수행자는 같은 인간을 멀리하면 안 된다고 생각한다. 불교 철학자들은 자비심과 무아 사이의 연관성에 대해 고민해 왔다. 다음을 참고하라. *Moonpaths*, Chapters 5 and 6.

159. 세부적인 전기 정보는 다음에 있는 연대표를 참고했다. Friedrich Nietzsche, *The Gay Science*, trans. Josefine Naukoff and Adrian del Caro (Cambridge: Cambridge University Press, 2001), pp. xxiii–xxv. 한국어판은 안성찬·홍사현 옮김, 『즐거운 학문』(책세상, 2005).

160. Julian Young, *Friedrich Nietzsche: A Philosophical Biography* (New York: Cambridge University Press, 2010), pp. 363–364.

161. *Friedrich Nietzsche*, pp. 554–558.

162. 철학자 주: 니체와 몽테뉴에 대한 다음 저자들의 해석을 참고했다. Robert Pippin, Nietzsche, Psychology, and First Philosophy (Chicago: University of Chicago Press, 2010) and R. Lanier Anderson and Rachel Cristy, "What Is 'The Meaning of Our Cheerfulness'? Philosophy as a Way of Life in Nietzsche and Montaigne," European Journal of Philosophy 25, no. 4 (2017): 1514–1549.

163. Friedrich Nietzsche, *Schopenhauer as Educator*, in Untimely Mediations, ed. David Breazeale and trans. R. J. Hollingdale (Cambridge: Cambridge University Press, 1997), section 2, p. 135. 한국어판은 이진우 옮김, 『반시대적 고찰』(책세상, 2005).

164. Nietzsche, *Schopenhauer as Educator*, p. 135.

165. 철학자 주: 나는 성자를 마크 알파노가 말하는 니체의 "유형" 중 하나로 해석하고 있다. Mark Alfano, *Nietzsche's Moral Psychology* (Cambridge: Cambridge University Press, 2019), pp. 55–56. 나는 "성자"라는 단어를 『비극의 탄생』, 『인간적인 너무나 인간적인』, 『즐

거운 학문』과 같은 초기작의 언어에 맞춰서 사용하고 있지만, 이후의 작품에서는 이 인물이
성직자 유형과 더 많이 동일시된다. 이 문제를 제기해 준 애런 하퍼에게 감사한다.

166. Friedrich Nietzsche, *Human, All Too Human*, trans. R.J. Hollingdale (Cambridge: Cambridge University Press, 1996), I.1.27, p. 26. 한국어판은 김미기 옮김, 『인간적인 너무 나 인간적인』(책세상, 2002).

167. *Human, All Too Human*, I.3.141, pp. 75-76.

168. *Human, All Too Human*, I.3.137, p. 74.

169. *Human, All Too Human*, I.3.133, p. 71.

170. 철학자 주: 니체의 자아 개념을 정확히 어떻게 이해해야 하는지에 대해서는 논쟁이 있다. 다음을 참고하라. Sebastian Gardner, "Nietzsche, the Self, and the Disunity of Philosophical Reason," in *Nietzsche on Freedom and Autonomy*, ed. Ken Gemes and Simon May (New York: Oxford University Press, 2009).

171. 철학자 주: 니체는 『우상의 황혼』, 「어떻게 "참된 세계"가 마침내 우화가 되었는가?」에서 "현실 세계"와 "환상 세계"를 분리하는 철학적 발전을 설명한다. Friedrich Nietzsche, *The Anti-Christ, Ecce Homo, Twilight of the Idols*, ed. Aaron Ridley and trans. Judith Norman (Cambridge: Cambridge University Press, 2005), p. 171. 한국어판은 박찬국 옮김, 『우상의 황혼』(아카넷, 2015).

172. 철학자 주: 이 부분은 다음의 주장을 참고했다. Robert C. Solomon, *Living with Nietzsche: What the Great "Immoralist" Has to Teach Us* (New York: Oxford University Press, 2004), 특히 3장, and Aaron Harper, "Playing, Valuing, and Living: Examining Nietzsche's Playful Response to Nihilism," *Journal of Value Inquiry* 50 (2016): 305-323.

173. 허무주의와 감정의 관계에 대한 더 자세한 탐구는 다음을 참고하라. Kaitlyn Creasy, *The Problem of Affective Nihilism in Nietzsche* (New York: Palgrave-Macmillan, 2020).

174. *Gay Science* IV.276, p. 157.

175. *Gay Science* IV.290, p. 164.

176. 철학자 주: 여기서 내가 논의하는 내용은 니체의 자기애에 대한 오언의 재구성을 바탕으로 한다. David Owen, "Autonomy, Self-Respect, and Self-Love: Nietzsche on Ethical Agency," in *Nietzsche on Freedom and Autonomy*, ed. Ken Gemes and Simon May (New York: Oxford University Press, 2009).

177. 임상 심리학에서도 비슷한 종류의 수용을 옹호한다. "진정한 호기심과 자기 연민의 태도"로 나쁜 감정을 위한 "공간을 만들어야" 한다는 것이다. 다음을 참고하라. Steven C. Hayes, Kirk D. Strosahl, and Kelly G. Wilson, *Acceptance and Commitment Therapy: The Process of and Practice of Mindful Change* (second edition) (New York:

Guilford Press, 2012), pp. 65-66. 한국어판은 문성원 옮김, 『수용과 참여의 심리치료』(시그마프레스, 2018).

178. *Gay Science*, IV.334, p. 186.

179. *Gay Science*, V.382.

180. 나는 이것을 다음에서 더 자세히 논증했다. *Naked*, pp. 118-121.

181. 철학자 주: 심리학자들은 이를 "감정 문해력" 또는 "감정 입자도"라고 부르기도 한다. Lisa Feldman Barrett, How Emotions Are Made: The Secret Life of the Brain (New York: Houghton Mifflin Harcourt, 2017), pp. 180-183. 한국어판은 최호영 옮김, 『감정은 어떻게 만들어지는가?』(생각연구소, 2017) and Claude Steiner, *Achieving Emotional Literacy* (New York: Avon Books, 1997).

4장. 분노

182. W. E. B. Du Bois, "The Shape of Fear," *The North American Review* 223 (1926): 291-304, p. 291.

183. "Shape of Fear," pp. 292-293.

184. "Shape of Fear," p. 294.

185. "Shape of Fear," p. 302.

186. 이 단락의 전기 정보는 다음을 참고했다. Seneca, *Anger, Mercy, Revenge*, trans. Robert A. Kaster and Martha Nussbaum (Chicago: University of Chicago Press, 2010), pp. vii-ix. 한국어판은 김남우·이선주·임성진 옮김, 『세네카의 대화: 인생에 관하여』(까치, 2016).

187. *Anger, Mercy, Revenge*, p. 14.

188. *Anger, Mercy, Revenge*, p. 14.

189. *Anger, Mercy, Revenge*, p. 15.

190. *Anger, Mercy, Revenge*, p. 16.

191. *Anger, Mercy, Revenge*, p 16.

192. *Anger, Mercy, Revenge*, p. 19

193. *Anger, Mercy, Revenge*, p. 21.

194. *Anger, Mercy, Revenge*, pp. 23-24.

195. *Anger, Mercy, Revenge*, p. 25.

196. 이 단락의 세부적인 전기 정보는 다음을 참고했다. Śāntideva, *A Guide to the Bodhisattva's Way of Life*, trans. Vensa A. Wallace and B. Alan Wallace (Ithaca, NY: Snow Lion Press, 1997), pp. 11-13. 한국어판은 청전 옮김, 『샨띠데바의 입보리행론』(담앤북스, 2022).

197. 이 내용은 16세기 또는 17세기경에 쓰인 따라나타의 불교사를 참고했다(Bodhisattva's Way of Life, pp. 11-12).

198. *Moonpaths*, p. 16.

199. *Bodhisattva's Way of Life*, 4.47, p. 44.

200. *Bodhisattva's Way of Life*, 6.8, p. 62.

201. *Bodhisattva's Way of Life*, 6.22, p. 64.

202. *Bodhisattva's Way of Life*, 6.33, p. 65.

203. *Bodhisattva's Way of Life*, 6.44, p. 67.

204. *Bodhisattva's Way of Life*, 6.52, p. 67.

205. 철학자 주: 오드리 로드의 분노 개념에 대한 더 자세한 논의는 다음을 참고하라. Myisha Cherry, *The Case for Rage: Why Anger Is Essential to Anti-Racist Struggle* (New York: Oxford University Press, 2021).

206. "A Note on Anger," p. 85.

207. "A Note on Anger," p. 89

208. Audre Lorde, "The Uses of Anger: Women Responding to Racism," in Sister Outsider (Berkeley, CA: Crossing Press, 1984), p. 125 and "A Note on Anger," pp. 84-85.

209. "Uses of Anger," p. 124.

210. "Uses of Anger," p. 124.

211. "Uses of Anger," p. 127.

212. "Uses of Anger," p. 128.

213. "Uses of Anger," p. 131.

214. Owen Flanagan, *How to Do Things with Emotions: The Morality of Anger and Shame Across Cultures* (Princeton, NJ: Princeton University Press, 2021), p. 46. 플래너건은 고통 전가를 분노의 일종으로 본다. 나는 분노에 대처하는 기제로 본다.

215. *Case for Rage*, pp. 153-154.

216. 철학자 주: 체리도 분노 단속을 이야기하지만, 그녀의 정의는 나와는 다르다. 체리가 보기에, 분노 단속반은 분노에 대한 평가를 제대로 하지 않으며 분노는 그 존재 자체가 부적절하다고 생각한다. 나도 일반적으로 이것이 사실이라는 데 동의하지만, "정당하게" 화를 내는 이유가 너무 적다고 생각하는 진실한 분노 단속반도 있다고 생각한다. Myisha Cherry, "The Errors and Limitations of Our Anger-Evaluating Ways," in *The Moral Psychology of Anger*, ed. Myisha Cherry and Owen Flanagan (Lanham, MD: Rowman & Littlefield, 2017), pp. 57-61.

217. 나는 이것을 다음에서 좀 더 상세히 논증했다. "How Should We Feel about

Recalcitrant Emotions?" in *Self-Blame and Moral Responsibility*, ed. Andreas Brekke Carlsson (Cambridge: Cambridge University Press, 2022), pp. 134-148.

218. 철학자 주: 나는 여기서 감정의 주관성에 대한 솔로몬의 논의를 참고했다. *The Passions*, pp. 115-117.

219. "Note on Anger," p. 87.

220. 철학자 주: 마사 누스바움은 불의에 대해 "이행적 분노"를 느껴야 한다고 주장한다. *Anger and Forgiveness: Resentment, Generosity, Justice* (New York: Oxford University Press, 2016), pp. 35-37. 한국어판은 강동혁 옮김, 『분노와 용서: 적개심, 아량, 정의』(뿌리와이파리, 2018). 체리는 (분노에 대한 로드의 설명에서 영감을 얻은) "로드의 분노"를 옹호한다. The Case for Rage, pp. 23-27. 플래너건은 "분노를 사랑하기"를 고려한다(How to Do Things with Emotions, pp. 59-62). 애그니스 칼라드는 분노를 "정화"하는 이런 전략에 반대한다. *On Anger* (Cambridge, MA: Boston Review Forum, 2020), pp. 21-25.

221. 철학자 주: 나는 분노에 대한 로드의 견해가 이보다 더 복잡하다고 생각한다. 그녀는 사회적 변화를 가져오는 능력을 넘어서는 감정생활에 가치를 부여한다. 이런 관점은 그녀의 에세이 "Uses of the Erotic: The Erotic as Power"와 *Sister Outsider*에 실린 에이드리언 리치와의 인터뷰에서 확인할 수 있다. 더 자세한 내용은 다음을 참고하라. Caleb Ward, "Feeling, Knowledge, Self-Preservation: Audre Lorde's Oppositional Agency and Some Implications for Ethics," *Journal of the American Philosophical Association* 6, no. 4 (2020): 463-482.

222. 철학자 주: 나는 과거에 이 견해를 주장한 바 있지만, 지금은 동의하지 않는다. Krista K. Thomason "The Moral Necessity of Anger," in *The Ethics of Anger*, ed. Court D. Lewis and Gregory L. Bock (Lanham, MD: Rowman & Littlefield, 2020), pp. 83-102.

223. 철학자 주: 부정적인 감정을 연구하는 철학자들은 종종 부정적인 감정을 좋은 종류와 나쁜 종류로 구분하는 전략을 사용하지만, 나는 이에 반대한다. Thomason, *Naked*, pp. 26-29.

224. James Baldwin, "Everybody's Protest Novel," in *James Baldwin: Collected Essays* (New York: Library of America, 1998), p. 15.

225. 볼드윈과 라이트의 의견 불일치에 대한 자세한 논의는 다음을 참고하라. Maurice Charney, "James Baldwin's Quarrel with Richard Wright," *American Quarterly* 15, no. 1 (1963): 65-75.

226. "Protest Novel," p. 16.

227. "Protest Novel," p. 18.

228. 철학자 주: 체리는 그녀가 "검은 분노"라고 부르는 것을 볼드윈이 설명했다고 주장하는데, 내가 읽은 바에 따르면 이는 정의로운 분노의 한 형태다. 여기서 이 주장을 입증할 수는

없지만, 나는 그녀의 설명이 라이트의 작품에 대한 볼드윈의 비판과 상충한다고 생각한다. 나는 그 비판이 볼드윈의 도덕 심리학에 대해 시사하는 바가 있다고 생각한다. 다음을 참고 하라. Myisha Cherry, "On James Baldwin and Black Rage," *Critical Philosophy of Race*, 10 (2022): 1–21.

229. Will Oremus, Chris Alacantara, James B. Merrill, and Arthur Galocha, "How Facebook Shapes Your Feed," *The Washington Post*, October 26, 2021, https://www.washingtonpost.com/technology/interactive/2021/how-facebook-algorithm-works.

230. Kate Manne, *Down Girl: The Logic of Misogyny* (New York: Oxford University Press, 2018), p. 35에서 인용. 한국어판은 서정아 옮김, 『다운 걸: 여성혐오의 논리』(글항아리, 2023).

231. *Down Girl*, pp. 35–36.

232. 이 단락의 인셀과 매노스피어에 대한 배경 정보는 다음을 참고했다. Talia Lavin, *Culture Warlords: My Journey into the Dark Web of White Supremacy* (New York: Hachette Books, 2020) and Laura Bates, *Men Who Hate Women: The Extremism Nobody Is Talking About* (London: Simon & Schuster, 2020), 한국어판은 성원 옮김, 『인셀 테러: 온라인 여성혐오는 어떻게 현실의 폭력이 되었나』(위즈덤하우스, 2023).

233. *Men Who Hate Women*, pp. 354–435.

234. 라빈과 베이츠는 모두 이런 이야기를 바탕으로 가짜 온라인 인셀 프로필을 만들어 냈다. Culture Warlords, pp. 99–101 and *Men Who Hate Women*, pp. 11–13.

235. *Men Who Hate Women*, p. 13.

236. *Down Girl*, pp. 172–173.

237. *Quoted in Down Girl*, p. 174.

238. "Shape of Fear," p. 293.

239. "Shape of Fear," p. 294.

5장. 시기와 질투

240. 이 장의 자료 중 일부는 나의 이전 논문 "The Moral Value of Envy," *Southern Journal of Philosophy* 53, no. 1 (2015): 36–53에서 발췌했다.

241. William Shakespeare, Othello, in *The Annotated Shakespeare* by Burton Raffel (New Haven, CT: Yale University Press, 2005), Act 3, Scene 3, p. 109. 한국어판은 최종철 옮김, 『오셀로』(민음사, 2001).

242. Bridget K. Balint, "Envy in the Intellectual Discourse of the High Middle Ages," in *The Seven Deadly Sins: From Communities to Individuals*, ed. Richard Newhauser

(Leiden, The Netherlands: Brill, 2007), p. 43.

243. J. R. C. Cousland, "The Much Suffering Eye in Antioch's House of the Evil Eye: Is It Mithraic?" *Religious Studies and Theology* 24, no.1 (2005): 61.

244. Ovid, *Metamorphoses*, trans. Frank Justus Miller, Loeb Classical Library (Cambridge, MA: Harvard University Press, 1977), Book II.764, pp. 112–113. 한국어판은 천병희 옮김, 『변신 이야기』(도서출판 숲, 2017).

245. *Metamorphoses*, Book II.775–777, pp. 114–115.

246. Douglas P. Lackey, "Giotto in Pauda: A New Geography of the Human Soul," *Journal of Ethics* 9, no. 3/4 (2005): 551–572.

247. 질투와 시기를 인정하지 않으려는 사람들의 태도를 보여주는 문헌에 대한 논의는 다음을 참고하라. Sara Protasi, *The Philosophy of Envy* (New York: Cambridge University Press, 2021), pp. 26–28.

248. 시기와 질투를 구별하는 문제에 대한 훌륭한 논의는 다음을 참고하라. Sara Protasi, "'I'm Not Envious, I'm Just Jealous!': On the Difference between Envy and Jealousy," *Journal for the American Philosophical Association* 3, no. 3 (2017): 316–333.

249. 메데이아와 질투에 대한 자세한 논의는 다음을 참고하라. Ed Sanders, *Envy and Jealousy in Classical Athens: A Socio-Psychological Approach* (New York: Oxford University Press, 2014), 특히 8장.

250. Euripides, "Medea," in *Euripides: Ten Plays*, trans. Paul Roche (New York: Signet Classic, 1998), p. 346. 한국어판은 강대진 옮김, 『메데이아』(민음사, 2022). "지옥에도 능멸당한 여인의 분노와 같은 것은 없다"는 사실 윌리엄 콩그리브의 1679년 희곡 The Mourning Bride의 대사를 잘못 인용한 것이다.

251. Jerome Neu, *A Tear Is an Intellectual Thing: The Meanings of Emotion* (New York: Oxford University Press, 2000), p. 43.

252. 인용문과 설명은 다음 다큐멘터리에서 발췌했다. *Laurel Canyon: A Place in Time*, directed by Alison Ellwood, produced by Frank Marshall and Amblin Television, 2020.

253. 벤지이브가 삼자 관계라는 용어를 사용한다. Aaron Ben-Ze'ev, *The Subtlety of Emotions* (Cambridge, MA: MIT Press, 2000), p. 289.

254. *Subtlety of Emotions*, p. 293; A Tear Is an Intellectual Thing, p. 45; Philosophy of Envy, p. 9.

255. 비연애적 질투에 관한 과거의 심리학 문헌에 대한 개괄은 다음을 참고하라. Paul Davis and Robert Hill, " 'Platonic Jealousy:' A Conceptualization and Review of the

Literature on Non- Romantic Pathological Jealousy," *British Journal of Medical Psychology* 73 (2000): 505-517.

. 철학자 주: 여기서 내가 사랑에 대해 논하는 바는 다음에서 영감을 얻었다. A Tear Is an Intellectual Thing and Robert Nozick, "Love's Bond" in *The Philosophy of (Erotic) Love*, ed. Robert C. Solomon and Kathleen M. Higgins, pp. 417-432 (Lawrence: University of Kansas Press, 1991).

257. 철학자 주: 나는 사랑이 비합리적인지 아닌지에 대한 입장을 밝히는 것이 아니다.

258. 철학자 주: 질투의 경우 "현명한 사랑"에 대한 프로타시의 논의를 부분적으로 차용했다.

259. J. 데이비드 벨러맨은 이렇게 말한다. "사랑은 우리의 감정적 방어력을 무력화시켜 상대방에게 취약하게 만든다." J. David Velleman, "Love as a Moral Emotion," *Ethics* 109 (1999): 338-375, p. 361.

260. "Love's Bond," p. 419.

261. Pope Gregory I, *Moralia in Job*, trans. John Henry Parker (London: J.G.F. and J. Rivington, 1844) (ebook provided by Lectionary Central), Book XXXI.xlv.87. (확인 필요)

262. *Moralia*, Book XXXI.i.1.

263. *Moralia*, Book XXXI.xlv.88.

264. 이 단락의 베이컨과 에세이에 대한 배경 정보는 다음을 참고했다. *The Cambridge Companion to Francis Bacon*, ed. Markku Peltonen (Cambridge: Cambridge University Press, 1996) and Francis Bacon, *Essays, or Counsel, Civil and Moral in The Oxford Francis Bacon*, Vol. XV, ed. Michael Kiernan (Oxford: Oxford University Press, 2000). 한국어판은 김길중 옮김, 『베이컨 수필집』(문예출판사, 2007).

265. "Of Envy," IX.79, p. 29.

266. "Of Envy," IX.57, p. 28 and IX.31, p. 27.

267. "Of Envy," IX.37-38, p. 28.

268. "Of Envy," IX.80, p. 29.

269. "Of Envy," IX.40-41, p. 28.

270. "Of Envy," IX.95-96, p. 29.

271. "Of Envy," IX.137-139, p. 30.

272. "Of Envy," IX.145-146, p. 31.

273. "Of Envy," IX.169-170, p. 31.

274. "Of Envy," IX.173, p. 31.

275. 철학자 주: 시기에 대한 이런 다양한 비판은 다음에 나온다. *American Philosophical Quarterly* 28 (1991): 17-18; Don Herzog, "Envy: Poisoning the Banquet They Cannot Taste," in *Wicked Pleasures: Meditations on the Seven "Deadly" Sins*, ed.

Robert C. Solomon (Lanham, MD: Rowman & Littlefield, 1999), p. 143; Gabriele Taylor, *Deadly Vices* (New York: Oxford University Press, 2006), pp. 48–50; Susan T. Fiske, *Envy Up, Scorn Down: How Status Divides Us* (New York: Russell Sage Foundation, 2011), p. 95; Martha Nussbaum, *The Monarchy of Fear: A Philosopher Looks at Our Political Crisis* (New York: Simon & Schuster, 2018), pp. 136–138, 한국어판은 임현경 옮김, 『타인에 대한 연민: 혐오의 시대를 우아하게 건너는 방법』(알에이치코리아, 2020); A Tear in an Intellectual Thing, p. 49.

276. *Philosophy of Envy*, pp. 6–7.

277. Helmut Schoeck, *Envy: A Theory of Social Behavior* (Indianapolis, IN: Liberty Press, 1966), p. 33.

278. 철학자 주: 이런 유익한 종류의 시기를 "경쟁적 시기"라고 부르기도 한다. 경쟁적 시기에 대한 다양한 설명은 다음을 참고하라. *Philosophy of Envy*, pp. 44–54.

279. Marguerite La Caze, "Envy and Resentment" *Philosophical Explorations* 4, no. 1 (2001): 35–36; Sianne Ngai, *Ugly Feelings* (Cambridge, MA: Harvard University Press, 2005), p. 130.

280. "Envy and Resentment," p. 37; Miriam Bankovsky, "Excusing Economic Envy: On Injustice and Impotence," *Journal of Applied Philosophy* 35, no. 2 (2018): 263; Monarchy of Fear, pp. 145–146; 정치적 시기에 대한 자세한 논의는 다음을 참고하라. *Philosophy of Envy*, Chapter 5.

281. *Envy Up*, p. 104.

282. "Poisoning the Banquet," p. 141.

283. "Poisoning the Banquet," p. 142.

284. Justin D'Arms and Alison Duncan Kerr, "Envy in the Philosophical Tradition," in Envy, Theory and Research, ed. Richard Smith, pp. 39–59 (New York: Oxford University Press, 2008), pp. 45–48. 이 견해에 반대하는 주장은 다음을 참고하라. Philosophy of Envy, pp. 52–54.

285. *Philosophy of Envy*, Chapter 4.

286. "Poisoning the Banquet," p. 146.

6장. 앙심과 쌤통

287. 워너 브라더스 사례를 포함한 이 장의 일부 작업은 내 이전 논문에서 가져왔다. "I'll Show You: Spite as a Reactive Attitude." *The Monist* 103 (2020): 163–175.

288. 셀저와 애니메이터의 앙숙 관계에 대한 자세한 내용은 다음을 참고했다. *Chuck Jones, Chuck Amuck: The Life and Times of an Animated Cartoonist* (New York: Macmillan,

1989) and Tom Sito, *Drawing the Line: The Untold Story of the Animation Unions from Bosko to Bart Simpson* (Lexington: University of Kentucky Press, 2006).

289. Jonathan Metzl, *Dying of Whiteness: How the Politics of Racial Resentment is Killing America's Heartland* (New York: Basic Books, 2020), pp. 147-149.

290. *Dying of Whiteness*, p. 151.

291. *Dying of Whiteness*, pp. 171-183.

292. *Dying of Whiteness*, pp. 185-187.

293. Steven Nadler, *A Book Forged in Hell: Spinoza's Scandalous Treatise and the Birth of the Secular Age* (Princeton, NJ: Princeton University Press, 2011), p. 5. 한국어판은 김호경 옮김, 『스피노자와 근대의 탄생: 지옥에서 꾸며진 책 《신학정치론》』(글항아리, 2014).

294. *A Book Forged* in Hell, pp. 7-8에서 인용.

295. Baruch Spinoza, Ethics, in *The Collected Works of Spinoza*, Vol. I, ed. and trans. Edwin Curley (Princetion, NJ: Princeton University Press, 1985), Part IV, P73, p. 587. 한국어판은 황태연 옮김, 『에티카』(비홍, 2014).

296. *Ethics*, Part IV, Appendix §4, p. 588.

297. 철학자 주: 스피노자주의자는 내가 여기서 말한 내용 중 일부에 분명히 이의를 제기할 것이다. 예를 들어, 나는 능산적 자연(Natura naturans)과 소산적 자연(Natura naturata)의 관계에 대한 까다로운 질문을 회피하고 있다. 학회에 와서 내게 소리를 지를 수도 있겠지만, 차례를 한참 기다려야 할 것이다. 스피노자의 사상을 재구성하는 과정에서 가렛과 르버프의 연구를 참고했다. Don Garrett, *Necessity and Nature in Spinoza's Philosophy* (New York: Oxford University Press, 2018) and Michael Lebuffe, *From Bondage to Freedom: Spinoza on Human Excellence* (New York: Oxford University Press, 2009).

298. *Ethics*, Part I, Def. 3, p. 408.

299. 철학자 주: 스피노자는 속성과 양태를 구분하지만, 여기서는 그 논의를 자세히 설명할 필요가 없다.

300. *Ethics*, Part I, Def. 6, p. 409.

301. *Necessity and Nature*, p. 465; From Bondage to Freedom, pp. 33-34.

302. 철학자 주: 여기서 나의 해석은 다음을 참고했다. Steven Nadler, "On Spinoza's 'Free Man,'" *Journal of the American Philosophical Association* 1, no. 1 (2015): 103-120.

303. *Ethics*, Part III, Def. 3, p. 493.

304. *Ethics*, Part III, P11, pp. 500-501.

305. 철학자 주: 이 인용문은 God, Man, and His Well-Being에서 발췌했다. 컬리가 서문에서 지적했듯이, 이 초기 저작의 출처에 대해서는 논란이 많으며 출판을 의도하지 않았을 가

능성이 높다. God, Man, and His Well-Being in The Collected Works of Spinoza, Vol. I, Chapter XXVI, line 10930, p. 147. 한국어판은 강영계 옮김, 『신과 인간과 인간의 행복에 대한 짧은 논문』(서광사, 2016).

306. *Ethics*, Part IV, P37, p. 565.

307. *Ethics*, Part IV, P46, pp. 572-573.

308. *Ethics*, Part IV, P45, p. 571-572.

309. *Ethics*, Part IV, P46, p. 573.

310. 포트먼은 이런 입장을 보들레르 탓으로 돌린다. John Portmann, *When Bad Things Happen to Other People* (New York: Routledge, 2000), p. 40.

311. When Bad Things Happen to Other People, pp. 32- 34; James McNamee, "Schadenfreude in Sport: Envy, Justice, and Self-Esteem," *Journal of the Philosophy of Sport* 30, no. 1 (2003): 1-16, pp. 8-11.

312. When Bad Things Happen, pp. 35-39; The Subtlety of Emotions, pp. 356-357.

313. Richard H. Smith, *The Joy of Pain: Schadenfreude and the Dark Side of Human Nature* (New York: Oxford University Press, 2013), p. 71. 한국어판은 이영아 옮김, 『쌤통의 심리학: 타인의 고통을 즐기는 은밀한 본성에 관하여』, (현암사, 2015).

314. When Bad Things Happen, p. 57.

315. 철학자 주: 포트먼은 인간의 어리석음과 유머 사이의 연관성이 니체에게서 기인한다고 말한다. 나는 이 주장에 동의하며, 니체가 어느 정도는 몽테뉴를 존경하는 마음을 가지고 이를 발전시켰을 것이라 장담한다. 다음을 참고하라. When Bad Things Happen, pp. 127-128.

316. *Essays*, I.31, p. 228, introductory note.

317. *Essays*, 1.31, p. 231.

318. *Essays*, 1.31, p. 233.

319. *Essays*, 1.31, p. 235.

320. *Essays*, 1.31, p. 236.

321. *Essays*, 1.31, p. 241.

322. *Essays*, 2.15, p. 695.

323. *Essays*, 2.15, p. 695.

324. *Essays*, 3.11, p. 1165.

325. *Essays*, 2.15, p. 699.

326. *Essays*, 1.39, pp. 266-267.

327. *Essays*, 1.39, p. 268.

328. *Essays*, 1.39, p. 268.

329. *Essays*, 1.39, p. 269.

330. *Essays*, 1.39, p. 270.

331. 이 단락의 프랑스 내전에 대한 배경 정보는 다음을 참고했다. Ulrich Langer, "Montaigne's Political and Religious Context," in *The Cambridge Companion to Montaigne, ed. Ulrich Langer* (New York: Cambridge University Press. 2005).

332. *Essays*, 2.11, p. 484.

333. *Essays*, 2.5, p. 411.

334. Lilliana Mason, *Uncivil Agreement: How Politics Became Our Identity* (Chicago: University of Chicago Press. 2018), pp. 45–47.

335. *Uncivil Agreement*, p. 4.

336. 콜라 전쟁에 대한 요약은 다음을 참고하라. Becky Little, "How the 'Blood Feud' between Coke and Pepsi Escalated during the 1980s Cola Wars," June 11, 2019, History.com, https://www.history.com/news/cola-wars-pepsi-new-coke-failure.

337. *Joy of Pain*, p. 42.

338. *Uncivil Agreement*, pp. 9–14; Joy of Pain, pp. 34–35.

339. *Uncivil Agreement*, p. 9; Joy of Pain, pp. 35–36.

340. *Joy of Pain*, pp. 41–42.

341. *Uncivil Agreement*, p. 12.

342. 부족주의 주장에 대해서는 다음을 참고하라. Joshua Greene, *Moral Tribes: Emotion, Reason, and the Gap Between Us and Them* (New York: Penguin. 2014). 한국어판은 최호영 옮김, 『옳고 그름 : 분열과 갈등의 시대, 왜 다시 도덕인가』(시공사, 2017).

343. *Uncivil Agreement*, p. 100.

344. 자기표현과 범퍼 스티거에 대한 주장은 다음을 참고하라. Charles E. Chase, "Bumper Stickers and Car Signs Ideology and Identity." *Journal of Popular Culture* 26, no. 3 (1992): 107–119.

345. *Dying of Whiteness*, p. 288.

346. Arlie Hochshild, *Strangers in Their Own Land: Anger and Mourning of the American Right* (New York: The New Press. 2016), pp. 135–139.

7장. 경멸

347. Jane Addams. "The Devil Baby at Hull-House," in *Radiant Truths: Essential Dispatches, Reports, Confessions, and Other Essays on American Belief, ed. Jeff Sharlet* (New Haven, CT: Yale University Press. 2014). 이 에세이는 원래 The Atlantic에서 1916년에 출판됐다.

348. "Devil Baby," p. 91.

349. "Devil Baby," p. 92.

350. "Devil Baby," p. 93.

351. "Devil Baby," p. 93.

352. Thomas Hill Jr., "Basic Respect and Cultural Diversity," in *Respect, Pluralism, and Justice: Kantian Perspectives* (New York: Oxford University Press, 2000), p. 60.

353. 루소의 삶에 대한 배경 정보는 다음을 참고했다. Patrick Riley, "Introduction to the Life and Works of Jean-Jacques Rousseau," in *The Cambridge Companion to Rousseau,* ed. Patrick Riley, pp. 1–7 (New York: Cambridge University Press, 2001).

354. 이기심amour-propre에 대한 내 생각은 다음에서 영향을 받았다. Niko Kolodny, "The Explanation of Amour-Propre," *Philosophical Review* 119, no. 2 (2010): 165–200.

355. Jean-Jacques Rousseau, "Discourse on the Origins and Foundations of Inequality among Men," in The Basic Political Writings, second edition, trans. and ed. Donald A. Cress (Indianapolis, IN: Hackett Publishing, 2011), p. 77. 한국어판은 이충훈 옮김, 『인간 불평등 기원론』(도서출판b, 2020).

356. "Discourse," p. 64.

357. "Discourse," p. 73.

358. 상세한 전기 정보는 다음을 참고했다. Jane Moore, *Mary Wollstonecraft* (Plymouth, UK: Northcote House Publishers, 1999).

359. 철학자 주: 울스턴크래프트의 작품에 대한 반응을 좀 더 자세히 알고 싶다면, 다음을 참고하라. R. M. James, "On the Reception of Mary Wollstonecraft's A Vindication of the Rights of Women," *Journal of the History of Ideas* 39, no. 2 (1978): 293–302.

360. Mary Wollstonecraft, *A Vindication of the Rights of Men and A Vindication of the Rights of Women* (Cambridge: Cambridge University Press, 1995), p. 230. 후자의 한국어판은 손영미 옮김, 『여권의 옹호』(연암서가, 2014).

361. *Rights of Women,* p. 231.

362. *Rights of Women,* p. 234.

363. *Rights of Women,* p. 239.

364. 이 질문과 경멸에 대한 울스턴크래프트의 사상에 대해 자세히 알고 싶다면, 다음을 참고하라. Ross Carroll, *Uncivil Mirth: Ridicule in Enlightenment Britain* (Princeton, NJ: Princeton University Press, 2021), 특히 6장.

365. *Rights of Men,* p. 5.

366. *Rights of Men,* pp. 6–7.

367. *Rights of Men,* p. 7.

368. *Rights of Men,* p. 8.

369. *Uncivil Mirth*, pp. 197-200.

370. 철학자 주: 경멸의 이런 특징은 현대의 자료에서도 동일하게 발견된다. 이 부분은 다음 문헌을 참고했다. William Ian Miller, *The Anatomy of Disgust* (Cambridge, MA: Harvard University Press, 1997), 한국어판은 한홍규 옮김, 『혐오의 해부』(한울아카데미, 2020); Michelle Mason, "Contempt as a Moral Attitude," Ethics 113, no. 2 (2003): 234- 272; and "Contempt: At the Limits of Reactivity," in *The Moral Psychology of Contempt*, ed. Michelle Mason, pp. 173-192 (New York: Rowman & Littlefield, 2018); Macalester Bell, "A Woman's Scorn: Toward a Feminist Defense of Contempt as a Moral Emotion," *Hypatia* 20, no. 4 (2005): 80-93; and *Hard Feelings: The Moral Psychology of Contempt* (New York: Oxford University Press, 2013); Karen Stohr, "Our New Age of Contempt," *The New York Times*, January 23, 2017, https://www.nytimes.com/2017/01/23/opinion/our-new-age-of-contempt.html; Stephen Darwall, "Contempt as an Other-Characterizing 'Hierarchizing' Attitude," in *The Moral Psychology of Contempt*, ed. Michelle Mason, pp. 193-215 (New York: Rowman & Littlefield, 2018); David Sussman, "Above and Beneath Contempt," in *The Moral Psychology of Contempt*, ed. Michelle Mason, pp. 153-172 (New York: Rowman & Littlefield, 2018).

371. Kate Abramson, "A Sentimentalist's Defense of Contempt, Shame, and Disdain," in *The Oxford Handbook of Philosophy of Emotion*, ed. Peter Goldie, pp. 189-213 (Oxford: Oxford University Press, 2009); "Contempt as a Moral Attitude," "At the Limits of Reactivity," "A Woman's Scorn," and Hard Feelings.

372. *Hard Feelings*, pp. 200-208.

373. 철학자 주: 여기서 나의 논의는 Anatomy of Disgust, 특히 9장을 참고했다.

374. "Above and Beneath Contempt," pp. 154-156.

375. *Souls*, p. 10.

376. *Souls*, p. 11.

377. *Souls*, p. 11.

378. W. E. B. Du Bois, *Darkwater: Voices from within the Veil*, ed. Henry Louis Gates Jr. (New York: Oxford University Press, 2007), p. 6.

379. Du Bois, *Darkwater*, p. 6.

380. W. E. B. Du Bois, *Dusk of Dawn*, ed. Henry Louis Gates Jr. (New York: Oxford University Press: 2007), p. 7.

381. "Devil Baby," p. 94.

382. "Devil Baby," p. 100.

383. Jane Addams, *Democracy and Social Ethics* (Chicago: University of Illinois Press, 2002), p. 9.

384. *Democracy*, p. 8.

385. 철학자 주: 나는 이 부분의 일부를 2021년 2월 전미철학협회 중부지부 학회와 2023년 3월 미국철학진흥협회 연례 학회에서 발표했다. 이중의식에 관한 문헌은 방대하지만, 철학자들은 일반적으로 경멸에 관한 자료를 찾기 위해 듀보이스의 다른 저작을 살펴보지는 않는다. 듀보이스에 대한 나의 견해는 다음과 같은 문헌을 참고했다. Thomas C. Holt, "The Political Uses of Alienation: W. E. B. Du Bois on Politics, Race, and Culture, 1903-1940," *American Quarterly* 42, no. 2 (1990): 301-232; Dickinson D. Bruce Jr., "W. E. B. Du Bois and the Idea of Double Consciousness," *American Literature* 64, no. 2 (1992): 299-309; Paul Gilroy, *The Black Atlantic: Modernity and Double Consciousness* (Cambridge, MA: Harvard University Press, 1993); Ross Posnock, "How It Feels to Be a Problem: Du Bois, Fanon, and the 'Impossible Life' of the Black Intellectual," *Critical Inquiry* 23, no. 2 (1997): 323-349; Ernest Allen Jr., "Du Boisian Double Consciousness: The Unsustainable Argument," *The Massachusetts Review* 43, no. 2 (2002): 217-253; George Yancy, "W. E. B. Du Bois on Whiteness and the Pathology of Black Double Consciousness," *APA Newsletter on Philosophy and the Black Experience* 4, no. 1 (2004): 9-22; Paget Henry, "Africana Phenomenology: Its Philosophical Implications," *CLR James Journal* 11, no.1 (2005): 79-112; Robert Gooding-Williams, In *the Shadow of Du Bois: Afro-Modern Political Thought* (Cambridge, MA: Harvard University Press, 2009); Ryan Schneider, *The Public Intellectualism of Ralph Waldo Emerson and W. E. B. Du Bois: Emotional Dimensions of Race and Reform* (New York: Palgrave Macmillan, 2010); Lawrie Balfour, *Democracy's Reconstruction: Thinking Politically with W. E. B. Du Bois* (New York: Oxford University Press, 2011); Emmanuel C. Eze, "On Double Consciousness," *Callaloo* 34, no. 3 (2011): 877-898; Franklin M. Kirkland, "On Du Bois' Notion of Double Consciousness," *Philosophy Compass* (2013): 137-148; Robert Grotjohn, "'Contempt' in W. E. B. Du Bois' 'Of Our Spiritual Strivings,'" *The Explicator* 70, no. 3 (2012): 213-218; Kwame Anthony Appiah, *Lines of Descent: W. E. B. Du Bois and the Emergence of Identity* (Cambridge, MA: Harvard University Press, 2014).

386. *Souls*, p. 10.

387. *Souls*, p. 10.

388. W. E. B. Du Bois, *The Autobiography of W. E. B. Du Bois: A Soliloquy on Viewing My Life from the Last Decade of its First Century*, ed. Henry Louis Gates Jr. (New

York: Oxford University Press, 2007), p. 86.

389. *Dusk of Dawn*, p. 18.

390. 철학자 주: 왓슨과 휴이는 "The Souls of White Folk"가 "Of Our Spiritual Strivings"를 상기시키기 위한 것이라고 주장한다. 다음을 참고하라. Veronica Watson, *The Souls of White Folk: African American Writers Theorize Whiteness* (Jackson: University Press of Mississippi, 2013) and Matthew W. Hughey, " 'The Souls of White Folk' (1920-2020): A Century of Peril and Prophecy," Ethnic and Racial Studies 43, no.8 (2020): 1307-1332.

391. *Darkwater*, p. 15.

392. *Darkwater*, p. 15.

393. *Darkwater*, p. 15.

394. *Darkwater*, p. 15.

395. *Darkwater*, p. 15.

396. *Darkwater*, p. 16.

397. *Darkwater*, p. 16.

398. *Darkwater*, p. 18.

399. *Darkwater*, p. 25.

400. *Dusk of Dawn*, p. 77.

401. *Dusk of Dawn*, p. 77.

402. *Darkwater*, p. 71.

결론. 지렁이를 사랑하라

403. *Human, All too Human*, II.2.37, p. 319.

404. 소로의 생애에 대한 정보는 소로가 직접 말한 내용과 다른 출처를 참고했다. Henry David Thoreau, *Walden and Other Writings*, ed. Brooks Atkinson (New York: The Modern Library, 2000), 한국어판은 강승영 옮김, 『월든』(은행나무, 2011); Robert A. Gross, " 'That Terrible Thoreau': Concord and Its Hermit," in *A Historical Guide to Henry David Thoreau*, ed. William E. Cain, pp. 181-241 (New York: Oxford University Press, 2000); Walter Harding, "Thoreau's Reputation," in *The Cambridge Companion to Henry David Thoreau*, ed. Joel Myerson, pp. 1-11 (New York: Cambridge University Press, 1995).

405. *Walden*, p. 38.

406. *Walden*, p. 19.

407. *Walden*, p. 86.

408. "'That Terrible Thoreau'," p. 187.

409. "Thoreau's Reputation," pp. 1–2; "'That Terrible Thoreau'," pp. 182–183.

410. "'That Terrible Thoreau'," pp. 191–196.

411. *Walden*, p. 35.

412. *Walden*, p. 86.

413. *Walden*, p. 83

414. *Walden*, p. 83

415. *Walden*, p. 178.

416. *Walden*, p. 82.

417. *Walden*, pp. 91–92.

418. *Walden*, p. 198.

419. *Walden*, p. 206. 이 부분에서 "내면의 동물"에 대한 소로의 견해는 복잡하다. 나는 그가 궁극적으로 그것을 받아들인다고 생각하지만, 여기서 그런 주장을 하진 않겠다. 이런 구절들을 조화시키는 한 가지 방식은 다음을 참고하라. Jim Cheney, "The Dusty World: Wildness and Higher Laws in Thoreau's Walden," *Ethics and the Environment* 1 (1996): 75–90.

420. 철학자 주: 울프는 이 견해가 버나드 윌리엄스에게서 기인한다고 본다. 나는 그녀의 말이 옳다고 생각한다. "Meaning and Morality," in *The Variety of Values*, p. 131.

악마와 함께 춤을

초판 1쇄 발행 2024년 12월 16일
초판 3쇄 발행 2025년 2월 12일

지은이 크리스타 K. 토마슨
옮긴이 한재호
펴낸이 유정연

이사 김귀분
책임편집 서옥수 **기획편집** 신성식 조현주 유리슬아 황서연 정유진 **디자인** 안수진 기경란
마케팅 반지영 박중혁 하유정 **제작** 임정호 **경영지원** 박소영

펴낸곳 흐름출판(주) **출판등록** 제313-2003-199호(2003년 5월 28일)
주소 서울시 마포구 월드컵북로5길 48-9(서교동)
전화 (02)325-4944 **팩스** (02)325-4945 **이메일** book@hbooks.co.kr
홈페이지 http://www.hbooks.co.kr **블로그** blog.naver.com/nextwave7
출력·인쇄·제본 (주)삼광프린팅 **용지** 월드페이퍼(주) **후가공** (주)이지앤비(특허 제10-1081185호)

ISBN 978-89-6596-681-4 03100